청소년 상담의 실제

COUNSELING ADOLESCENTS

하정희 · 김정희 공저

학지사

머리말

여러분의 청소년기는 어떠셨나요?

청소년 시절을 인생의 그 어떤 과정보다도 의미 있고 생생하게 기억하는 사람이 있는가 하면, 마치 그 시기를 도려낸 듯이 당시를 기억하기 어려운 사람도 있을 것입니다. 실제 많은 성인이 자신의 청소년기를 그저 아동기에서 성인기로 전환하는 과정 중의 안개 같은 느낌으로, 그 시기를 보다 덜 중요한 시기로 기억하는 것을 종종 볼 수 있습니다.

이렇듯 청소년기는 어른도 아니고 아동도 아닌, 명확하게 소속되기 어려운 위치에서 소외감을 느낄 수밖에 없는 시기이며, 청소년을 상담하는 상담자들은 청소년과 상담하기에 앞서서 이들이 발달적으로, 그리고 사회적으로 다소 소외되고 고립된 위치에 서 있다는 것을 분명하게 이해해야 할 것입니다. 동시에 이것은 성인 또는 아동을 상담해 온 방식을 그대로 청소년 상담에 적용하는 것이 어째서 청소년과의 상담에 적합하지 않은지에 대한 설명이 될 수 있을 것입니다.

청소년 문제를 명확하게 파악하기 위해서는 먼저 그들의 발달적 특성을 이해해야 하는데, 특히 어린 시절부터 현재까지 이어져 온 청소년 개개인의 인지적·정서적·행동적 특성을 이해해야 할 것입니다. 이와 더불어, 청소년들에게 영향을 주는 환경적 영향으로서 부모와 가족 요인, 학교 요인 및 지역 사회 특성 등을 충분히 고려해야 할 필요가 있습니다. 이를 통해 청소년의 개인적 특성과 환경적 요인의 결합에 의해 나타나는 청소년 개인의 고유한 적응적/부적응적 특성을 이해하고 이에 적합한 상담적 개입이 이루어질 수 있을 것입니다.

청소년과 상담하기 위해서는 성인 상담이나 아동 상담과는 차별화된 청소년 상담 방법을 익혀야 할 것이며, 이러한 전문성을 함양하도록 하는 것이 이 책의 목적이라 할 수 있습니다. 이 책을 통해 청소년을 이해하고 상담을 할 수 있는 구체적인 가이드라인을 제공하고자 합니다. 즉, 이 책은 청소년을 상담하기 위한 상담 이론이 중심이 된 책이 아니라, '어떻게 청소년 상담을 잘할 수 있는가'의 '청소년 상담의 실제'에 초점을 둔 책이라 할 수 있습니다.

이러한 목적을 바탕으로, 제1장에서는 청소년 상담을 하기 위한 청소년에 대한 발달적 특성, 그리고 청소년 상담과 성인 상담과의 차별점을 바탕으로 한 청소년 상담의 특성을 명확히 하였습니다. 제2장에서는 청소년 상담을 할 때 고려해야 하는 윤리적 문제를 살펴보았습니다. 특히 시대가 변화함에 따라 청소년 상담 현장에서 다양하고 복잡한 윤리적 딜레마들이 생겨나고 있는 현시점에서, 청소년 상담자들이 고민해야 할 윤리적 측면을 구체적으로 살펴보았다는 점은 타 도서와 구별되는 이 책의 장점이기도 할 것입니다. 제3장과 제4장은 청소년 상담 현장에서 종종 볼 수 있는 정신병리 가운데 우울, 불안을 주제로 살펴보고, 이에 대한 개입 방안을 다루었습니다. 제5장은 구체적으로 청소년 상담을 하는 실제 과정을 다루었으며, 상담의 준비 과정을 비롯하여 초기부터 종결에 이르는 과정을 살펴보았습니다. 이렇듯 제1장부터 제5장까지는 청소년 상담을 하기 위한 청소년의 이해와 전반적인 상담의 과정을 살펴본 것이라면, 제6장부터 제12장까지는 청소년 상담 현장에서 상담자들이 주로 다루는 문제 영역별 개입 방법에 대해 살펴보았습니다. 제6장은 비행문제에 대한 상담, 제7장은 학교폭력에 대한 상담, 제8장은 인터넷 중독에 대한 상담, 제9장은 슬픔과 상실에 대한 상담, 제10장은 자해 및 자살에 대한 상담, 제11장은 진로상담, 제12장은 대인관계에 대한 상담입니다. 특히 제6장부터 제12장까지의 각 문제 영역별 상담에서는 각 문제에 대한 구체적인 특성을 살펴보고, 이에 개입할 수 있는 실제적인 상담 방법을 다각적으로 다루었습니다. 각 장의 마지막에는 주제별로 학습한 후, 각각의 문제를 상담의 실제에 적용해 볼 수 있도록 연습할 수 있는 사례를 제시하였으며, 이론을 정리할 수 있는 '생각해 볼 문제'를 함께 제시하였습니다.

이 책을 통해 청소년을 상담하는 상담자나 청소년 상담 및 교육에 관심을 가진 학부생과 대학원생 및 부모님들이 각 청소년이 처한 문제와 특성을 정확하게 이해함으로써, 그들에 대해 보다 섬세하고 따뜻한 시각을 가질 수 있길 바랍니다. 아울러, '청소년의 문제를 잘 이해하는 것', 그리고 '청소년에게 상담적 개입을 잘하는 것' 이 두 가지 모두가 이 책을 통해 잘 습득될 수 있길 바랍니다.

끝으로 이 책의 출간을 맡아 주신 학지사 관계자 여러분과 꼼꼼하게 편집을 진행해 주신 박지영 선생님께 감사 인사를 전합니다.

저자 일동

차례

제1장

청소년 상담의 이해

청소년기는 아동기와 성인기의 중간에 있는 성장과 변화의 시기로서, 이 시기 청소년들을 이해하기 위해서는 이들의 신체적 특성이나 심리적 특성을 중요하게 고려해야 한다. 청소년을 상담함에 있어서도 청소년들에 대한 발달적 특성을 이해할 수 있어야만, 이들이 호소하는 문제의 어려움을 정확히 파악하여 효율적인 상담 개입이 이루어질 수 있다.

제1장에서는 우선, 청소년 상담의 개념을 살펴보고, 성인 상담과는 구별되는 청소년 상담에서 고려해야 하는 특성 네 가지를 조명하였다. 청소년 상담에서는 청소년이 현재 당면하고 있는 문제를 해결하는 것과 더불어 미래의 문제를 예방하고 교육하는 것이 중요하다. 상담 대상 또한 내담자인 청소년뿐만 아니라, 청소년에게 영향을 미치는 주변 사람들과의 상담을 병행하는 것이 필요하다. 또한 청소년 상담에서는 성장기에 있는 청소년들의 발달적 특성을 이해해야 하며, 언어 상담 이외에 때로는 놀이 등을 상담 과정에서 병행함으로써 더 다양하고 유연한 방식으로 청소년과 상호작용하는 것이 필요하다는 점을 강조하였다.

다음으로, 청소년의 발달적 특성에 대한 이해를 돕기 위해 신체 및 성적 발달, 인지적 발달, 정서적 발달, 자아정체감 형성의 순서로 다루었다. 발달적으로 적절한 개입은 전 연령대에 걸쳐서 중요하지만, 특히 청소년들에게는 더 중요하다고 할 수 있다. 청소년들의 반응은 발달 수준에 따라 달라지거나 발달적 특성의 영향을 받을 수 있다. 만일 상담자가 청소년 개개인의 발달 수준과 특징을 파악할 수 없다면, 청소년의 사고나 행동이 정상적인 범주 내에 있는지 그렇지 않은지 예측하기 어려워짐으로써 적절한 상담 개입이 이루어지기 힘들 수 있다. 따라서 청소년 상담자는 청소년기의 발달적 특징을 정확하게 이해하면서도, 이러한 발달적 특징이 나타나는 속도에 있어서 청소년별로 개인 차이가 있다는 것 또한 염두에 두어야 할 것이다.

1 청소년 상담의 개념과 특성

청소년 상담에 대한 정의는 여러 학자들에 의해 다양하게 설명됐는데, 이 가운데 구본용(2002)은 청소년 상담을 청소년이 원하는 것을 청소년들에게 알맞은 방법으로 제공하여 그들이 행복하게 살아갈 수 있도록 돕는 활동으로 정의하였다. 또한 상담과 치료의 개념을 구분하여, 청소년기의 발달과제와 일상생활에서 당면한 문제해결, 잠재력 발휘, 주변 환경의 긍정적 변화, 삶의 지혜를 상담 목표로 제시함으로써 청소년의 건강한 성장에 보다 초점을 두었다. 이성진(1996)도 이와 비슷하게, 청소년 상담에 대하여 성장기에 있는 청소년이 사회에 잘 적응하고 자신의 잠재 가능성을 최대한 실현할 수 있도록 도와주는 전문적 활동으로 설명하였다.

이러한 청소년 상담에 대한 정의를 토대로 하여, 청소년 상담의 특성을 더 구체적으로 살펴볼 수 있다. 첫째, 청소년 상담은 '청소년이 현재 당면하고 있는 문제를 해결하는 것과 더불어 미래의 문제를 예방하고 교육함으로써, 이들의 건강한 발달을 촉진하고 성장을 도모하는 것'에 초점을 두고 있다. 따라서 문제가 발생하고 난 후 이에 대한 어려움을 해결하는 상담은 물론, 이후에 발생할 수 있는 학업, 대인관계, 진로 등의 어려움을 사전에 예방하고 대처할 수 있는 힘을 기르기 위한 심리 상담과 교육적 개입이 동시에 필요하다. 이를 위해 일대일 개인 상담뿐만 아니라, 문제 예방이나 교육 프로그램의 형태로 이루어지는 집단 상담 또한 청소년 상담에서 도움이 될 수 있다. 이렇듯 청소년 상담이 성인 상담과는 달리 '교육적' 요소가 중요한 것이 중요한 특징이지만, 지나치게 교육을 목적으로 하여 청소년 상담을 진행하는 것은 적절한 방법이 아니다. 청소년 상담 또한 다른 일반적인 상담과 동일하게, 상담자와 내담자와의 관계 속에서 이루어진다는 점, 내담자의 내면에 초점을 맞추어 자신의 문제를 파악하며 해결 방법을 발견하는 과정이라는 점을 기억하면 좋을 것이다.

둘째, 청소년 상담에서는 청소년을 대상으로 상담하는 것이 주가 되지만, 청소년에게 영향을 미치는 사람들(부모, 학교 교사 등)과의 상담이 함께 이루어지는 것이 상담에 큰 도움이 된다. 청소년에게 가장 주요한 환경이 가정과 학교이며, 대개 청소년들이 어려움을 겪는 주제 역시 그를 둘러싸고 있는 가정과 학교를 제외하고서는 설명되기 어렵다. 청소년이 호소하는 어려움들은 청소년의 개인적인 특성 그 자체로 인해 생긴 경우들도 있으나, 대개는 주변 환경이나 주변인들과의 상호작용을 통해 비롯된 경우가 많기 때문이다. 따라서 상담을 통해 청소년을 둘러싼 환경을 함께 다루는 것이 필요하며, 상담 시 부모 상담(주 양육자) 및 교사 상담, 필요한 경우 주변인과의 상담을 병행하는 것이 좋다. 따라서 청소년의 성장을 위해 청소년, 가족, 교사, 주변 사람들이 청소년 상담의 과정에서 청소년과 함께 다루어질 수 있음을 이해해야 한다. 무엇보다도 청소년에게 가장 큰 영향을 미치는 대상이 대개는 부모이기 때문에, 상담자는 청소년과의 관계 형성도 중요하지만 부모와의 관계 형성도 중요하다는 점을 잊으면 안 될 것이다. 때때로 어떤 상담자는 청소년 내담자에게 부정적인 영향을 미친 청소년 부모에 대해 반감을 갖는 경우도 있으며, 또 어떤 경우에는 상담자의 개인적 취약함으로 인해 청소년 내담자의 부모를 만나는 것에 큰 부담감을 가질 수도 있다. 어떤 경우든 간에 상담자가 청소년과의 상담을 원만하게 진행하기 위해서는 이들 부모를 상담 과정에 원만하게 참여시킴으로써, 부모가 청소년의 긍정적인 변화를 위해 지속적으로 도움을 줄 수 있도록 해야 한다.

셋째, 청소년 상담에서는 성장기에 있는 청소년들의 발달적 특성을 이해하는 것이 중요하다. 따라서 상담자는 청소년들이 그 시기에 보편적으로 경험할 수 있는 발달적 특성을 이해함과 동시에, 청소년들이 현재 정상적인 발달 과정을 겪고 있는지 확인하는 것이 필요하다. 어떤 청소년들은 급격한 신체 변화와 인지적·

정서적 변화로 인해 불안이나 공포감을 느끼는 경우가 있으며, 이러한 두려움에 압도될 때 어떤 청소년들은 퇴행을 경험하기도 한다. 여기서 상담자는 청소년들이 보여 주는 불안이나 두려움, 퇴행의 정도와 심각성 정도를 정확히 파악하여 적절한 상담 개입을 해야 할 것이다. 실제로 많은 청소년들은 내면 세계가 유동적이어서 어느 순간 정서적으로 기복이 심했다가도 일정 시간이 지나면 안정되는 경우도 있기 마련이다. 따라서 상담자는 청소년들이 겉으로 드러내는 문제의 심각성에 압도되어 불안해하기보다는 청소년들이 현재 나타내는 문제행동이 장기적인 문제로 이어지는 심각한 어려움인지, 일시적으로 충분히 겪을 수 있는 문제행동인지 정확히 파악하여 이에 따라 개입할 필요가 있다.

넷째, 청소년들의 발달적 특성을 이해한다면, 상담자는 상담 장면에서 이들의 발달적 특성을 고려하여 보다 다양하고 유연한 방식으로 청소년과 상호작용을 해야 할 것이며, 무엇보다도 상담자가 청소년의 내면으로 들어가 그들을 공감적으로 존중하고 이해해야 할 것이다. 상담자가 성인과 상담하듯이 주로 언어 위주의 상담을 진행할 경우, 이와 같은 방식이 적합한 청소년 내담자도 있겠으나 내담자에 따라서는 발달 수준을 고려할 때 언어 위주의 대화 치료가 적합지 않을 수 있다. 따라서 상담자는 청소년들의 발달적 특성을 고려하여 보다 유연한 방식으로 내담자의 눈높이에 맞추어 소통을 해야 할 것이다.

이를 위해 때로는 완전한 놀이치료 장면이 아닐지라도, 청소년들과 언어 상담의 매개체로서 놀이를 활용할 수 있다. 가령, 상담 장면에서 보드게임을 병행하거나 그림을 그리면서 대화를 나눌 수도 있을 것이며, 청소년 내담자가 좋아하는 음악을 들으면서 관련된 이야기를 나눌 수도 있을 것이다. 이때 상담자가 놀이 환경을 제공하는 것 자체가 중요한 것이 아니라, 놀이를 매개체로 하여 청소년 내담자가 자신의 중요한 문제를 더 자연스럽게 꺼낼 수 있도록 하는 것이 더욱더 중요하다는 점을 기억해야 할 것이다.

김유숙(2008)에 따르면, 청소년은 놀이를 통해 판타지 속에서 일정한 욕망을 충족시키는데, 현실 속에서는 용납되지 못하는 충동이나 분노, 불안의 감정이 놀이를 통해 발산될 수 있다고 하였다. 놀이를 통해 청소년들은 보다 능동적으로 행동할 수 있는데, 놀이 속에서 구체적인 인물이나 상황을 표현함으로써 현재 자기 마음대로 되지 않는 것에 대해 분개하거나, 또는 다양한 공상을 통해 스스로를 위로할 수 있게 된다. 이에 따라 청소년 상담 장면에서 놀이는 청소년의 능동성을 격려하기 위해서라도 가급적 청소년 자신이 놀이 주제를 선택하면 좋을 것이다. 따라서 상담자가 갖고 있는 놀이가 비록 다양하지 않더라도, 그 안에서 청소년 내담자가 선택할 수 있는 여지를 주는 것이 좋다. 상담자는 자신이 청소년 내담자와 진행하고 있는 놀이의 목적과 방향성을 이해하고 있어야 하며, 놀이를 진행하는 것이 청소년과의 소통 및 상담 동기 향상에 어느 정도 도움이 되는지 파악하면서 상담을 진행할 수 있어야 할 것이다.

2 청소년의 발달적 특성

1) 신체 및 성적 발달

청소년 성장에 있어서 신체 발달은 가장 두드러지게 나타나는 특징이다. 남녀의 성장 속도는 차이가 있으며, 발달 속도나 변화의 진행 정도에 따라서도 개인차이가 있다. 따라서 이러한 발달 속도의 차이로 인해 자신이 또래 친구들과 다르다고 느끼거나 스스로 부적절감을 느낌으로써, 남자 청소년과 여자 청소년에게 모두 적응의 어려움을 초래할 수 있다.

조숙과 만숙은 이에 대한 사회 문화적 반응에 영향을 받는데, 조숙이나 만숙에 대한 사회적 반응은 남녀별로 다르게 나타난다. 대개 조숙한 남자 청소년은 대체로 긍정적인 평가를 받는 반면, 조숙한 여자 청소년들은 사회적으로 더 부정적으로 인식되는 경향이 있다. 이와 관련한 다양한 연구 결과들을 살펴볼 때도 대체로 만숙한 소년과 조숙한 소녀가 비슷한 심리적 어려움이나 부적응을 겪는다고 알려져 있다(Laitinen-Krispijn et al., 1999; Williams & Currie, 2000). 이는 모두 또래들과는 다른 외모나 성장 속도의 차이로 인한 신체적 차이에 기인한 것으로, 청소년들은 자신의 신체가 또래와 다르다는 사실에 불안정감을 느낌으로써 자기 의심이 커지고 친구들이 자신을 싫어하거나 비난할 것이라고 생각하게 된다.

이렇듯 외형적으로 성인과 가까운 신체로 변해 가면서 청소년들은 성숙으로 인해 성취감과 같은 긍정 정서도 경험하지만, 아직은 모든 신체 발달이 완성된 상태가 아닌 상태이기 때문에 혼란스러워할 수 있다. 이들은 의존적인 아동기와 독립적인 성인기의 중간 어딘가에 존재하는 주변인(marginal person)으로서의 초조감, 불안감과 같은 정서를 경험할 수 있다. 현명선 등(2001)에 따르면, 남녀 청소년 모두 자신의 신체에 대해 만족도가 높을수록 문제행동을 덜 나타낸다고 보고하였다. 이와 같은 결과를 통해, 청소년들의 신체 변화 그 자체보다는 이들이 자신의 신체적 변화를 어떻게 받아들이는가 하는 개개인의 심리적 반응이 이후 청소년의 적응 및 부적응에 영향을 미칠 수 있음을 알 수 있다. 따라서 이 시기에 청소년들은 급격히 일어나는 신체 변화에 적응할 필요가 있으며, 긍정적인 신체상을 확립할 수 있어야 할 것이다.

한편, 청소년 시기는 성호르몬의 분비가 급격하게 증가하면서 성적 관심과 성적 호기심이 증가하는 시기로, 성적 충동을 강하게 느끼게 된다. 청소년들은 급격하게 증가하는 성 욕구로 인해 이에 대처하는 데 어려움을 호소하기도 한다. 성충동이란 성(性)적 충동으로서 개인이 성적 욕구를 통제하거나 조절하기 어려운 정도를 의미하는 것으로 정의된다(박영숙, 전영민, 2001). 성충동에 있어서는 남학생이 여학생보다, 고등학생이 중학생보다, 그리고 중학생들은 학년이 높을수록 성충동이 더 강한 것으로 나타났으며(박영숙, 전영민, 2002), 성폭력 가해도 남자 청소년이 여자 청소년보다 더 높은 빈도를 나타내었다(신현기, 이상열, 2006). 높아진 성 욕구나 성충동에 따라 청소년들은 시행착오적인 부적응적 행동을 보일 가능성도 높아지는데, 가령 성에 대해 지나친 집착을 나타낸다거나 음란 매체에 대한 집착, 과도한 자위행위로 인한 일상생활의 부적응, 성병이나 성폭력 등의 문제가 그 예이다(박경애, 김혜원, 주영아, 2010).

상담자는 청소년들의 지나친 성적 관심이나 성충동으로 인한 심리적 어려움에 관심을 두고 이에 대한 문제해결과 더불어, 예방적 개입에 초점을 둘 필요가 있다. 아울러 상담자는 청소년들이 속해 있는 성문화의 특성에 대해서도 이해해야 할 것이다. 또래 집단은 성지식 제공이나 성역할 모델로서 청소년들의 성행동 발달에 매우 중요한 기능을 한다. 또래들끼리 자유롭게 자신들의 관심을 공유하고 표현한다는 점에서 볼 때 분명 또래 집단의 긍정적인 기능도 존재한다. 그러나 또래 집단을 통해 획득된 성 정보 가운데는 정확한 정보도 있지만 왜곡된 정보도 많을 수 있으며, 다양한 성문제 역시 또래 집단을 통해 더 쉽게 접촉할 수 있는 가능성이 있다. 따라서 청소년이 신체적 발달과 더불어 고조된 성적 욕구를 적절하게 통제하여 이를 올바르게 표출하도록 하는 데 관심을 두어야 할 것이며, 사회적으로도 올바른 성문화가 조성되어야 할 것이다.

2) 인지적 발달

청소년기에는 지식의 측면에서 생각하고, 이해하고, 지각하는 역량에 있어서 질적 변화를 나타낸다. 인지 발달에 관해 연구한 학자들 가운데, Piaget는 청소년들이 사고하는 방식에 대해 광범위한 패턴과 질적인 변화를 강조하였으며, David Elkind는 인지 발달이 개인 성격과 행동에 미치는 영향을 강조한 바 있다.

청소년기는 피아제 이론에서 볼 때, 구체적 조작기에서 형식적 조작기로 이행하는 때라고 할 수 있다. 6, 7세에서 12세 정도의 일반적인 학령기 아동에게 나타나는 인지적 특징을 구체적 조작이라고 한다. 구체적 조작기 동안 아동은 직관적인 판단이나 자아중심성에서 벗어나 타인의 입장을 고려하거나 추론할 수 있게 된다. 이들은 논리적인 조작을 통해 어떤 행동에 대한 내적 표상을 할 수 있게 되지만, 이런 능력은 현재 다루고 있는 구체적인 상황에만 국한되는 특징이 있다. 즉, 구체적 조작기 동안에는 아동의 사고가 잠재적으로 가능한 것까지로 확장되었으나(Elkind, 1970), 이 수준에서는 아동이 직접 개인적인 경험을 한 것에 대해서만 추론 가능하기 때문에 추상적인 수준에서는 아직 인지적 조작이나 추론이 어렵다.

형식적 조작기에 들어선 청소년기에 이들은 또 다른 인지의 질적 변화를 맞이

하게 된다. 형식적 조작기는 초기 청소년기에 시작되는데, 이때는 구체적인 부분뿐만 아니라 추상적이고 형식적(formal)인 부분도 인지가 가능한 시기이다. 이 시기를 설명할 수 있는 몇 가지 특징으로서 먼저, 이 시기 청소년들은 추상적이고 현재 존재하지 않는 것에 대해 생각할 수 있게 되는데, 추상적인 사고 능력의 향상으로 인해 사회·종교·이념적인 영역에 대한 사고의 폭이 넓어지게 된다. 이러한 능력으로 인해 청소년들은 가능성의 세계나 자신이 원하는 이상의 세계로 사고를 확장시키게 되며, 무엇이 가능하며 무엇이 불가능할지를 생각할 수 있게 된다. 이 단계의 청소년들은 자신이 받아들인 것들을 더욱 정교화하여 새로운 생각이나 사고를 발전시키는 것이 가능하므로 훨씬 더 복잡한 인지과정을 경험하면서 자신이 원하는 미래의 상황들을 상상하게 된다. 이 시기는 가능성이 현실보다 우세한 위치를 점령하는 때로서, 가능성에 대해 추론할 수 있는 능력은 과학적이고 논리적인 사고 과정에 필요한 과정이기 때문에 이를 통해 청소년들은 고차원적인 사고를 하게 된다.

이 시기 청소년들은 메타인지(metacognition)라고 부르는 사고 과정에 대한 생각을 할 수 있게 된다. 이 과정을 통해 이들은 자신과 타인이 정서나 행동에 대한 인지 과정을 객관화할 수 있게 된다. 이러한 메타인지 발달로 인해 청소년들은 자기성찰이 깊어지는 것과 같은 긍정적인 경험을 할 수 있으나, 극단적으로 자신의 사고나 정서에 몰두하게 되는 경우 심리적 어려움을 겪을 수도 있다. 또한 이 시기에는 가설 연역적 사고가 발달되는데, 이들은 어떤 문제가 생겼을 때 가능한 모든 조건들의 문제점과 해결책을 미리 생각하고 가설을 설정하여 검증함으로써, 문제를 연역적으로 풀어 나가려고 노력한다. 즉, 이 시기 청소년들은 훨씬 체계적이고 과학적인 절차를 사용하여 문제를 논리적으로 해결해 나갈 수 있다.

형식적 조작기에 청소년들은 가설적 추리능력으로 인해 과학적 추론이 가능하여 타인과 다른 자신만의 사고를 유추해 내는 등 추상적 영역에 대한 이해가 커지면서 정체감 획득이 가능해지게 된다. 그러나 초기 청소년기는 형식적 조작기가 시작되는 시점이며, 형식적 조작기에 이르렀다 하더라도 모든 청소년이 완성된 형식적 조작기의 인지적 특성을 획득하기는 어렵다. 따라서 청소년 시기에는 대개 그들만의 독특한 인지적 결함을 보여 주는데, 이 가운데 하나로 '자기중심성(egocentrism)'을 들 수 있다(Vartanian & Powlishta, 1996). 즉, 이 시기의 자기중심성은 자신의 사고나 상위인지에 대해 사고할 수 있는 인지적 능력 때문에 나타나는 것으로, 이 시기 청소년들은 자기 자신이나 자신의 생각에 대한 사고에 몰두하게 되면서 타인보다는 자기 자신을 향해 주로 사고하게 된다(Goossens, Seiffge-Krenke, & Marcoen, 1992). 청소년기 자아중심성은 11세경에 나타나기 시작하여 15세 무렵에 정점에 도달하며, 그 후 다양한 대인관계 경험을 통해 점차적으로 사라지는데(Laspley, 1991), 이러한 자기중심성은 '상상 속의 관중'과 '개인적 우화'라는 두 가지 방식으로 나타난다(Lapsley, Fitzgerald, Rice, & Jackson, 1989).

'상상 속의 관중' 현상은 청소년들이 많은 경우 자신이 마치 무대의 주인공처럼 느끼기 때문에 가상 속의 청중을 만들어 내고 그들이 청소년 자신에게 주의를 기울인다고 믿는 것을 말한다. 스스로에 대해 관심이 집중된 나머지 다른 사람도 자신의 외모와 행동에 대해 자신과 똑같이 관심을 두고 있을 것이라고 결론 내린다(Elkind, 1967). 그 결과, 이들은 많은 에너지를 상상 속의 관중에게 반응하는 데 사용하게 된다. 청소년기에는 이렇듯 상상 속의 관중에게 반응하려는 욕구가 있기 때문에 자의식이 극단적으로 커지는 것이다. 예를 들어, 아주 잠깐 집 바로 앞에 나갔다 오려 해도 이들은 많은 사람들이 자신을 주목한다고 여기기 때문에 머리 모양이나 옷에 신경을 쓰고서 나가려 할 수 있으며, 버스 안에서 친구들과 수다를 떠는 경우에도 버스 안에 있는 모든 사람이 자신들이 나누는 대화를 함께 듣고 있는 것으로 생각하기 때문에 그들을 의식하여 더 큰 소리로 시끄럽게 대화를 나누게 된다.

Elkind(1967)는 또한 청소년들이 자신의 경험을 매우 고유하고 특별하게 생각한다고 설명하였는데, 이를 '개인적 우화'라고 명명하였다. 어떤 경우에 있어서는 자신이 죽지 않을 것이며 위험한 상황에 닥쳐도 절대 다치지 않을 것이라고 여기기도 한다(Dolcini et al., 1989). 이에 따라, 어떤 청소년들은 자신이 전속력을 다해 오토바이를 타더라도 절대 교통사고가 일어나지 않는다고 여기거나, 성관계를 하더라도 절대 임신은 하지 않을 것이라고 생각하는 등, 이러한 특성은 자칫 청소년들에게 무모한 행동을 하도록 하는 원인으로 작용하기도 한다.

3) 정서적 발달

정서는 자극에 대한 복합적인 반응들의 연쇄로서 생리적 각성, 인지적 평가, 주관적 느낌, 행동경향성, 자극에 영향을 주기 위한 행동을 포함하는 것으로(Plutchik, 1982), 인간의 적응에 있어서 매우 중요한 요인이라 할 수 있다. 청소년기에는 공포나 분노와 같은 정서반응을 담당하는 편도체가 크게 활성화되지만 이를 조절해 주는 전전두엽은 아직 충분히 성숙하지 못한 상태이기 때문에, 이 시기에는 아동기보다 정서 조절이 어렵고 충동적인 경향이 나타나게 된다(김유미, 2005). 또한 청소년들은 급격한 신체 변화에 대한 적응은 물론 자신의 정체성과 진로에 대한 탐색도 해야 하므로, 인지적·신체적·정서적으로 불안정감이 커지면서 정서적 혼란과 불안정감을 경험할 수밖에 없다.

청소년들의 정서적 변화에는 개인차가 크며, 그들의 기질과 환경 등에 따라 정서 변화의 패턴이라든지 정서 변화로 인한 결과 또한 달라질 수 있지만, 일반적으로 다음과 같은 정서적 특징을 나타낸다(임영식, 한상철, 2000). 먼저, 청소년들은 정서가 불안정하며 정서의 일관성이 결여되기 때문에 정서 표현이 격렬하며 동요가 크다. 특히 청소년 초기에는 신체적·성적으로 급격한 변화를 경험하면서 아동기에 비해 정서 기복이 격렬해지며 불안정하고 일관성 없는 정서를 나타내기도 한다. 중학교 말부터 고등학교에 이르는 시기까지의 청소년 중기에는 청소년 초기보다 더 강렬한 정서를 느끼지만, 자신의 정서 표출을 억압하는 경향이 높아지면서 내적으로 침울하거나 불안정감을 더 크게 느끼기도 한다. 이로 인해 청소년들이 지각한 공포심이 우울의 형태로 나타나는가 하면, 우울감이 비행이나 공격성으로 표현되기도 하는 것이 이러한 경우이다. 청소년 후기에 접어들면서 이전보다는 더 안정적인 방향으로 정서 표현이나 정서 조절을 하게 되는 특성이 있다.

따라서 정서를 적절히 조절하는 능력을 키우는 것은 청소년 시기에 매우 중요한 발달 과업이라고 볼 수 있다. 청소년기에 내재화와 외현화 행동 문제와 같은 다양한 심리행동적 문제가 늘어나는 것 역시 정서 조절의 어려움과 관련된다고 설명된다(이원화, 이지영, 2011; 최성환, 최해연, 2014; Mclaughlin, Hatzenbuehler, Mennin, & Nolen-Hoeksema, 2011). 이를 설명해 주는 연구들로서, 청소년들이 능동적인 정서 조절 양식을 더 많이 사용할수록 심리적 안녕감이 높아졌으며(임전옥, 장성숙, 2003), 학업 스트레스로 인한 부정적인 영향 또한 감소시키는 것으로 나타났다(문영주, 좌현숙, 2008). 반면에 정서 조절에 있어서의 어려움은 개인의 내적인 기능을 비롯하여 사회적·직업적 기능을 방해하여 다양한 정신병리 발생에 영향을 미칠 수 있다(이원화, 이지영, 2011; 최은희, 최성진 2009; Kring & Werner, 2004; Silk, Steinberg, & Morris, 2003). 반추나 회피 같은 부적응적 정서 대처 방략을 많이 사용한 청소년들이 우울이나 문제행동을 더 많이 나타냈음을 보여 주는 것도 이와 비슷한 맥락으로 설명된다(Silk et al., 2003). 따라서 청소년기에 정서 조절이 적절하게 이루어질 때 심리적 안녕감, 그리고 내재화 및 외재화된 문제행동 발생에 있어서 긍정적인 영향을 줄 수 있을 것이다.

청소년기 정서 조절이 다양한 심리적 안녕감에 긍정적인 영향을 미치는 것에서 더 나아가, 정서 조절 능력 향상은 공격행동 감소 및 공감능력 발달에도 긍정적인 영향을 줄 수 있다. 청소년기의 공격적 행동은 사회기술의 결핍, 가족 스트레스, 높은 수준의 불안과 관련이 되기 때문에(Schmidt, Demulder, & Denham, 2002), 불안정감을 경험하는 청소년들이 안정감을 보상받기 위해 공격적 행동을 나타낼 수 있다. 따라서 이러한 청소년들에게는 사회적 기술을 비롯하여, 불안정한 상황에서 나타날 수 있는 부정적 감정과 이에 대처하는 방법에 대해 초점을 맞춘 상담이나 교육이 이루어지는 것이 바람직하다.

청소년기에 정서 조절 능력 향상을 통해 공감능력도 발달될 수 있다. 공감 발달에 부정적인 영향을 미치는 것에 다양한 요인이 있지만, 그중 중요한 원인으로 파악된 것 중의 하나가 주 양육자와의 관계에서 형성된 불안정감이나 두려움, 부끄러움으로 알려졌다. 타인을 공감하기 위해서는 자신의 두려움이나 불안정감을 조절해야 하며, 자신뿐만 아니라 타인이 어떻게 느끼는지 관심을 두고서 생각해야 한다. 정서 조절이 어려운 청소년들은 자신의 두려움과 불안에 압도되기 때문에 이러한 공감능력을 발달시키기 어려울 수밖에 없다. 따라서 상담자는 청소년들이 자신의 정서를 보다 명확하게 인식하고 능동적으로 조절할 수 있도록 도와주어야 할 것이며, 더 나아가 부모의 양육 방식을 점검하여 자녀의 잘못된 행동이나 통제가 필요한 상황에서 부모가 자녀의 의견을 존중해 주면서 애정적이고 일관된 양육을 할 수 있도록 개입하는 것이 필요하다.

4) 자아정체감의 형성

청소년이 직면하는 가장 중요한 과제는 자아정체감을 형성하는 것이다. 자아정체감은 청소년기보다 이전에 시작되어, 청소년기에 이르러 자아정체감을 확고히 해 나가게 된다. 사회에 적응하고 활동할 준비를 하기 위해, 이 시기 청소년들은 자신의 가치와 능력을 발견하여 직업과 진로를 결정하고 누군가와 사랑을 하며 정치에 대한 가치관을 결정하게 된다. 정체성의 개념은 Erik Erikson에 의해 제안된 것으로, 정체성 형성이란 대안 탐색과 역할 헌신을 통해 어떤 선택을 하는 것이라고 정의 내려진다(Adams, Gullotta, & Montemayor, 1992).

청소년들에게 자아정체감은 어느 한순간에 순조롭게 완성되는 것이 아니라 우왕좌왕하는 과정을 통해 서서히 진행되는 것이다. 자아정체감을 확고히 발달시켜 나가기 위해서는 자기 인식과 자의식에 집중하는 기간이 필요한데, 이 과정을 순탄하게 거쳐야만 자신의 능력에 대한 자신감을 획득하게 된다. 이 시기 청소년들은 다양한 역할들을 경험하면서 자신의 생각이나 목표, 다양한 관계 유형들을 통해 자신이 누구인지에 대해 발견하게 된다. 또한 학교 과제나 새로운 친구들을 통해 지도자가 되는 경험을 하기도 하며, 때로는 복잡한 관계 안에서 누구에게 더 충성해야 하는 것인지에 대해 고민하며 혼란스러워할 수도 있다. 이 시기 청소년들은 때로는 무난하고 순탄하게 보이기도 하지만 때로는 불확실감이나 혼란감에 당황스러움을 반복적으로 경험한다.

청소년기의 자아정체감이란 한번 확립된다고 해서 그것이 늘 그대로 유지되는 것이 아니라, 일생을 통해 끊임없이 고민하고 도전하며 때로는 실패하는 과정을 통해 자신에 대해 깨닫게 되는 과정이다. 이 시기 청소년들이 아동기 정체감과는 다른 새로운 자아정체성을 획득할 수 있어야만 매 순간 자신의 정체성에 대해 질문을 하지 않게 되면서 보다 확고하고 안정된 자아정체감이 형성된다.

생각해 볼 문제

1. 성인 상담과는 구별되는 청소년 상담의 특성에 대해 설명하시오.
2. 청소년 상담을 할 때, 청소년기에 나타나는 발달적 특성을 고려해야 하는 이유에 관해 설명하시오.
3. 청소년기 인지 발달 과정 가운데 하나로 나타나는 '자아중심성'의 특성을 설명하시오.
4. 종종 청소년들이 사회나 문제에 대해 극단적인 관점을 갖는 이유에 대해 청소년들이 인지 발달 특성에 대한 관점을 통해 설명하시오.
5. 청소년들의 정서 조절을 증진시킬 수 있는 방법에 대해 설명하시오.
6. 청소년기 자아정체감 형성의 특징을 설명하시오.

제2장

청소년 상담의 윤리적 문제

상담 과정에서 내담자가 호소하는 여러 가지 문제를 다루다 보면 때로 다양한 상황에서 윤리적 갈등 상황을 경험할 수 있다. 이때 내담자는 물론 상담자 또한 동시에 보호할 수 있는 적절한 윤리적 판단 기준이 필요하다. 한국의 경우, 상담에서의 윤리적 판단은 상담 관련 전문가 집단 내에서 그 집단에 속한 구성원들이 따르도록 제정한 윤리강령을 판단의 기준으로 삼고 있는 것이 일반적이다. 따라서 상담자는 윤리강령에 입각하여 상담 과정에서 발생할 수 있는 윤리적 문제들을 해결해 나갈 수 있어야 하며, 이는 청소년 상담의 과정에도 적용된다.

특히 청소년들은 미성년자로서 성인의 보호 아래 있으며 법적 책임을 질 수 없는 나이이기 때문에, 상담자는 이와 관련된 상담의 절차나 과정에 있어서 다양한 윤리적 절차를 마련해 놓아야 한다. 청소년 상담에 있어서 고려해야 할 윤리적 문제들로서 비밀보장 및 한계, 상담 동의, 임상 기록, 상담자와 청소년 내담자와의 관계, 상담자의 역전이 반응들, 수퍼비전과 심리검사, 연구 및 출판, 부모 및 보호자와의 관계 등의 내용들이 있다. 이 가운데에서, 이 장에서는 실제 청소년 상담 장면에서 좀 더 빈번하게 맞닥뜨릴 수 있는 문제들 중심으로 하여 살펴보고자 한다. 즉, 비밀보장 및 한계, 상담 동의, 임상 기록, 상담자와 청소년 내담자와의 관계, 상담자의 역전이 반응들에 대한 윤리적 문제 및 해결 방법에 대해 구체적으로 살펴볼 것이다.

1 비밀보장과 비밀보장의 한계

상담자는 청소년 내담자의 사생활과 비밀보장에 대한 권리를 존중해 주어야 한다. 따라서 상담자는 상담을 시작할 때 내담자와 나눈 상담 내용을 내담자 허락을 구하지 않고서 다른 사람에게 이야기하지 않는다는 내용에 대해 내담자가 이해하기 쉽도록 설명해 주어야 한다. 또한 청소년 내담자와의 상담에 있어서 비밀을 보장할 수 없는 한계 상황에 대해서도 설명을 해 주어야 한다. 비밀보장의 한계가 있는 상황은 청소년 내담자의 생명이나 사회적 안전을 위협하는 경우를 포함하여 청소년 내담자에게 감염성이 있는 치명적인 질병이 있는 경우, 법적으로 정보 공개가 요구되는 경우를 들 수 있다.

상담자들은 상담 내용을 녹음하거나 녹화하기도 하는데, 녹음한 기록을 토대로 하여 내담자와의 상담 내용을 전문가에게 지도받음으로써 내담자에 대한 이해나 치료적 진전에 도움을 받을 수 있다. 이러한 과정은 상담자의 전문성 훈련에 필요한 부분이기도 하지만, 더 나아가서 내담자의 치료 성과에 도움이 되는 측면도 있다. 녹음되거나 녹화된 상담 기록은 그 목적에 따라서 때로는 상담 관련 연구를 진행하는 데 있어서 필요한 분석 자료로 사용될 수도 있다. 이렇듯 상담 내용의 녹음과 녹화는 상담자들에게 중요한 부분이긴 하나, 반드시 청소년 내담자에게 녹음이나 녹화를 하는 이유와 필요성에 대해 충분히 설명해 준 후 내담자가 이에 대해 동의하는 절차를 거쳐야 한다.

만일 청소년 내담자가 녹음이나 녹화를 거부한다면 이를 충분히 수용해 주고 내담자 의견을 받아들여서 녹음이나 녹화를 진행하지 않는다. 다만, 상담이 진행되고 라포가 형성되어 가면서 어떤 내담자의 경우에는 녹음이나 녹화에 대한 생각이 달라지는 경우도 있기 때문에, 상담이 진행되어 가면서 내담자 의견을 한 번 정도 더 들어 보는 것도 도움이 될 수 있다.

청소년 상담 과정에서 내담자의 부모나 보호자가 내담자와의 상담에 참여할 경우 내담자 동의를 받아야 한다. 청소년의 부모나 보호자는 대개 자녀가 상담한 내용에 대해 궁금해하기 마련인데, 먼저 상담자는 비밀보장의 원칙이라는 경직된 틀로서 이러한 부모나 보호자의 마음을 무시하거나 방어적으로 행동하기보다는 오히려 이들의 마음을 충분히 이해하고 수용해 주는 것이 더 적합하다. 그러고 나서 상담자는 청소년 내담자와 함께 부모나 보호자 상담을 할 경우 청소년과의 상담 내용에 대해 그들에게 알릴 수 있는 내용 및 범위에 대해 충분히 상의한 후, 합의한 부분만큼의 상담 내용을 부모나 보호자에게 전달하면 좋을 것이다.

때로는 청소년 내담자를 의뢰한 교사나 경찰, 법원 등에서 내담자의 상담 내용이나 정보를 제공받기를 원하는 경우가 있다. 이때에도 비밀보장의 한계 상황을 내담자에게 설명해 주고서 내담자의 동의를 얻어 상담 내용이나 정보를 제공하여야 할 것이다. 또한 제삼자에게 청소년 내담자와의 상담 내용을 공개해야 할 경우, 되도록 상담자가 소속되어 있는 상담 기관에서 공개 절차나 공개 범위에 관해 규정 및 양식을 마련해 두는 것이 필요하다.

2 상담 동의

모든 내담자는 자신들이 받는 상담의 본질과 그로 인한 결과에 대한 정보에 대해 알아야 할 권리가 있다. 상담이 긍정적인 결과를 많이 도출하고 있는 것이 사실이지만(Lambert, 2003), 상담을 받았다고 해서 모든 내담자가 상담에 대해 반드시 긍정적인 경험을 하는 것은 아니다. 따라서 내담자들은 상담에서 어떤 것들을 하게 되는지에 대한 정보를 사전에 제공받아야 한다. 상담에서 사전동의(informed consent)란 내담자에게 가하는 처치에 대해 내담자에게 기본적인 정보를 제공하는 절차를 의미하는 것으로, 이 절차를 통해 내담자는 상담 과정에 자신이 참여할지 혹은 참여하지 않을지를 이성적으로 선택할 수 있다(Fallon, 2006).

청소년 내담자 역시 본격적으로 상담을 시작하기에 앞서서 상담자로부터 자신이 받게 될 상담에 대한 정보를 충분히 들은 후 상담 여부를 결정해야 한다. 사전동의 시 내담자에게 제공해야 하는 정보는 상담자의 자격과 경력, 상담 과정, 상담 기간과 종결 시기, 비밀보호와 한계, 심리검사, 진단이 진행되는 방식과 이용 범위, 위기 상황에서 상담자에게 연락할 방법, 상담 녹음이나 녹화와 관련된 사항과 사례지도 및 교육에의 활용 가능성 및 이에 대해 동의 또는 거부할 수 있는 권리 등이다.

간혹 청소년 내담자가 미성년자라는 이유로 이들의 사전동의 절차를 생략하고 부모나 다른 대리인을 통해 대리 동의를 하도록 허용하고 있다. 그러나 이들이 미성년자이기 때문에 부모나 대리인 등의 대리 동의 절차를 거치더라도, 대리 동의와 동시에 상담자는 청소년 내담자들에게도 직접 상담에 대한 사전동의를 받는 것이 윤리적으로 적합하다. Welfel(2006)에 의하면, 미성년자인 청소년들의 인지 수준이나 이해력이 성인들과 거의 차이를 보이지 않는다고 설명하고 있다. 더 나아가 청소년 자신이 주체적으로 자신의 상담을 스스로 선택하지 못하는 것 자체가 의존성을 부추기고 독립성을 저해하는 것으로도 볼 수 있기 때문에, 청소년 내담자의 자발성을 북돋아 준다는 측면에서도 이들에게 직접 상담에 대한 동의를 받는 것이 도움이 될 것이다. 실제 상담에서 사전동의 과정은 상담자와 내담자가 상호작용을 하며 교육적 역할을 하기 때문에 내담자의 자존감과 자율성을 고양하고, 파괴적인 퇴행을 막아 주며, 치료동맹과 효과적인 치료의 기초를 형성하도록 도와주는 역할을 한다(Croarkin, Berg, & Spira, 2003; Gabbard, 2000).

아울러 상담자는 청소년 내담자와의 상담에서, 필요하면 청소년의 부모나 보호자가 상담에 참여할 수 있다는 것을 사전에 알려 주고 상의하는 것이 필요하다. 상담자는 부모나 보호자가 상담에 참여하는 것이 청소년 내담자에게 어떠한 영향을 미치는지를 고려하여 내담자의 권익을 보호해야 한다.

3 상담 기록 및 녹음의 보관과 양도

상담자는 내담자와 상담한 내용을 적거나 녹음을 하기도 하는데, 이는 치료 과정을 기록하여 상담 내용을 재검토하는 데 이용하거나 적절한 종결 시기를 결정하는 데 이용하는 등 내담자에게 보다 전문적인 서비스를 제공하기 위한 목적으로 사용된다. 상담자는 상담 기록에 대해 각 기관에서 정한 기록 보관 연한을 따르는데, 보통은 3년 이내 보관을 원칙으로 한다.

상담 과정을 글로 적어서 기록하는 경우에는 상담 과정 중에 내담자가 하는 이야기들을 잘 들으면서 기록하는 방법이나, 상담을 마치고 난 직후에 내담자와의 상담 내용을 글로 기록하는 두 가지 방식이 있다. 상담 과정에서 내담자 이야기를 글로 적어 가면서 상담을 진행할 때, 상담자가 내담자가 하는 이야기에 집중하는 것보다 글로 적는 것에 지나치게 집중하는 경우도 있는데 이는 바람직하지 못하다. 내담자와의 상담을 글로 남기는 이유가 궁극적으로는 내담자에게 전문적인 좋은 상담을 제공하는 것임을 전제한다면, 내담자와의 대화를 기록하느라 내담자와의 상담 과정에 지장을 초래하는 것은 적절치 못하다고 할 수 있다. 상담 과정 중에는 내담자와의 대화에 집중하되 대화에 지장이 가지 않을 정도로 자연스러움을 유지하면서 내용을 중간중간 간단히 기록하는 것이 바람직할 것이며, 더 자세한 내용은 상담을 마친 이후에 정리하는 것이 좋다.

상담 내용을 컴퓨터에 전자기록으로 저장할 경우에는 단독 컴퓨터에 기록을 저장하는 것이 좋으며, 치명적인 바이러스 등의 피해로부터 보호받을 수 있는 장치도 함께 마련되어야 한다(Pope & Vasquez, 2016).

상담자는 상담 기록과 녹음에 대해 청소년 내담자의 사전동의를 구해야 하며, 상담과 관련된 기록을 보관하는 데에는 반드시 비밀이 보장되어야 한다. 상담자는 청소년 내담자의 기록이 안전하게 보관될 수 있도록 기록 보관을 위한 지침과 절차를 마련해 두는 것이 필요하다. 또한 가족이나 외부의 요구(예: 학교, 의사, 법정)가 있을 경우 어느 정도 자료를 공유할 수 있을지 지침을 마련해야 한다. 상담자는 청소년 내담자의 동의 없이 상담 기록을 제삼자나 기관에 공개하지 않으며, 청소년 내담자나 보호자가 상담 기록의 삭제를 요청한다면 법적·윤리적 문제가 없는 한 삭제하여야 한다. 이때 상담 기록을 삭제하지 못하는 경우가 있다면 그 이유에 대해 내담자와 보호자에게 설명하는 것이 좋다. 또한 청소년 내담자가 합당한 선에서 상담 기록에 대한 열람을 요청할 경우, 요청을 허락하고 기록에 대한 열람이 내담자에게 해악을 끼친다고 판단될 경우에는 이를 제한할 수 있다.

상담자가 퇴직하거나 이직하는 등의 이유로 상담을 중단하게 될 경우, 상담 기록과 자료를 적절한 절차에 따라 기관이나 전문가에게 양도한다.

4 상담자와 청소년 내담자와의 관계

상담자는 상담 관계에서 발생하는 친밀성과 책임감을 인식해야 하며, 상담자의 개인적 욕구를 충족시키기 위해 내담자를 희생시켜서는 안 된다. 상담자는 청소년 내담자에게 무력이나 정신적 압력 등을 사용하면 안 된다. 만일 상담자가 청소년 내담자에게 치료적 관계 이상으로 감정적인 매력을 느낀다면 수퍼비전이나 자문을 받는 것이 내담자와의 치료적 관계나 윤리적 측면에서 볼 때 도움이 된다.

상담자는 청소년 내담자와 자신의 법적·도덕적 한계를 벗어난 다중관계를 맺지 않으려 노력해야 한다. 다중관계는 상담자가 내담자와의 관계에서 여러 가지 다른 역할을 하는 것을 의미하는데, 이것이 상담자가 의도한 것이 아닐지라도 다중관계는 내담자에게 도움이 안 되며 상담자의 전문성 측면에서 볼 때도 건강하지 못한 것이라 할 수 있다. Kitchener(1988)는 다중관계에서 초래될 수 있는 어려움에 대해 다음과 같이 설명하였다. 즉, 상담자와 내담자가 서로의 역할에 대해 각기 다른 기대가 있으면 잠재적인 폐해가 크고, 각자의 역할에 대해 책임이 매우 유사할 경우에도 객관성을 유지하기 힘들어지며, 역할 간의 힘이나 지위 측면에서 지나친 차이가 날 경우에도 서로 이용할 가능성이 높아진다고 하였다.

다만, 상담자가 청소년 내담자와의 관계에서 어쩔 수 없는 상황에서 다중관계를 피하지 못할 상황이 발생할 수도 있다. 이 경우 상담자는 가능한 한 내담자의 최상의 이득을 고려하고 이를 위해 상호작용하는 것이 필요하다. 만일 다중관계를 도저히 피할 수 없을 경우에, 상담자는 내담자와 함께 현 상황의 문제점이나 이에 대한 기대에 대해 내담자와 터놓고 이야기하면 좋을 것이다. 또한 역할 간

적절한 경계를 유지하기 위하여 상담자는 수퍼비전이나 자문을 받음으로써 청소년 내담자에게 미칠 수 있는 잠재적인 영향에 대해 고려해야 할 것이다.

청소년 내담자에게 외부 지원이 필요하거나 다른 상담자에게 의뢰해야 할 경우도 생길 수 있다. 이때 상담자는 내담자에게 최선의 도움이 될 방식에 대해 고민하여 판단하는 것이 필요하다. 상담자는 자신이 모든 영역에서 전문가는 아니라는 것을 솔직하게 인식하고, 자신의 부족한 점이나 한계에 대해 알고 있어야 할 것이다. 내담자에게 의뢰가 필요한 경우, 상담자는 청소년 내담자와 부모나 보호자에게 이에 대해 상의하고 의뢰가 적절하게 이루어질 수 있도록 노력해야 한다.

5 상담자의 역전이 반응들

역전이에 대한 개념은 정신분석에 근간을 두고 있는 것으로, 상담자가 의식하는 영역 밖에 있는 청소년 내담자에 대한 선입견이나 편견은 상담의 과정에 부정적인 영향을 미칠 수 있다. 따라서 상담자는 훈련을 통해 자신의 경험에 대해 자각하고 이것이 상담 과정에 어떻게 영향을 미치는지 알아야 할 것이다. 상담자의 선입견이나 편견에 대한 자각은 상담 과정에 있어서 매우 중요한데, 자각이 쉽지 않으면 개인 분석을 통해 이러한 상담자 자신의 주제에 대해 살펴보면 좋을 것이다.

상담자는 상담 과정에서 일어나는 자신의 역전이 반응에 대해 알고 있어야 하는데, 청소년을 상담하는 상담자의 역전이 반응으로는 다음과 같은 것들이 있다 (Pledge, 2004).

- 상담자 자신이 청소년 양육에 대해 가지고 있는 감정과 경험들
- 청소년 내담자에 대한 과잉/과소 동일시
- 학대당한 내담자에 대한 동정심
- 청소년들의 행동에 대한 엄격한 기대
- 적절한 발달 기준을 청소년에게 적용하지 못하는 것
- 내담자와의 적절한 거리 유지의 실패
- 상담 시간 이외에도 내담자에 대해 자주 생각함
- 내담자 문제를 해결하려고 지나치게 노력하고, 부모 역할을 하려 함
- 지나친 신체적 접촉이나 포옹

이상의 것들을 하나하나 살펴보며 상담 과정에서 종종 점검해 보는 것이 좋다.

예를 들어, 학대당한 청소년 내담자에 대해 역전이 반응을 경험할 경우, 상담자는 학대와 관련된 내담자의 반응에 귀를 기울이기보다 상담자 자신에게 강렬한 정서적 반응이 일어나거나 과도한 동정심으로 말미암아 청소년 내담자들을 구원해 주고자 하는 욕구가 강하게 일어나기도 한다. 이런 경우, 청소년 내담자에 대한 상담자의 지나친 감정 때문에 상담 과정에 오히려 부정적 영향을 미치게 된다. 따라서 상담자는 내담자의 문제에 특별히 더 영향을 미치는 상담자의 욕구나 감정이 무엇인지 자각해야 하며, 상담자의 개인적 경험이 내담자 문제에 어떻게 영향을 미치는지 살펴보아야 한다. 만일 상담자 개인의 문제와 내담자의 문제가 지나치게 연관되어 있다고 판단이 설 경우, 상담자는 내담자를 다른 상담자에게 의뢰하는 것도 염두에 두어야 할 것이다.

또한 청소년 내담자에게 역전이 감정이 생길 경우 수퍼비전이나 자문, 또는 개인 분석을 받는 것이 필요하다. 가령, 상담자가 수강명령으로 상담을 받게 된 비자발적인 16세 남자 청소년에게 강렬한 거부감을 경험하는 경우라면 상담자는 다음과 같은 자신의 반응을 살펴보아야 한다. '청소년 내담자의 행동은 상담자에

게 어떠한 감정을 유발하는가?' '청소년 내담자에게 유독 거부감이 드는 이유가 상담자의 가족과 관련된 경험인가?' '청소년 내담자의 행동은 상담자가 일반적으로 갖고 있는 청소년 상에 대한 고정관념과 어느 정도 불일치하는가?' 이런 상담자 자신의 반응을 살펴보면서, 상담자 자신의 취약한 부분에 대한 검토 및 자문을 위해 수퍼바이저에게 도움을 요청하거나 개인 분석을 받는 것이 윤리적인 태도일 것이다. 이를 통해 상담자는 자신이 가진 역전이와 관련된 내용들을 탐색하고 해결되지 않은 문제를 다루고 학습해 나갈 수 있다.

이렇듯 상담자의 자기 인식은 전문적인 상담 과정과 윤리적 태도에 도움이 된다. 상담자 문제가 상담 장면에서 발현될 수 있다는 가능성에 대해 열어 두는 태도야말로 전문적인 상담자의 역량을 강화시키는 행동일 것이다.

생각해 볼 문제

1. 상담자는 청소년 내담자의 반복적인 자해 시도에 대해 부모에게 이야기하기 위하여 부모 상담을 하려 한다. 하지만 청소년 내담자는 이에 대해 강한 저항을 표현하고 있다. 이 경우 상담자가 어떻게 대처해야 할 것인지 설명하시오.
2. 청소년 내담자의 부모가 내담자의 상담 내용에 대해 궁금해하며 알려 달라고 요청할 경우, 상담자는 이때 어떻게 대처할 것인지 설명하시오.
3. 청소년 내담자와 다중관계를 맺지 않도록 노력해야 하는 이유에 관해 설명하시오.
4. 상담자인 당신이 10대 임산부 내담자를 만나서 상담해야 할 경우, 역전이 가능성이 어느 정도 있을 것으로 생각하는가? 만일 역전이 가능성이 있다고 예상한다면, 이 경우 어떻게 대처할 것인지 설명하시오.

제3장

청소년기 관련 정신병리: 우울

우울장애는 현실적인 상황과는 맞지 않게 일정 기간 우울하거나 들뜨는 기분의 장애가 주문제로 나타나는 기분장애의 종류에 속하는 정신장애로, 저조한 기분에 처해 있는 상태를 우울증이라고 하고, 들뜬 기분 상태를 조증이라고 한다. 기분장애는 이름에서 언급되듯이 우울감, 무망감, 절망감과 같은 부정적인 정서가 지속적으로 나타나는 것이 주요 특징이며, 일상적인 기능과 활동에 어려움을 일으키는 다양한 증상을 동반한다. 주요우울장애와 양극성장애는 대표적인 기분장애이다. 주요우울장애의 평생 유병률은 10~30%에 이르는 매우 흔한 정신장애로 우울감, 불안, 체중 및 식욕 변화, 수면장애, 무의욕, 집중력 저하, 무쾌감, 자살사고 등과 같은 전형적인 우울 증상뿐만 아니라 인지기능의 저하, 신체 질병과 같은 증상까지 다양한 방식으로 발생한다. 반면에, 양극성장애는 평생 유병률 3~6%에 이르는 정신장애로 조증 또는 경조증과 우울한 삽화를 나타내며 경우에 따라 망상이나 환각 같은 정신증적 증상이 발현되기도 한다.

DSM-5에 의하면 기분장애의 종류로는 주요우울장애(major depressive disorders), 지속성우울장애(persistent depressive disorder), 월경전불쾌장애(premenstrual dysphoric disorder), 파괴적 기분조절부전장애(disruptive mood dysregulation disorder), 양극성 및 관련 장애(bipolar and related disorders)로 분류하고 있다. 이 장에서는 청소년기에 가장 많이 나타나고 있는 우울증을 중심으로 다루고자 한다.

1 청소년기 우울의 증상 및 유병률

1) 우울의 증상

우울증(depression)은 '심리장애'로서 여러 가지 증상이 복합적으로 나타나며 다양한 심리적 영역에서 증상이 나타난다. 특히 청소년기는 급격한 신체 변화와 더불어 정서적 상태가 불안정하고 기분 변화가 심하므로 정상적인 청소년들도 가벼운 우울을 경험할 가능성이 크다고 볼 수 있다. 청소년기 우울의 특징은 우울 증상을 밖으로 드러내기보다는 우울한 감정이 겉으로 보이지 않은 '가면성 우울증(masked depression)'으로 나타나는 경우가 많다. 청소년기 우울 증상의 표현 양상은 우울감을 직접 호소하기보다 주로 슬픔, 짜증, 비행, 또래관계 문제, 신체화 증상, 약물남용, 등교 거부, 무단결석, 성적 저하와 같은 위장된 형태로 나타나기 때문에, 이러한 표현은 청소년기 우울증 진단을 어렵게 하는 요인이다. 또한 청소년기는 정체감 형성과 더불어 대인관계가 확대되는 시기로 또래관계, 이성관계, 가족관계, 교사와의 관계 속에서 여러 가지 갈등을 경험하게 되는 경우에 우울감이 발생할 수 있다. 청소년기에 시작된 우울은 성인기에 시작된 우울에 비해 더 만성적이고 재발될 가능성이 높을 뿐만 아니라 대인관계와 학업에 좋지 않은 요인으로 작용한다. 특히 청소년기의 우울 증상은 겉으로 두드러지게 나타나지 않기 때문에, 가정이나 학교 등에서 우울 증상과 우울감을 지닌 청소년들이 쉽게 발견되지 않아 조기 개입이 어렵고 전문적인 치료나 도움을 받기가 어렵다. 우울증을 경험하고 있는 청소년은 미래에 대한 절망감과 함께 무기력감을 경험하며 성마름이나 반사회적 행동, 물질남용 등을 하게 되고, 그 결과 더 깊은 우울증과 죄책감에 빠지게 되어 자살 행동을 유발할 수 있기 때문에 매우 민감하게 살펴야 하는 정신장애이다. 특히 충동성이 강한 청소년은 우울증 상태에서 자살하는 경향이 높다. 우울장애는 다른 심리장애와 공병이 나타나는데, 청소년의 경우 불안장애와 동시에 발병하거나 품행장애 또는 적대적 반항장애, 주의력결핍과잉

행동장애와 공병율이 매우 높게 나타난다. 공병의 양상은 남자 청소년은 파괴적 행동장애 및 물질남용장애(Lewinsohn, Hope, Roberts, Seeley, & Andrews, 1993)와 공병율이 높고, 여자 청소년의 경우 섭식장애와 높은 공병율을 보인다(Lewinsohn, Clarke, Seeley, & Rohde, 1994).

청소년기에 처음 발현된 우울장애는 유병률이 높을 뿐만 아니라 이후 재발 가능성이 높다. 청소년기 우울장애가 재발하고 지속되는 경우 물질남용, 학업 문제, 사회적 관계의 손상 등을 유발하며 자살의 위험이 30배 증가하는 등 부정적이고 심각한 결과를 초래한다(Stolberg, Clark, & Bongar, 2002). 이처럼 청소년기 우울은 성인기 이후의 삶 전반에 부정적인 영향을 끼칠 수 있는 점을 고려했을 때, 청소년기 우울장애의 발병 원인과 특성에 주의를 기울여야 할 필요가 있다.

"학교 가는 것이 두렵고 무서워요."

민희는 중학교 2학년에 올라와서 단짝 친구였던 수민이와 싸우고 난 후 수민이와 화해는 했지만, 그 후로 친구들과 지내는 것이 서먹해지면서 알 수 없는 불안감을 느끼기 시작했다. 이러한 일이 있고 난 후부터 민희는 학원도 가지 않겠다고 하여 부모님과 갈등을 겪고 있다. 부모님은 이런 민희의 태도에 걱정이 돼서 민희에게 이런저런 이야기를 시도했지만, 민희는 의욕 없는 모습을 보이며 갑자기 소리를 지르는 등 사소한 일에도 짜증을 내는 일이 잦았다. 방학 이후 새 학기가 되면서 민희의 상황이 나아질 거라 생각했지만 학업에서도 문제가 나타나기 시작했다. 간단한 숙제를 하는 데도 이전과 달리 시간이 많이 걸리고 기억력에 문제가 있다고 하며, '나는 왜 이 모양일까? 제대로 하는 일이 하나도 없어?'라는 말과 '죽고 싶다'라는 등의 부정적인 이야기를 반복적으로 하고 있다. 또한 아침에 일어나는 것을 힘들어하고 배가 아프다거나 머리가 아프다는 식의 호소를 하면서 학교에 가지 않는 날이 많아졌다.

민희의 사례에서 보듯이 청소년기 우울증은 성인과 달리 우울한 기분의 직접적인 표현보다는 예민한 반응과 변덕스러운 행동을 자주 보인다. 우울증은 청소년기에 급증하는 것으로 알려졌고 남자보다 여자가 2배 정도 높게 나타나며, 약 20%에 해당하는 청소년들이 한 번 이상 우울증을 경험했다는 점에서 우울증은 청소년기에 매우 흔하게 나타나는 심리적 문제라고 볼 수 있다. 주요우울장애를 지닌 청소년의 경우에는 즐거운 활동에 대한 관심과 흥미가 많이 부족하고, 슬픔, 무망감, 수면, 에너지, 식욕, 체중의 변화를 더 많이 경험한다. 이러한 증상은 가정과 학교생활에서의 부적응, 자살, 문제행동 등에 영향을 미치고 있지만 우울증에 대한 편견과 부정적인 시각은 조기 진단 및 치료에 걸림돌이 되기도 한다.

2) 우울의 유병률

2022년 청소년 건강행태조사 온라인 결과에서 전체 중·고등학생 중 28.7%가 지난 12개월 동안 2주 이상 우울을 경험했다는 결과로 나타났다. 이 가운데 중

표 3-1 우울감 경험률 단위: %

연도	우울감 경험	남자	여자	중학생	고등학생
2013	30.9	25.2	37.1	29.0	32.6
2014	26.7	22.2	31.6	24.4	28.8
2015	23.6	19.7	27.8	21.2	25.6
2016	25.5	20.9	30.5	22.7	27.7
2017	25.1	20.3	30.3	23.5	26.4
2018	27.1	21.1	33.6	25.2	28.7
2019	28.2	22.2	34.6	26.9	29.4
2020	25.2	20.1	30.7	22.9	27.4
2021	26.8	22.4	31.4	30.4	32.5
2022	28.7	24.2	33.5	33.5	33.6

출처: 교육부, 질병관리청(2023).

학생은 33.5%, 고등학생은 33.6%가 12개월 동안 우울감을 경험하였고, 여학생(33.5%)이 남학생(24.2%)보다 우울감 경험이 높은 것으로 나타났다(여성가족부, 한국청소년정책연구원, 2022. 5. 25.). 이러한 결과는 청소년들이 정신적인 스트레스나 어려움을 경험하고 있다는 중요한 신호로 볼 수 있으며 특히 우울 경험은 청소년기에 많은 학생들이 공통적으로 겪는 문제이다. 따라서 효과적인 정신건강 지원체계를 구축하여 조기 대응과 함께 청소년들의 정신건강에 대한 인식을 높이고 필요한 지원 및 치료를 제공하는 것이 중요하다고 볼 수 있다.

3) 우울의 원인

우울의 원인은 어느 한 가지로 결정되기보다는 개인의 생물학적·환경적·심리적 취약성의 상호작용에서 발생한다고 볼 수 있다. 특히 청소년 우울의 원인에는 부모의 정서적 돌봄의 부재 및 양육 태도, 또래관계, 학업 스트레스, 낮은 자존감, 부정적인 사고 등의 다양한 요인이 영향을 미칠 수 있다.

(1) 생물학적 요인

먼저 생물학적 요인으로 사춘기의 호르몬 수준의 변화와 뇌 구조의 발달을 들 수 있다. 사춘기는 호르몬의 수준에 급격한 변화가 발생하는 시기로, 이러한 변화는 청소년의 감정과 기분의 변화를 가져와 정서에 영향을 미칠 수 있다. 뇌 구조의 발달 과정에서 전두엽의 발달은 뇌의 다른 영역과 상호작용하며 감정, 사고, 행동 등 다양한 측면에 영향을 미치게 되는데, 이로 인해 감정 표현과 행동 조절이 어려울 수 있음을 반영한다. 그러나 이러한 생물학적 요인들은 각각의 청소년의 경험에 따라 그 영향이 다를 수 있기 때문에, 청소년들이 자신의 생물학적 변화를 이해하고 받아들여 이를 효과적으로 다룰 수 있도록 돕는 것이 중요하다.

(2) 취약성-스트레스 가설

취약성-스트레스 가설(vulnerability-stress hypothesis)은 취약성과 스트레스의 상호작용을 강조하는 모델이며, 개인이 특정 정신건강 문제에 취약성을 가지고 있는 경우, 외부에서의 스트레스 요인이 이러한 취약성을 드러나게 하고 정신건강 문제가 발생할 가능성이 높아진다(Eaves, Silberg, & Erkanli, 2003). 또한 청소년기는 여러 가지 변화와 도전이 많은 시기로, 학업, 대인관계, 가족관계, 신체적 변화 등 다양한 영역에서 스트레스가 증가하여 우울증을 경험할 가능성이 높다고 볼 수 있다. 따라서 청소년이 경험하는 발달상의 취약성을 이해하고 스트레스에 대한 대처 방안을 강화하며, 필요한 지원을 제공함으로써 우울증 예방 및 관리에 효과적인 지원을 제공하는 것이 필요하다.

(3) 환경적 요인

① 부모-자녀 관계

안전하고 안정된 부모-자녀 간의 애착은 청소년의 정서적 발달과 안정감에 긍정적인 영향을 미친다. 그러나 부모-자녀 관계가 불안정하거나 부족할 경우 청소년은 정서적인 어려움을 경험할 수 있으며, 이는 우울증의 발생에 영향을 미칠 수 있다. 또한 주 양육자의 우울증, 낮은 사회경제적 지위, 부모의 이혼, 부부 갈등 등의 가족 및 사회 환경은 부모-자녀 간의 애착에 영향을 미칠 수 있기 때문에, 부모가 청소년의 감정을 이해하고 지지해 주는 안전한 환경을 제공하는 것이 중요하다.

② 또래관계

청소년기의 또래관계는 사회적 적응과 정서적 안정성에 영향을 미치는 매우 중요한 요인으로 볼 수 있다. 또래 간의 지지와 친밀한 관계는 학교적응이나 청소년의 정신건강에 긍정적인 영향을 미치고, 더 나아가 학업에까지도 영향을 줄 수 있는 중요한 요소라 할 수 있다. 따라서 원만하지 못한 또래관계는 청소년의 심리 적응에도 악영향을 미칠 수 있으며, 더욱이 또래관계에서 장기적으로 지속적인 어려움을 겪어 온 청소년들은 훨씬 더 큰 정서적인 어려움을 경험하게 됨으로써 우울에까지 이를 수 있는 것이다. 특히 청소년 시기의 또래관계는 더욱더 복잡해지게 되며, 이때 또래관계 기술이 부족한 청소년들은 반복적인 좌절감을 경험하면서 우울감이 심화된다. 따라서 또래관계 문제로 인해 우울을 경험하는 청소년들에게는 적절한 사회기술 훈련 능력을 향상시키는 것이 지속적으로 필요하다.

③ 학업 스트레스

청소년기는 학업 부담이 크고 시험 압박 등으로 인해 스트레스가 높을 수 있는 시기이다. 과도한 청소년이 학업 부담, 시험 압박 등에 대한 스트레스는 우울증을 유발하거나 악화시킬 수 있다. 따라서 청소년이 학업 스트레스로 인해 우울감을 경험하고 있다면, 학업으로 인해 어느 정도 스트레스를 경험하고 있는지, 최근 성적의 변화 추이는 어떠한지 등에 대해 세심하게 탐색하는 것이 요구된다. 실제로 우울한 청소년들은 오히려 학습에 집중이 안 되고 성적이 떨어질 수밖에 없으므로, 학업 스트레스로 인해 우울해져 또다시 우울감 때문에 집중이 어려워 학업 성취가 어려워지는 학업적 악순환은 지속된다.

청소년들은 학업 스트레스에 대한 관리가 필요하며, 이를 위해 건강한 학업 습관을 형성하고 적절한 학업과 휴식의 균형을 유지하며 학업 부담을 관리하는 것이 필요하다. 이러한 관점에서 볼 때, 부모, 또래, 학교 등에서의 지속적인 지지와 더불어 청소년 스스로가 자신의 감정을 인식하고 적절히 대처할 수 있는 능력을 키우는 것이 필요하다.

(4) 우울을 설명하는 심리적 요인

① 우울에 대한 인지모델

우울에 대한 인지모델에서는 우울증 발병에 있어서의 핵심을 '부정적인 인지 특성'으로 본다. 인지모델에서는 우울을 불러일으키는 데에는 자기, 세상, 미래에 대한 부정적인 생각이 작용한다고 본다. 즉, 자신에 대한 부정적인 지각("나는 결함이 많다." "나는 가치 없는 존재이다."), 세상에 대한 부정적인 해석("아무도 나에게 관심이 없다."), 미래에 대한 부정적인 시각("내 인생은 희망이 없어." "난 앞으로도 계속 실패할 거야.")을 우울증의 인지적 3요소라고 한다. 〈표 3-2〉와 〈표 3-3〉은 대표적인 인지적 오류와 자동적 사고를 나타낸 것이다.

표 3-2 우울증을 일으키는 인지적 오류

왜곡된 사고	정의
흑백 논리적 사고	사물을 이분법적인 범주로 구분하여 보는 경우
재앙적(파국적) 사고	항상 부정적인 측면만 바라보고 최악의 상태를 생각하는 경우
과잉일반화	한두 번의 사건이나 경험에 근거하여 일반적인 결론을 내리고, 무관한 상황에도 이를 적용하는 경우
의미확대와 의미축소	어떤 사건이나 경험의 중요성을 부정적 해석 구조에 따라 지나치게 확대하거나 축소하는 경우
잘못된 명명 (자기준거)	사람의 특성이나 행위를 기술할 때 과장되거나 부적절한 명칭을 사용하여 기술하는 경우
독심술	충분한 근거 없이 다른 사람의 마음을 마음대로 추측하고 단정하는 경우
예언자적 오류	미래에 어떤 일이 일어날 것이라고 단정하고 확신하는 경우
독단적 추론	원인과 결과의 관련성을 잘못 추론하여 결론을 내리는 경우
선택적 추상 (정신적 여과)	어떤 상황에서 일어난 여러 가지 일 중에서 일부만을 뽑아내어 상황 전체를 판단하는 경우
감정적 추리	충분한 근거 없이 막연히 느껴지는 감정에 근거하여 결론을 내리는 경우
개인화	자신과 무관한 사건이나 일을 자신과 관련된 것으로 잘못 해석하는 경우
과도한 책임	나쁜 일이나 실패는 전적으로 자기의 책임으로 보는 경우
인과성의 가정	과거에도 그랬다면 미래에도 그럴 것이라고 보는 경우

표 3-3 우울증과 관련된 자동적 사고

1. 나는 쓸모없는 사람이다.
2. 나는 다른 사람들의 관심이나 애정을 받을 만큼의 가치가 없는 사람이다.
3. 나는 절대로 다른 사람처럼 잘하지 못할 것이다.
4. 나는 사회 실패자이다.
5. 나는 사랑 받을 만한 가치가 없다.

6. 사람들은 나를 더 이상 존중하지 않는다.
7. 나는 내 문제를 절대로 극복하지 못할 것이다.
8. 나는 나의 친구들을 모두 잃었다.
9. 삶은 살아갈 가치가 없다.
10. 나는 다른 사람보다 더 불행하다.
11. 내 곁에는 나를 도와줄 사람이 아무도 없다.
12. 내가 살든 죽든 아무도 관심이 없다.
13. 어떠한 일도 내게는 잘 풀리지 않는다.
14. 나의 신체는 매력적이지 않다.

[그림 3-1]은 우울증의 인지모델로 부정적 인지도식이 역기능적인 신념으로 우울증을 유발하는 기저의 인지적 취약성이라고 볼 수 있다. 이러한 부정적 인지도식은 수면 아래 있다가 현재의 스트레스에 의해 활성화되고 부정적인 자동적 사고 패턴을 가속화하게 된다(Clark & Beck, 2010).

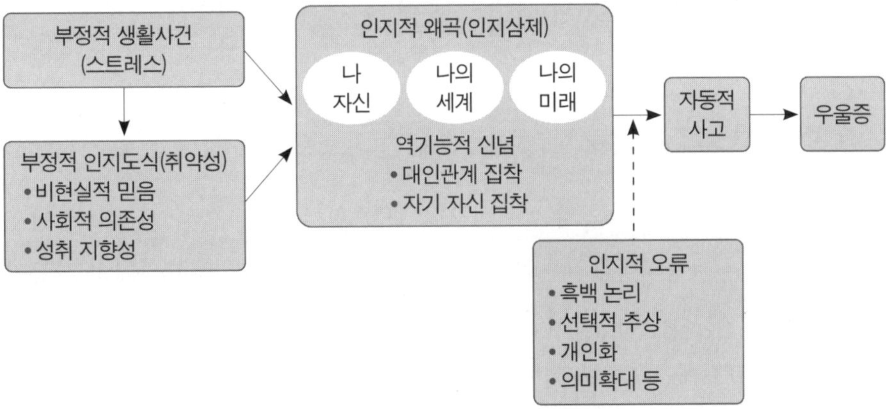

그림 3-1 우울장애의 인지모델

출처: Clark & Beck (2010).

② 우울에 대한 절망감 이론

우울증을 설명하는 절망감 이론([그림 3-2] 참조)에서는 우울증을 일으키는 요인 중 '높은 가치를 두었던 결과에 대한 부정적인 기대와 이러한 결과의 확인에 대한 무력감'을 절망감이라 하며 이것이 우울증을 일으킨다고 본다. 예를 들어, 시험에 대한 부정적인 기대(시험을 망치게 될 것이다)가 실제로 일어나게 되면 절망감을 느끼게 된다. 즉, 부정적 생활사건(스트레스)과 우울-유발적 귀인양식(취약성)이 활성화되면 절망감을 느끼게 되고 이는 우울증을 유발하게 된다.

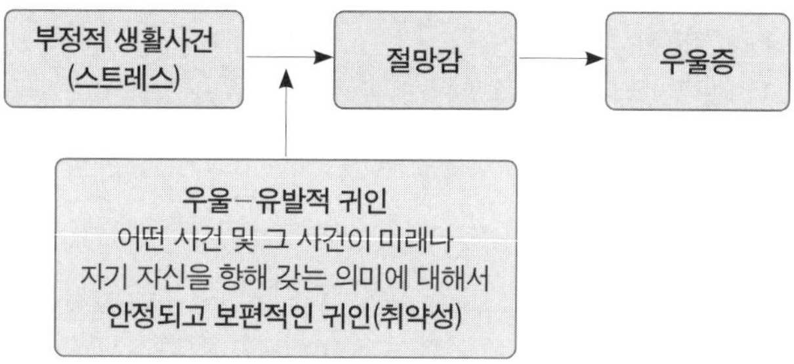

그림 3-2 절망감 이론

출처: Haeffel et al. (2008).

2 청소년의 우울에 대한 개입

1) 약물치료

우울증 치료에는 여러 가지 방법이 사용되고 있다. 가장 많이 사용되는 약물치료에는 다른 신경전달물질에 영향을 주지 않은 상태에서 세로토닌의 활동만을 증가시키는 2세대 항우울제인 세로토닌 재흡수 억제제(SSRIs)가 주로 사용되고 있으며, SSRIs에는 플루옥세틴(fluoxetine; 8세 이상; 상표명은 프로작)과 에스시탈로프람(escitalopram; 12세 이상; 상표명은 렉사프로)이 미국 FDA가 청소년 우울증에 사용할 수 있다고 승인한 약물이다. 한편 망상이 동반된 심한 우울증 내담자나 항우울제 약물이 잘 듣지 않는 내담자에게는 전기충격요법(Electroconvulsive Therapy: ECT)과 뇌심부 자극(Deep Brain Stimulation: DBS) 등이 사용되기도 한다. 정신병적 증상이 없는 우울에는 심리치료가 먼저 실시된다. 만일 우울 증상이 4~6주 내에 호전되지 않을 경우 약물치료가 추가되는 것이 필요하다.

2) 심리치료

경우에 따라서 우울하고 자살 위험이 있는 청소년들은 종종 흡연, 약물 및 알코올 사용, 폭식, 위험한 성관계 등과 같은 행동을 하기도 한다. 상담자는 치료 초기에 청소년 내담자가 이러한 행동을 하는지 반드시 평가 절차를 통해 확인해야 할 것이다. 만약에 이러한 행동들이 생명에 위협을 준다고 판단되면, 위기 상황으로 간주하여 위기개입이 이루어져야 할 것이다.

우울한 청소년들은 우울감을 직접적으로 드러내는 경우도 있지만, 우울감을 드러내지 않은 채 위축되거나 집중력 저하, 동기 결여, 학업 성취 무능력 등을 나타낼 수 있다. 따라서 상담자는 청소년의 현재 상태를 세심하고 민감하게 파악하는 것이 중요하다.

우울한 청소년들이 상담을 통해 우울에 영향을 미쳐 왔던 생활사건, 분노나 짜증, 슬픔과 같은 부정 정서 등을 자각하고 상담 장면에서 표현해 보는 것은 우울을 개선시키는 데 매우 중요한 과정이다. 우울을 개선시키기 위해 상담에서 다양한 기법이나 전략을 활용할 수 있는데, 예를 들어 가족치료적 개입이나 사회성 기술 훈련을 병행하는 것도 효과적이다.

특히, 우울과 관련된 개입으로 많이 사용되는 것으로 인지행동치료와 대인관계치료 기법 등이 있으며, 여기에서 이것들에 대해 좀 더 다루면 다음과 같다.

(1) 우울증의 인지행동치료 개입

인지행동치료(Cognitive Behavioral Therapy: CBT)에서는 내담자의 역기능적인 사고 과정을 검토하고, 우울을 촉발하게 되는 사고의 오류를 찾아 수정하는 작업을 거친다. 그러나 많은 생각이 자동적으로 일어나기 때문에 자신의 역기능적 사고의 오류를 찾고 수정하는 과정은 쉽지 않다. 따라서 내담자와 상담자는 협력하여 내담자의 인지적 왜곡을 발견하고 이를 수정하기 위하여 내담자의 문제를 여러 각도에서 생각해 볼 수 있도록 도와야 한다.

다음 예시는 민희의 사례에서 민희가 스스로 잘못된 신념을 인식하고 수정해 나갈 수 있도록 돕는 소크라테스식 대화이다.

치료자 수민이와 싸우고 난 후 어떤 생각이 스쳐 지나갔니?

내담자 글쎄요. '왜 항상 이런 일이 나에게 일어날까? 나는 정말 쓸모없는 사람이구나'라는 생각이 들었어요.

치료자 나에게만 나쁜 일이 일어나는 것 같고 내가 쓸모없는 사람 같다는 생각이 들었구나.

내담자 네.

치료자 지금은 어떤 생각이 드니?

내담자 '아무것도 내가 원하는 대로 되는 게 없다. 이제 더 이상 내가 할 수 있는 일이 없다. 살고 싶지 않다. 앞으로 나는 무엇을 어떻게 해야 하나'라는 이런 생각이 들어요.

치료자 내가 원하는 대로 되지도 않고 내가 더 이상 할 수 있는 일이 없다는 생각에 무기력감을 느끼고 있구나.

내담자 네.

치료자 지금 드는 이 생각에 확신이 들고 절대 변하지 않을 것처럼 보이네.

내담자 네. 가끔 '좋아질 수 있을까' 하는 희망이 살짝 보이기도 하지만 대체로는 늘 우울하고 의기소침해지는 기분만 들어요.

치료자 지금 이 상황에서 내가 가장 기대하고 바라는 것이 있다면 어떤 것들이 있을까?

내담자 친구들과 내가 편하게 잘 지낼 수 있었으면 좋겠어요. 학교에 가는 것이 너무 힘들어요.

실제 우울을 경험하는 청소년들은 자신의 기분과 감정을 알아차릴 수 있는 자동적 사고를 다루는 것이 필요하다. 다음 예시는 친구 관계에서 어려움을 겪고 있는 희민이의 사례로 자동적 사고는 '나한테 좋은 인간관계가 만들어질 리가 없다'이다. 여기에 따른 가정은 '만약 사람을 믿게 되면 상처를 받게 될 것이다'이다. 여기에서 핵심 신념은 '사람들은 믿을 수 없다'로, 상담자는 상담 시작 단계에서 내담자의 자동적 사고에 귀를 기울이며 내담자가 가진 가정 뒤에 숨겨진 핵심 신념을 파악하고 이를 다루어 주는 것이 필요하다.

상담자 그래, 찬규가 너를 무시할 때 너는 무슨 생각이 들었니?

내담자 나는 좋은 친구 관계를 만들 수 없다는 생각이 들어요.

상담자 정말? 나는 네가 찬규랑 계속 잘 지내고 있고 좋은 친구였다고 생각했는데…….

내담자 네, 맞아요. 그렇지만 지금 무슨 일이 일어났는지를 보세요.

상담자 지금 이 상황에서 너에게 드는 생각은 어떤 거지?

내담자 다른 사람들은 믿을 수 없고 좋지도 않으며, 항상 나에게 등을 돌릴 것이다.

상담자 그렇다면 만약 네가 누군가를 믿는다는 것은 뭘 의미하니?

내담자 저는 세상에는 믿을 만한 사람이 없다고 생각해요.

(2) 우울증의 대인관계치료 개입

대인관계치료(Interpersonal Psychotherapy: IPT)는 우울증이 대인관계와의 상호작용에서 비롯된 문제로 바라보고, 해당 문제를 해결하기 위해 대인관계와의 상호작용을 개선하는 데 중점을 둔 치료 방법이다. IPT는 대인관계가 우울증에 미치는 영향을 중요하게 보며, 내담자가 기존의 대인관계 패턴과 이에 따른 감정, 행동, 사고 등을 살펴보고 그것들이 어떻게 상호작용하는지를 이해하고 해석하는 과정을 거치게 된다.

Sullivan(1953)은 부적절한 의사소통이 정신장애의 원인이 되고 지속되는 요인이라고 보고 있기에, 개인이 대인관계에서 발생하는 문제에 대해 이해하고 적절한 대처 및 의사소통 기술을 향상시킴으로써 우울증 증상을 감소시키게 된다고 보았다. IPT는 주로 의사소통 기술, 역할연기 등을 중점적으로 사용하며, 대화를 통해 내담자의 대인관계에서의 경험과 감정을 탐색하고 이를 이해하여 효과적인 대인관계 기술을 개발하도록 도움을 준다. 이를 통해 내담자가 자신의 대인관계의 어려움에 대처하고 그로 인한 우울증 증상을 완화하는 데 효과가 있다.

대인관계치료의 전략은 세 단계로 구분된다. 먼저 첫 번째 단계인 치료 초기에는 우울증 발생과 연관된 주요 문제를 확인하고 이 문제를 다루기 위해 내담자와 치료적 접촉이 이루어진다. 두 번째, 치료 중기에서는 중요한 현재 대인관계 문제 영역들이 다루어진다. 마지막으로는 종결 단계로, 치료 종결에 대한 감정이 다루어지고 상담의 성과 및 남은 과제에 대해 다룬다(Klerman et al., 2002; 우울증의 대인관계치료 과정에 대한 설명은 <표 3-4> 참조).

표 3-4 우울증의 대인관계치료 과정

단계	전략
치료 초기	• 우울증에 대한 평가 다루기 1. 우울 증상에 대한 평가 2. 임상적 증후군에 대한 진단 3. 우울증과 치료에 대한 설명 4. 내담자에게 내담자 역할 부여 5. 약물치료의 필요성에 대한 평가 • 우울증을 대인관계의 관점으로 재조명 1. 다른 중요한 사람들과의 관계 양상 탐색 2. 관계에서 서로에게 가지는 기대 및 가지고 있는 기대가 충족되고 있는가에 대한 평가 3. 대인관계의 만족도 평가 4. 대인관계에서 바라는 부분에 대한 탐색 • 주요 문제 영역에 대한 확인 1. 현재 우울증과 관련된 문제와 치료 목표 정하기 2. 대인관계의 어떤 측면이 우울증과 연관되는지, 우울증으로 인해 무엇이 변화했는지 탐색 • 대인관계치료의 개념을 설명하고 치료적 계약 맺기 1. 문제에 대한 치료자의 이해 설명 2. 치료 목표에 대한 동의 3. 대인관계치료 과정에 대한 설명 대인관계치료는 '지금-여기(here and now)'의 문제에 초점을 맞추고 내담자가 자신의 중요한 문제에 대해 이야기해 주어야 하며 현재의 대인관계를 검토함. 이 외에 치료 기간, 횟수, 시간, 치료비, 치료에 참석을 못했을 경우에 대한 대책을 논의

치료 중기	• 문제 영역 다루기 1. 슬픔 〈목적〉 ① 애도 반응을 촉진시킴 ② 내담자가 흥미를 다시 가지고 상실한 대상을 대신할 수 있는 대체적 관계를 가질 수 있도록 도움 〈전략〉 ① 우울 증상 검토 ② 우울 증상의 발병을 중요한 사람의 사망이나 상실과 연관시킴 ③ 사망하거나 상실한 사람과 내담자의 관계 재구성 ④ 사망이나 상실에 바로 앞서 일어났거나 도중에 혹은 직후에 일어났던 사건이나 일의 결과 및 이러한 사건들의 연결에 대해 기술하도록 도움 ⑤ 이와 연관된 느낌 탐색 ⑥ 다른 사람들의 도움을 받을 수 있는 방법 모색 2. 대인관계상의 갈등 〈목적〉 ① 대인관계상의 갈등 파악 ② 행동계획을 세움 ③ 좀 더 만족스러운 해결을 가져올 수 있도록 과도한 기대나 잘못된 의사소통 방식을 변화시킴 〈전략〉 ① 우울 증상 검토 ② 현재 중요한 사람들과의 사이에서 나타나거나 나타나지 않는 대인관계상의 갈등을 우울 증상의 발병과 연관시킴 ③ 갈등의 단계 결정 a. 재협상(해결을 촉진시키기 위해 이러한 갈등에 관여된 사람들을 안정시키기) b. 난국(협상을 다시 끌어내기 위한 불협화음의 증가) c. 파국(애도 반응을 도와주기) ④ 서로 상호작용이 없는 상태에서 갖는 역할에 대한 기대가 대인관계 갈등에 어떻게 영향을 주는가에 대한 이해 a. 무엇이 대인관계에서 갈등을 일으키는 문제인가? b. 기대와 가치에 있어 차이점은 무엇인가? c. 어떠한 선택이 가능한 것인가? d. 다른 대체적인 관계를 찾을 수 있겠는가? e. 대인관계상의 변화를 위해 사용 가능한 방법들은 무엇인가?

<table>
<tr><td>치료 중기</td><td>⑤ 이러한 대인관계상의 갈등이 다른 사람들과의 관계에서도 나타나는가?
a. 내담자가 얻을 수 있는 이득은 무엇인가?
b. 내담자의 행동 뒤 이면에 표현되지 않은 감정은 무엇인가?
⑥ 이러한 대인관계상의 갈등이 어떻게 유지되고 있는가?

3. 역할 전환
〈목적〉
① 이전의 역할 상실에 대한 애도 및 수용
② 자신의 새로운 역할을 좀 더 긍정적으로 수용할 수 있도록 도움
〈전략〉
① 우울 증상 검토
② 우울 증상과 최근 생활 변화에 대한 어려움을 연결시킴
③ 이전의 역할과 새로운 역할에 대한 긍정적·부정적 측면 검토
④ 상실/변화 자체에 대한 느낌/새 역할에 대한 여러 가지 가능성에 대한 탐색
⑤ 상실에 대해 현실적으로 평가할 수 있도록 도움
⑥ 적절한 감정을 표현할 수 있도록 격려
⑦ 사회적 지지망을 확립하고 새로운 역할 수행에 필요한 기술을 습득할 수 있도록 격려

4. 대인관계상의 결핍
〈목적〉
① 내담자의 사회적 고립 감소
② 새로운 관계 형성 격려
〈전략〉
① 우울 증상 검토
② 우울 증상을 사회적 고립이나 불만족과 연관시킴
③ 이전에 맺었던 중요한 대인관계를 검토하고 그 관계의 긍정적인 측면과 부정적인 측면에 대한 탐색
④ 반복되는 대인관계 양상 탐색
⑤ 치료자에 대해 느끼는 긍정적·부정적 감정에 대해 이야기하고 다른 대인관계에서도 이러한 것이 반복적으로 이루어지고 있지는 않은지 탐색</td></tr>
<tr><td>종결</td><td>• 종결 다루기
1. 종결에 대해 솔직하게 논의
2. 종결이 비탄 반응을 가져올 수 있음을 알려 줌
3. 내담자가 독립적인 자신감을 인식할 수 있도록 도움</td></tr>
</table>

출처: Klerman et al. (2002).

생각해 볼 문제

1. 청소년기 우울의 특징과 증상을 설명하시오.
2. 청소년기에 우울의 원인에 대해 설명하고 해결 방안에 대해 논의하시오.
3. 우울이 청소년의 삶에 미치는 영향에 대해 논의하시오.
4. 청소년 우울증 상담에서 다양한 치료적 개입에 대해 논의하시오.
5. 우울을 경험하고 있는 청소년의 학교적응을 돕기 위한 방안에 대해 논의하시오.

제4장

청소년기 관련 정신병리: 불안

불안이라는 감정은 우리가 살아가면서 경험하는 아주 정상적인 감정이라고 말할 수 있다. 충분히 준비되지 않은 상태에서 치러야 하는 시험을 보기 전이나, 주변에서 일어난 갑작스러운 사고 소식을 들었을 때 누구나 느끼는 감정이다. 이처럼 걱정하고 염려하는 감정은 인간에게 당면한 사건과 위협에 대한 보편적이고 자연스러운 반응이라고 할 수 있으며, 대체로 이때 느끼는 반응은 적응적인 것이라고 말할 수 있다. 예컨대, 시험을 앞두고 느끼는 불안한 감정은 시험공부를 하게 하는 요인으로 작용하여 시험을 더 잘 볼 수 있게 하는 원동력이 되어 주기 때문에 불안은 정상 발달에 도움이 되기도 하는 감정이라고 할 수 있다.

불안을 느끼게 되면 우리 몸은 어지러움과 짜증, 심장 두근거림, 근육 긴장과 떨림, 과호흡, 가슴 통증, 복부 불편감, 혈압상승 등 신체 증상을 동반할 수 있는데 이러한 증상은 불안한 상황에 놓였을 때 위험에 대한 우리 몸의 즉각적인 반응이라고 설명할 수 있다.

청소년기는 신체적·인지적·심리적·사회적으로 급격한 변화에 대처할 수 있는 충분한 지식이나 경험 등이 없는 상태에서 끊임없이 긴장하고 갈등하는 시기이다. 또한 정서적으로 불안정하고 내적 갈등이 많은 시기로 불안을 경험하게 되는데 이때 과도한 불안을 가진 청소년의 경우 정서적으로 불안정한 경향을 보이고, 학업 수행과 또래관계를 제대로 형성하지 못해서 심리사회적 발달 과정에 심각한 부적응을 겪게 된다. 이렇게 불안은 청소년기에 다양한 형태와 원인으로 나타날 수 있기 때문에 불안장애는 청소년 시기에 간과할 수 없는 정서장애라고 할 수 있다. 한편 청소년기에 나타나는 정신과적 문제 중 가장 높은 비율을 차지하는 것은 불안과 우울로 인한 정서장애로, 한국청소년상담복지개발원(2021)의 「코로나19 이후 1년, 청소년 정신건강 변화 기록」에 의하면, 현재 청소년이 겪는 주요 감정은 '불안과 걱정'(53.2%), '짜증'(39.3%), '우울'(30.3%), '두려움'(18.6%) 순으로 나타난 것을 알 수 있다. 특히 청소년기의 불안은 심리사회적 어려움(부모의 이혼, 사망, 무시되었던 경험), 학교 문제(학교 성적, 또래관계), 낮은 자존감과 관련이 있고 우울증, 자살, 물질남용, 중독 등 다른 심각한 상태로의 진행 가능성이 높기 때문에 그 위험성이 크다고 볼 수 있다. 또한 청소년기에 경험하는 불안장애는 다른 장애에 비해 자살이나 품행장애 등으로 진행될 가능성이 높고, 경우에 따라서는 다른 장애와 함께 발생할 수 있기 때문에 제때 적절한 개입이 이루어지지 못하고 방치되었을 경우 심리적·정서적·신체적 어려움에 직면하게 되어 건강하게 성장하는 데 걸림돌이 될 수 있다.

DSM-5에 의하면 불안장애를 크게 일곱 가지 하위유형인 범불안장애(generalized anxiety disorder), 특정공포증(specific phobia), 사회불안장애(social anxiety disorder), 공황장애(panic disorder), 분리불안장애(separation anxiety disorder), 선택적 무언증(selective mutism), 광장공포증(agoraphobia)으로 분류하고 있다. 이 장에서는 청소년기에 가장 많이 호소하고 있는 장애를 중심으로 다루고자 한다.

1 범불안장애

1) 범불안장애의 특성

찬규는 중학생이 되면서 불안하고 초조한 기분이 들고 뭔가 좋지 않은 일들이 일어날 것만 같은 불길한 생각이 들면서 일상생활을 하는 것이 힘들어졌다. '혹시 학교에서 같은 반 친구들이 나를 이상한 애라고 생각하면 어떡하지?'라는 생각이

들면서 자신이 낮에 친구들과 했었던 말이나 행동을 생각해 보고 혹시 실수하지 않았나 하는 걱정이 되고 불안한 마음이 들어 거의 매일 밤잠을 자기가 어려워졌다. 엄마나 선생님은 이런 찬규에게 너무 걱정할 필요가 없다고 이야기해 주지만 찬규는 일상생활에서 경험하는 사건과 대상에 대해 크고 작은 걱정과 염려로 불안한 상태에 머물게 되면서 정작 해야 할 일들을 할 수 없게 되었다.

범불안장애는 찬규처럼 일상에서 경험하는 사건과 대상에 대한 걱정, 자신이 잘하고 있음에도 불구하고 실패에 대한 과도한 걱정과 불안은 잘 사라지지 않는다. 범불안장애를 가진 청소년들은 매사에 안절부절못하며 긴장하고 초조해하며 집중에 어려움을 경험하는 여러 가지 신체 증상이 나타나는데 대표적인 증상으로는 수면장애가 있다. 이들은 잠자리에 누워 이런저런 생각들 '내가 친구들을 잘 사귈 수 있을까?' '혹시 내가 학교에서 왕따를 당하면 어쩌지?' 등의 온갖 걱정을 한다. 그러다 보니 잠은 안 오고 충분한 수면은 더욱 어려워지게 된다. 이처럼 범불안장애를 가진 청소년의 경우 다른 친구들도 경험하는 걱정(학교생활, 또래관계, 부모-자녀 관계)에 대해 과도하게 걱정한다. 이런 경험을 하는 청소년들은 매사에 과민하고 긴장된 상태에 있으며 짜증이나 화로 표현한다.

범불안장애의 핵심 증상으로는 과도한 걱정과 불안이다. 이들은 이러한 불안에 대한 대처 방략으로 걱정을 하게 되며, 이는 걱정 과정과 두려움을 활성화시키게 된다. 즉, 걱정을 하지 말아야 한다는 생각이 들면 걱정하고 있는 것 자체가 문제가 되어 걱정에 대한 걱정이 발달하면서 오히려 걱정이 위험하고 통제할 수 없다고 평가되는데, 웰스 모델에서는 걱정을 1유형 걱정과 2유형 걱정으로 구분하여 제시하고 있다. [그림 4-1]에서 1유형의 걱정은 실제 외부 사건과 내부 사건에 대한 걱정이며, 2유형의 걱정은 걱정 그 자체에 대한 걱정으로 걱정이 발생할 것인지에 대한 걱정으로 설명하고 있다.

범불안장애를 가진 사람의 친척 중 15%가 범불안장애를 가지고 있는 것으로 볼 때 다른 불안장애에 비해 유전적 요인이 강한 장애로 볼 수 있다. 인지적 관점

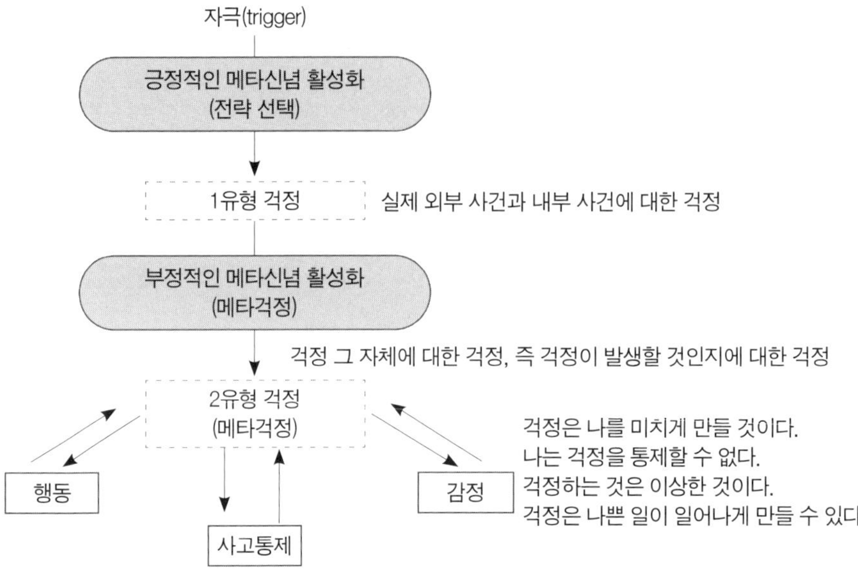

그림 4-1 Wells의 범불안장애 인지모델

에서는 범불안장애를 지닌 사람들이 가지고 있는 과도한 걱정에 대한 역기능적 사고방식이 불안과 같은 심리적 문제를 유발한다고 본다. 이들은 잠재적 위험에 대한 예민성, 위험한 사건의 발생가능성, 위험한 사건의 결과에 대한 치명성 등을 과대평가하고, 위험한 사건 발생 시 대처 능력을 과소평가하기 때문에 그만큼 미래의 위험에 대한 걱정을 지속적으로 하게 된다. 따라서 이들은 지속적으로 걱정하는 동시에 걱정은 좋지 못하다는 부정적인 피드백을 수정하기 위해 걱정한다. 이를 초걱정(meta-worry)이라고 하는데 이런 반복되는 초걱정은 범불안장애의 발생을 예상할 수 있는 요인이 된다.

2) 범불안장애의 치료

범불안장애의 치료는 벤조디아제핀(Benzodiazepine) 계열 약물이 사용되는데 이 약을 오래 복용할 경우 신체적으로 의존성이 생길 수 있기 때문에 항우울제와 항정신병 치료제가 도움이 될 수 있다(Comer, 2017). 범불안장애를 가진 내담자를 위한 개입 방법으로는 이완훈련(relaxation training)과 바이오피드백(biofeedback)이 효과적으로 사용된다. 인지치료에서는 범불안장애를 가진 내담자들이 자신의 역기능적인 신념을 찾아 보다 합리적으로 생각할 수 있도록 바꾸어 주는 작업을 한다. 이때 상담자는 내담자가 자신의 걱정을 없애기 위해 노력하기보다는 내담자의 걱정을 있는 그대로 수용해 주어야 한다. 그다음 내담자가 하고 있는 걱정의 긍정적인 면과 부정적인 면을 내담자에게 교육하고 내담자가 다양한 생활 장면에서 일어나는 신체적 감각과 생각들을 관찰하게 한다. 그렇게 되면 내담자는 걱정을 일으키는 요인들, 걱정에 대한 오해, 걱정으로 자신의 삶을 통제하려고 했던 잘못된 노력들을 인정하게 된다. 이런 통찰을 경험하게 되면, 내담자는 세상을 좀 덜 위협적인 것으로 볼 수 있게 되며 자신이 가지고 있는 생각의 영향을 덜 받게 됨으로써 걱정을 효과적으로 다룰 수 있게 된다.

2 사회불안장애

1) 사회불안장애의 특성

중학교 1학년인 주희는 내성적이고 말수가 적으며 불편한 상황에서도 자기의 생각을 분명하게 이야기하지 못하고 가슴에 담아 두는 편이다. 같은 반 친구가 말을 걸어오더라도 대답을 잘하지 못하고 혹시 다른 친구가 말을 걸어올까 봐 일부러 이어폰을 끼고 못들은 척하거나 열심히 책을 보는 척하였다. 주희가 학교에서 가장 어렵게 느끼는 것은 수업시간에 조별활동을 해야 할 때나 발표를 해야 할 때이다. 조별활동이나 발표가 들어 있는 수업이 있는 날에는 일부러 학교에 가지 않거나 지각하는 방법으로 피하고 있었다. 이런 주희에게 담임선생님이 까닭을 물어도 수줍은 표정만 지으며 자신의 상태에 대해 제대로 이야기하지 못했다. 엄마는 주희가 집에서는 잘 지내고 있는 것 같아 이 문제의 심각성을 알지 못하고 있다.

사회불안장애를 일으키는 가장 큰 특징은 '타인이 나를 어떻게 생각할까?'라는 것이다. 사회불안장애는 청소년에게 가장 일반적인 불안장애로 주회처럼 관계에 어려움을 겪고 있으며 다른 사람들과 함께해야 하는 일에 어려움을 느낀다. 다른 사람들이 자신을 평가하고 있다는 생각이 들면 '멍청하게 보일 거야' 또는 '사람들은 나를 좋아하지 않아'와 같은 부정적인 생각을 반복적으로 하게 되고, 그런 상황을 견디기 어려워 회피하거나 두통 또는 피로감 등의 신체 증상이 나타나게 된다. 이들의 성격적 특성을 들여다보면 행동 억제 기질이 있고, 낯선 상황에서 수줍음, 울음, 사회적 위축 및 회피, 사회적 불편감 등이 영향을 미치는 것으로 나타났다. 특히 사회적 상황에서의 실패 경험은 직접적 혹은 대리적 고전적 조건형성을 통해 학습이 되는데, 이는 어렸을 때 놀림을 당하거나 낯선 상황에서 수줍음, 울음, 사회적 위축 및 회피, 사회적 불편감 등을 가진 청소년들의 10~20%가 사회불안장애를 가지고 있는 것으로 나타났다.

사회불안장애를 설명하는 Clark와 Wells(1995)의 인지모델에서는 사회불안장애를 가진 사람의 경우 두려운 사회적 상황에 대해 '나는 모든 사람에게 인정과 칭찬을 받아야 한다' '나의 진짜 모습을 알면 나를 싫어할 것이다' '나는 다른 사람들보다 부족하다' 등과 같은 역기능적 신념을 발달시킨다고 보았다. 이러한 역기

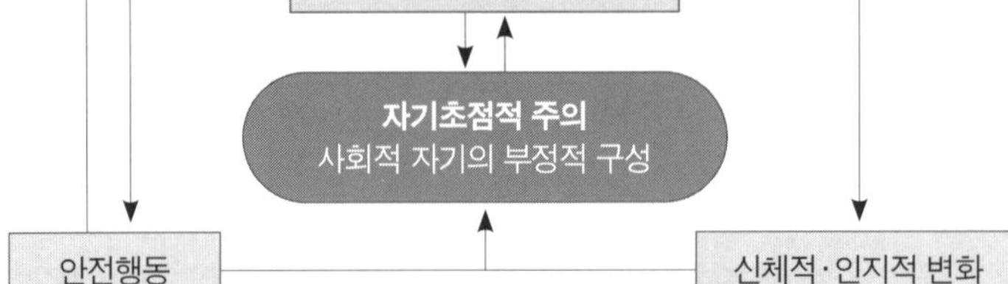

그림 4-2 사회불안장애의 Clark와 Wells 인지모델

능적 신념을 가진 사람들은 정상적인 사회적 상황을 부정적인 방식으로 해석한다. 예를 들어, 내가 발표하는 상황에서 우연히 마주 본 친구가 다른 친구와 딴짓하는 것을 보고 나니 '내 발표가 지루하고 재미가 없구나'라는 생각이 들면서 나는 발표를 잘 못한다는 생각이 들고, 이런 생각이 들면서 발표하는 상황을 회피함으로써 결국 발표를 두려워하게 되는 상황이 지속되는 것이다. 이처럼 역기능적 신념을 가진 사람은 사회적으로 불안하다고 인식되는 상황에서 안전행동으로 회피 또는 위험성을 줄이기 위한 행위를 하게 된다.

2) 사회불안장애의 치료

사회불안장애는 심리적인 개입이 가장 효과적인 것으로 나타났다. 특히 인지행동적 집단치료가 효과적인 것으로 알려지고 있다. 인지행동적 집단치료에서는 사회적 상황에서 반복적으로 발생하는 '내가 실수하면 다른 사람들이 나를 무시할 거야'라는 부정적인 사고와 신념을 수정하는 인지적 재구성, 두렵게만 느껴지는 사회적 상황에서의 반복적인 노출을 통한 사회기술 훈련, 집단 구성원과 불안한 상황에 대한 역할을 서로 번갈아 하는 역할연기, 불안한 상황에 스스로 대처할 수 있는 긴장이완훈련과 복식호흡법 등이 포함되어 있다.

사회불안장애의 약물치료에는 흔히 특정한 수행 불안에 효과적인 베타 억제제(beta-blocker), 일반화된 사회불안장애에 효과적인 MAO억제제, 삼환계 항우울제, 세로토닌 재흡수 억제제 등이 효과적이다. 그러나 약물치료는 인지행동치료와 비슷한 치료 효과를 보이나, 약물을 중단 시 재발되는 경향이 있어 반드시 심리적인 개입과 병행되어야 한다.

3 공황장애

1) 공황장애의 특성

수현이는 최근 전학 간 학교에서 중간시험을 보고 난 후 선생님과의 성적 관련 상담 중에 갑자기 가슴이 답답하고 통증을 느끼며 호흡이 빨라지는 것을 느꼈다. 곧이어 식은땀이 나고 어지러워서 다리에 힘이 풀려 주저앉으며, 죽을 것 같은 경험을 하게 되었다. 이러한 증상은 10분 정도 지속되다가 서서히 좋아졌다. 수현이는 그날 이후로도 버스를 타고 학교에 오는 길에 갑자기 가슴이 답답해지고 심장 박동이 빨라지는 것을 느꼈다. 수현이는 부모님에게 이런 증상을 이야기하여 병원에 가서 여러 가지 검사를 하였으나, 검사 결과 별다른 이상은 없고 신경성인 것 같다는 이야기만 들었다. 이후 수현이는 이와 같은 상황이 반복될까 봐 학교에 오는 것이 두려워졌다.

공황장애는 수현이의 사례처럼 예기치 않은 공황발작을 포함하고 있다. 공황발작은 호흡이 빨라지고 식은땀이 나며 심장이 두근거리는 등의 극심한 신체 감각을 수반한다. 공황장애를 경험한 청소년은 다시 공황발작이 일어날까 봐 걱정하고 불안해하며 공황발작이 생겼을 때 곧바로 도움받을 수 없을 거라고 생각하기 때문에 행동에 제한을 받게 된다. 공황장애를 지닌 청소년들은 공황발작을 어떤 무서운 신체적 또는 정신적 조건의 결과로 믿고 있다. 이들이 가진 파국적 신념은 이들로 하여금 더욱 심각한 또 다른 발작으로 괴로움을 경험하게 될 것이라는 믿음을 갖게 한다. 시간이 지날수록 이런 두려움은 이들에게 새로운 발작이 일어나는 신호를 잘 알아차리기 위해 지속적으로 자신의 신체 감각에 주의를 기울이게 만든다. 공황장애를 앓게 된 주된 이유를 살펴보면 불확실한 미래, 학업 스트레스, 대인관계 등으로 나타났다.

공황발작에 이르는 악순환 고리([그림 4-3] 참조)를 살펴보면, 어떤 내·외적인 촉발자극(어떤 특정 상황이나 장소, 불쾌한 기분이나 생각 등)이 오면 그것을 위협으로 지각하고 불안이 나타나서 신체 증상(숨이 가쁘거나 답답한 느낌 등)이 나타나는데 이런 신체 증상은 매우 위험하다는 걱정과 염려에서 비롯된다. 즉, 공황발작을 경험한 사람들은 신체 증상에 대해 극심한 공포감에 사로잡혀 파국적으로 오해석하는 경향이 있다. 공황장애는 예기치 못한 공황발작이 반복적으로 나타나므로 발작이 없는 시기에는 그런 일이 또 생기지 않을까 하는 예기불안(anticipatory anxiety)을 느끼게 되며 이러한 해석 과정은 빠르고 자동적으로 이루어진다.

공황장애의 경과는 일반적으로 7단계([그림 4-4] 참조)를 거치는데, 먼저 ① 증상발현 단계, ② 공황 단계, ③ 건강염려 단계, ④ 제한적 공포증 단계, ⑤ 사회불안장애 단계, ⑥ 광장공포증 단계, ⑦ 우울증 단계이다.

첫 번째 단계인 증상발현 단계는 처음 공황발작을 경험하는 단계로, 이때 증상은 별다른 이유 없이 심장이 빠르게 뛴다든지, 온몸에 힘이 빠지고 쓰러질 것만 같은 느낌 등이며, 이 시기에는 스스로 '내가 너무 신경을 많이 썼나!' '내가 너무 피곤해서 그런가 보다!' 하고 넘어가는 경우가 많다.

두 번째 단계인 공황 단계에서는 예기치 못한 상황에서 갑작스럽게 밀려드는

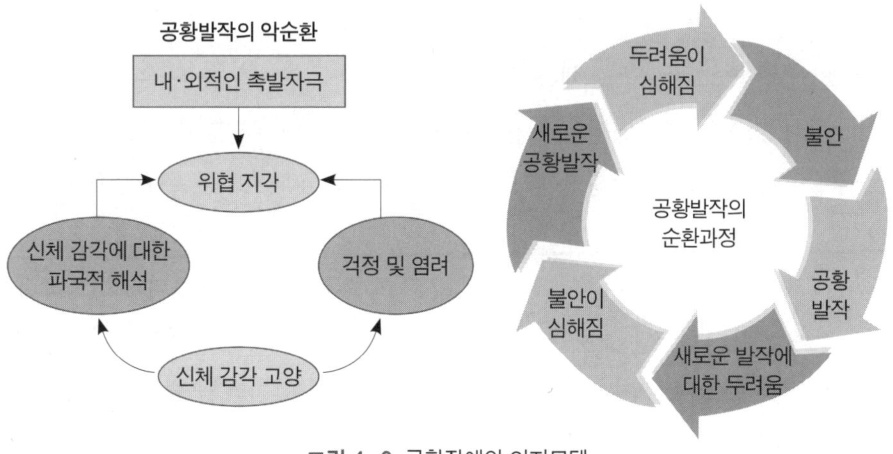

그림 4-3 공황장애의 인지모델

출처: Clark (1988).

공포감을 느끼게 되는 상태로, 거의 모든 사람들이 공포에 질려 죽을 것 같은 두려움을 느끼게 된다. 이러한 공포감은 10~20분간 지속되다가 빠르게 또는 서서히 사라지는데 이 짧은 시간을 경험하는 사람들은 이 공포가 영원히 지속될 것처럼 느껴진다.

세 번째 단계인 건강염려 단계는 이런 공황발작을 경험하게 되면 병원에 가서 진찰을 받고 의학적인 소견을 기대하지만, 아무 이상도 발견되지 않고 '신경성'이라는 말을 듣게 되면 자신이 경험하고 있는 증상이 일반적인 검사로 찾아낼 수 없는 병일지도 모른다는 생각으로 여러 병원을 찾아다니면서 자신의 증상에 대해 제대로 치료해 줄 수 있는 병원과 의사를 찾게 된다. 이런 상황에 놓이게 되면 환자는 자신의 신체 변화와 증상에 대한 생각에 몰두하게 된다.

네 번째 단계인 제한적 공포증 단계는 공황발작이 일어날 가능성이 있는 유사한 상황이나 장소를 피하려는 회피행동을 보이는 단계이다.

다섯 번째 단계인 사회불안장애 단계는 언제 어떻게 공황발작이 일어날지 모른다는 생각에 필요한 상황에서의 외출도 피하고 일상적인 사회활동(수업 참여, 방과후 학습, 여가활동 등)들을 피하게 되는 단계이다.

여섯 번째 단계인 광장공포증 단계는 거의 모든 장소 및 상황에 대한 공포증이 나타나는 단계로, 혼자 있기를 두려워하고 외출할 때는 누군가와 꼭 동행하려고 한다.

마지막 단계인 우울증 단계는 공황장애의 마지막 단계라고 할 수 있다. 우울증 단계에 접어들면 자신의 상태를 비관하고 절망감과 무망감에 사로잡혀 고통스럽게 살아가게 된다. 공황장애가 만성화된 환자의 40~80%는 우울증을 경험하게 되고 알코올이나 약물에 의존하기도 하며, 자살에 대한 생각이 수시로 강하게 들기 시작하고 실제 자살을 시도하는 확률도 매우 높기 때문에 주의가 필요하다. 공황장애 환자들 중 30~40%는 회복되지만, 10~20%는 증상이 좋아졌다 나빠졌다를 반복적으로 보이면서 만성적인 경과를 밟게 되며 이러한 증상의 만성화로 인해 심한 고통 속에 살아가게 된다.

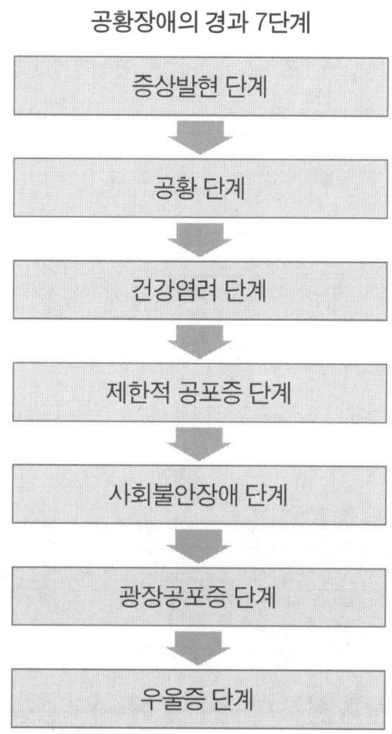

그림 4-4 공황장애의 진행과정

출처: 김청송(2016).

공황장애의 원인은 예측하기가 어렵고 갑자기 나타나는 특징이 있다. 특히 공황장애 환자의 80%가 공황장애 이전에 심한 스트레스를 경험했던 것으로 나타나 스트레스는 공황장애의 큰 원인으로 주목되고 있다. 공황장애는 모든 연령층에서 나타날 수 있으나, 청년기에 주로 발병하며 평균 발병 연령은 25세인 것으로 나타났다. 특히 사춘기 여성의 공황발작 빈도는 다른 연령층에서 나타나는 빈도보다 높은 것으로 나타났다(김청송, 2016).

2) 공황장애의 치료

공황장애 치료에는 크게 약물치료와 심리치료가 적용되고 있다. 약물치료에는 항불안제, 삼환계 항우울제, 세로토닌 재흡수 억제제 등이 사용되고 있다. 특히 노르에피네프린의 활동을 회복시키는 항우울제가 공황 증상을 예방하고 그 빈도를 줄일 수 있다. 최근에 알프라졸람 등 강력한 벤조디아제핀 계열의 약들도 공황장애 환자의 60%에는 효과적인 것으로 입증되고 있다. 그러나 공황장애 환자의 20~50%는 약물 중단 후 재발 경향이 있으므로 약물과 함께 심리치료를 병행하는 것이 효과적이다. 심리치료는 인지행동치료가 효과적인 것으로 나타났다. 인지행동치료에서는 공황장애의 일반적 특징에 대한 교육과 불안 조절 기술(복식호흡과 긴장이완훈련) 훈련을 통해 감각에 대한 파국적 오해석을 수정하고, 공포상황에서의 점진적 노출 등과 같은 치료적 요소가 포함된다. 특히 공황통제치료(Panic Control Treatment: PCT)에서는 환자에게 여러 가지 방법으로 작은 공황발작을 경험하게 함으로써 다양한 불안 통제 기술을 습득하게 하여 파국적 오해석을 수정하는 연습을 한다. 광장공포증을 동반하는 공황장애 환자들의 경우에는 행동적 노출 기법과 인지치료 또는 약물치료를 혼합하여 치료하는 것이 매우 효과적이다. 공황장애는 증상발현부터 우울증에 이르기까지 심각한 장애이지만 적절한 치료를 받게 되면 대부분 완치가 가능하기 때문에 제때 치료를 받게 하는 것이 중요하다.

생각해 볼 문제

1. 공황장애의 임상적 특징을 설명하시오.
2. 청소년기에 경험하는 범불안장애에 대한 핵심 증상과 인지도식에 대해 설명하시오.
3. 사회불안장애를 가진 청소년의 특성을 설명하고, 사회불안장애를 일으키는 인지모델과 상담적 개입 전략에 대해 설명하시오.
4. 시험불안을 경험하는 청소년을 만나서 상담을 진행해야 할 경우, 인지행동치료적 개입 전략에 대해 설명하시오.

제5장

청소년 상담의 실제 과정

상담의 과정은 각 이론에 따라 조금씩 달라질 수 있지만, 일반적으로는 상담의 준비 과정을 거쳐서 접수면접, 초기 단계, 중기 단계, 종결 단계의 순으로 진행된다. 청소년 내담자들은 자발적으로 상담을 신청하기도 하지만, 부모나 교사에 의해 비자발적으로 상담을 시작하는 경우도 상당히 많으므로 청소년 내담자들이 상담을 시작하자마자 이내 자신의 마음을 꺼내어 이야기 나누는 것이 어렵기 마련이다. 상담자는 이러한 점들을 고려하여 상담의 준비 과정부터 청소년 내담자와 라포 형성을 위해 각별히 신경을 써야 한다.

상담의 준비 과정에는 청소년 내담자들이 편안하게 상담 받을 수 있도록 물리적 환경을 조성하는 것도 요구되지만, 처음 상담을 신청하는 과정을 구체적으로 안내하는 것도 필요하다. 본격적으로 상담이 진행되는 과정에서는 접수면접 이후에 본격적으로 상담의 초기 단계가 진행된다. 내담자를 처음 만나서 상담 초기 과정 동안에 이르기까지 상담자는 특히 내담자와 촉진적 관계 형성을 위해 노력해야 한다. 상담을 시작하는 청소년 내담자들은 상담에 대해 저항감이나 불신감을 느끼기 쉬우므로, 청소년 내담자들이 상담자에게 마음을 열고서 소통할 수 있도록 하는 것이 중요하다. 상담 초기에 상담의 구조화를 비롯하여 탐색을 거쳐 내담자 문제를 이해한 이후 상담 목표를 설정한다. 상담의 중기 단계는 상담 목표를 달성하기 위해 상담자가 내담자와 함께 문제를 해결해 나가는 과정이며, 이 시기에는 다양한 기법과 전략을 사용하여 내담자 문제를 반복적으로 다루게 된다. 마지막으로, 상담 초기에 설정한 상담 목표가 달성되었을 때 상담의 종결이 이루어지게 되는데, 종결은 상담자와 내담자가 함께 합의하여 이루어지며, 종결 시에 다루어야 할 과제들이 있다.

1 상담의 준비 과정

청소년과 상담하기에 앞서서 상담자는 전문가로서 고도의 전문지식과 훈련을 바탕으로 하여 내담자를 맞이할 준비를 해야 하지만, 더불어 상담을 원만하고 수월하게 진행하기 위한 물리적 환경 또한 적절하게 고려해야 한다.

1) 물리적 환경

(1) 상담실

상담을 위한 공간은 청소년의 특성을 고려하여 이들이 더 편안함을 느낄 수 있는 벽지 색과 조명을 갖추는 것이 좋으며, 상담실 안에 청소년들이 친근감을 느낄 수 있는 몇몇 소품들을 마련해 두는 것이 좋다. 청소년을 위한 상담실을 포함하여 일반적인 상담실이라면 모두 방음장치가 반드시 되어 있거나, 외부 소음이 들리면 안 된다. 시계와 티슈는 상담실에 필수적으로 구비되어 할 물품이며, 테이블과 의자는 높이와 편안함을 고려하여 선택하는 것이 좋다. 청소년 상담에서 때로는 글씨를 쓰거나 그림을 그릴 수도 있고, 보드게임을 진행하기도 하므로, 이러한 활동을 편안하게 진행할 수 있는 테이블의 크기와 높이를 고려하면 좋다.

(2) 대기실

대기실은 상담이 시작되기 전에 대기하는 공간으로서, 내담자가 편안하게 기다릴 수 있는 환경을 조성해야 한다. 상담을 기다리는 과정에서 청소년들은 긴장된 마음을 이완하기도 하며, 상담에서 이야기할 주제에 대해 생각할 시간을 가질 수도 있다. 이를 위해 대기실은 따뜻하고 편안한 분위기를 조성하는 것이 좋다.

대기실 역시 적당한 조명 시설이 갖춰져야 할 것이며, 앉기 편안한 소파나 의자, 테이블과 더불어 조용한 음악, 마실 수 있는 물이나 차 종류가 준비되어 있으면 좋을 것이다. 청소년들의 눈높이에 맞춘 책이나 잡지를 마련하는 것도 좋으며, 학부모 상담도 고려하여 이들을 위한 도서 또한 준비해 놓는 것이 필요하다. 이러한 쾌적하고 안정감 있는 대기실 환경은 청소년 내담자가 상담하기 이전의 준비 과정에 긍정적인 영향을 미칠 수 있으며, 청소년과의 라포 형성에도 도움이 될 수 있을 것이다.

(3) 검사실

상담하는 장소와 심리검사를 하는 장소를 구분하는 것은 바람직하다고 볼 수 있다. 상담자가 내담자와 함께 검사를 실시해야 하는 경우, 그리고 검사실이 따로 마련되어 있지 않은 경우에는 기존에 상담을 진행하던 상담실 내에서도 심리검사를 실시할 수 있다.

검사실의 조명은 상담실보다는 조금 더 밝으면 좋을 것이며, 조용하고 쾌적한 공간으로서 책상 높이도 필기하기에 적합할 정도의 높이를 고려해야 한다. 집단검사를 실시할 경우 때로는 여러 명이 함께 심리검사를 진행할 수 있으므로 이를 고려하여 검사실 규모를 결정할 필요가 있다.

(4) 상담파일/물품 보관실

상담센터의 특성에 따라 상담과 관련된 모든 서류가 전산화되어 있는 기관이 있는가 하면, 부분적으로 전산화되어 있는 기관들도 있다. 센터의 방침에 따라 보존 기간별, 상담자별로 구분하여 상담파일과 서류를 상담센터 내의 컴퓨터나 센터 내 공간에 보관하는 것이 원칙이며, 상담파일 보관실이 따로 있다면 그곳에 보관하는 것이 이상적이다. 이 밖에도 상담실에서 필요한 상담신청서나 각종 검사도구, 컴퓨터, 비디오레코더 등을 물품 보관실에 보관한다.

청소년 상담에서는 때때로 상담 과정에서 보드게임 도구나 이젤, 물감, 스케치북, 점토 등의 문구류가 필요하며 이러한 도구를 보관할 수 있는 수납장이 필요하다. 상담에서 당장 사용하지 않을 때는 눈에 보이지 않게 정돈하여 물품을 보관해야 하지만, 상담에서 필요한 경우에는 물건을 쉽게 꺼내어 사용할 수 있도록 내담자별로 물품의 동선을 고려하여 보관해 놓는 것이 좋다.

2) 상담을 위한 준비

상담 기관별로 상담 신청 방법에 차이가 있으나, 대개는 전화나 이메일로 접수하여 첫 만남을 약속하는 것이 일반적이다. 청소년 본인이 상담을 신청하는 경우도 있으나, 부모나 교사 등 대리인이 상담을 신청하는 경우도 매우 흔하다. 때로는 상담 기관에 직접 찾아와서 상담을 신청하는 경우도 더러 있다. 또한 정확한 절차를 잘 모르거나 문제해결이 급한 경우에도 다급하게 찾아와서 도움 요청을 하기도 한다.

전화나 이메일 또는 대면으로 상담을 신청하여 상담 기관의 상담자와 상호작용한 첫 순간은 내담자 입장에서 볼 때 상담과 관련된 최초의 접촉이라 할 수 있다. 상담자 입장에서 볼 때, 상담자는 상담 과정과 절차에 매우 익숙하기 때문에 상담 접수를 받는 일은 매일의 일상에 불과하다. 반면에 상담실에 처음 손을 내민 내담자들은 상담 기관에 연락한 것만으로도 매우 긴장된 경험이거나 오랜 기간 고민하다가 내린 선택일 수 있다. 따라서 상담자는 상담센터에 처음 연락을 준 내담자 또는 가족 등의 대리인 입장을 고려하여 상담자 자신이 전할 수 있는 상담 절차나 치료 방침에 대해 매우 성의 있고 친절하게 대응해야 한다.

이메일로 상담 신청을 할 경우에는 각 기관의 방침에 따라 다른데, 이메일을 통해 바로 상담 시간 약속을 하는 경우도 있으며, 어떤 기관에서는 상담 과정에 대해 안내하는 이메일을 주고받은 후 내담자에게 다시 전화를 걸어서 상담 시간 약속을 하는 경우도 있다.

전화로 상담 신청을 받는 경우 상담자는 전화로 이루어지는 상호작용에서 지나치게 깊이 있는 대화까지 나눌 필요는 없으나, 내담자 입장에서 상담 신청에 대해 두려움을 갖거나 상담의 필요성에 대해 묻는 경우에는 내담자의 호소 문제를 간략하게 탐색하면서 상담의 필요성에 대해 점검해 볼 수 있도록 돕는다. 부모가 상담 신청을 하는 경우, 자녀 문제에 대한 불안이나 두려움을 표현할 수도 있다. 이때 상담자는 부모에게 지나치게 안도감을 주면서 상담에 대한 지나친 환상을 심어 주어서도 안 되지만, 내담자 부모가 상상하는 최악의 상황이 일어날 가능성도 현재로선 확실치 않다는 점을 분명하게 제시해 줄 필요가 있다.

대면으로 상담 신청을 받는 경우에 응급 상황이라면 긴급하게 개입이 이루어질 수 있도록 도와야 한다. 응급 상황이 아닌 경우, 상담 기관의 상황을 고려하여야 기관의 절차에 맞게 상담이 이루어질 수 있도록 안내해야 할 것이며, 방문했을 때 접수면접이 이루어질 수 있는 상황이라면 곧바로 접수면접을 실시하면 좋을 것이다.

아울러, 상담 접수 때부터 상담에 대한 비밀보장에 대해 안내하고 비밀보장의 예외 상황을 이야기해 주는 것은 여러 번 강조해도 지나치지 않다.

2 상담의 실제 과정

상담은 상담 접수를 시작으로 하여 상담자와 내담자가 만나서 첫 면담을 진행하며, 그 후 일련의 과정을 거쳐 상담을 진행한 후 종결에 이르게 된다. 상담자는 청소년 내담자와 함께 먼저 접수면접을 실시하며, 본격적으로 상담을 진행함에 있어서 상담의 초기–중기–종결 단계로 나누어 상담을 진행하게 된다. 효과적이고 촉진적인 상담을 진행하기 위해 단계별로 고려해야 할 내용과 과제들이 있으며, 이것들이 상담을 통해 다뤄지지 않을 때 상담은 초점과 방향성을 잃기 쉽고 결국 내담자가 원하는 방향의 상담 성과를 거둘 수 없다.

1) 접수면접

(1) 접수면접의 의미

접수면접은 상담을 하기에 앞서 내담자가 어떤 절차를 통해 상담이 진행될 것인지에 대해 안내받는 시간이다. 본격적으로 상담을 시작하기 전에 내담자의 호소 문제를 비롯하여 그것을 둘러싼 배경정보 등을 파악하여 내담자에게 적합한 상담자를 배정할 수 있으며, 접수면접을 통해 내담자의 호소 문제를 비롯한 문제의 우선순위가 어느 정도 구체적으로 드러날 수 있기 때문에 본 상담에서의 상담 효율성을 증진시킬 수 있다.

현실적으로 볼 때, 청소년 기관의 특성이나 각 기관이 처해 있는 여건의 다양성으로 인해 모든 청소년 상담 기관에서 접수면접을 실시하지는 않는다. 접수면접은 본 상담을 효율적으로 진행하기 위한 일종의 징검다리 역할을 하는 것이라 할 수 있다. 따라서 청소년 기관에서 접수면접 과정을 따로 마련하지 않는 경우라면, 이를 고려하여 청소년이 첫날 방문하여 작성한 접수면접지를 토대로 한 내담자 정보를 갖고서 상담을 시작하면 될 것이다.

(2) 접수면접에서 해야 할 일

청소년 내담자는 상담실에 처음 방문할 때 상담신청서를 작성하도록 안내받는다. 상담자는 가급적 빠짐없이 상담신청서를 작성하도록 내담자에게 안내하며, 작성된 내용에 대해 비밀이 보장된다는 것 또한 이야기해 주는 것이 좋다. 청소년 내담자가 부모와 함께 상담실에 방문한 경우에도 상담신청서는 청소년 내담자가 직접 작성할 수 있도록 안내한다.

접수면접은 상담자가 내담자와 만나는 공식적인 첫 면담이므로 상담자는 따뜻한 태도로 청소년 내담자를 만나야 하겠지만, 상담이란 것이 일상적인 대화가 아니라 문제해결이나 성장을 위한 목적으로 만나는 전문적인 과정이라는 점을 내담자에게 분명히 심어 줄 필요가 있다.

상담자는 접수면접 과정에서 청소년 내담자가 호소하는 문제와 관련된 여러 가지 정보를 수집한다. 상담자는 접수면접 기록지에 작성된 내용을 기본으로 하여 상담실에 오게 된 경위, 주요 호소 문제, 지속 기간, 가족 특성과 가족과의 관계, 교우관계, 사회적 지지원, 성격적 강점, 위험요인, 언어 특성, 인상착의를 포함한 비언어적 특성 등을 탐색한다. 이를 통해 상담자는 내담자가 경험하고 있는 어려움, 문제의 심각성, 긴급성을 객관화하여 청소년 내담자에게 적합한 상담자와 연결하며, 내담자의 문제를 앞으로 상담에서 어떻게 다루어 나갈 것인지에 대해 내담자가 이해하기 쉽도록 안내해야 할 것이다.

접수면접에서는 앞으로의 상담 진행 과정에 관해 설명해 주며, 예상되는 총 상담 회기를 안내한다. 청소년 상담 기관별로 상담이 진행될 수 있는 총 회기 수가 분명하게 정해져 있는 기관과 그렇지 않은 기관으로 나뉜다. 회기 수가 정해져 있지 않은 기관인 경우, 상담자는 문제의 종류와 심각성에 따라 상담 회기 수를 예상하고 이를 내담자와 함께 의논하여 회기 수를 잠정적으로 정한다.

한편, 접수면접 단계에서부터 부모 면담이 필요한 경우도 있다. 이때 상담을 받는 주체는 청소년 내담자이므로 가급적 상담자는 청소년 내담자와 접수면접을 먼저 실시하는 것이 좋으며, 청소년을 만나고 난 다음에 보호자 면담을 하는 것이 바람직하다. 다만, 청소년이 상담에 대해 매우 거부적이어서 부모가 강제로 청소년을 데리고 방문한 경우, 부모와 청소년 간의 갈등이 심각하여 청소년이 부모와 함께 면담하기를 요청하는 경우 등에 있어서는 상담자가 부모를 먼저 만나거나, 또는 부모와 청소년을 동시에 만나야 하는 경우도 있다.

2) 상담의 초기 단계

(1) 관계 형성

상담에서 자신의 이야기를 꺼내 놓으려면 무엇보다도 상담과 상담자에 대한 신뢰가 전제되어야 한다. 청소년 내담자가 상담 과정을 안전하고 편안하다고 느낄 수 있어야만 자기의 속마음을 솔직하게 표현하면서 본격적인 상담이 이루어질 수 있다. 특히 청소년 내담자들은 많은 경우 비자발적으로 상담실에 오기 때문에, 상담 첫 시간에 상담자가 청소년 내담자와 촉진적 관계 형성을 하여 내담자에게 상담에 대한 좋은 첫인상을 주도록 하는 것은 중요하다. 상담자는 상담 첫 시간에 내담자가 상담을 원하지 않았음에도 불구하고 상담실에 올 수밖에 없었던 내담자의 마음을 먼저 이해해 주면서 청소년 내담자와의 관계를 구축해야 할 것이다.

상담자가 청소년 내담자와 촉진적인 상담 관계를 형성하기 위해서는 무엇보다도 따뜻하고 일관된 상담자의 태도가 중요하며, 이를 통해 내담자는 일반 관계에서는 경험하지 못했던 관계를 상담 장면에서 경험할 수 있다. 따뜻하고 촉진적인 상담 관계를 형성하는 상담자의 태도는 언어적 측면과 비언어적 측면으로 이루어지는데, 이들 모두 중요하지만 비언어적인 수단이 더 큰 영향을 미칠 수 있다. 언어적인 측면에는 내담자가 편안하고 이완되며 기분 좋게 느낄 수 있게 하는 상담자의 반응이 포함된다. 예를 들어, 내담자를 위로하는 반응(예: "그런 말을 들었다면 당연히 화나고 속상할 것 같구나."), 내담자를 격려하는 반응(예: "다른 사람이 아닌, 영수 너니깐 그렇게 할 수 있는 것 같구나."), 내담자 행동에 대한 긍정적인 반응(예: "이 정도 노력하는 것만으로도 선생님은 무척 대단한 것으로 여겨지는데?")을 보여 주는 것 등이 이에 속한다. 상담 관계를 촉진시키는 비언어적인 측면으로는 내담자 눈높이를 맞춰 주며, 편안하고 따뜻하며 기분 좋은 상담자의 태도가 이에 속한다. 내담자에게 적절하게 눈 마주침을 하거나, 진심으로 내담자 이야기를 경청하는 자세를 보여 주는 것과 같은 상담자의 태도를 예로 들 수 있다(예: 내담자 이야기를 경청하면서 맥락에 맞게 머리를 끄덕인다). 만일 청소년 내담자의 말투나 행동이 독특하다면, 상담자가 그것을 이상하다고 판단하지 않고서 그것에 맞추거나 익숙해지려고 노력하는 것도 청소년 내담자와의 라포 형성에 도움이 된다.

청소년 내담자와의 촉진적 관계 형성은 상담 초기에 이루어져야 할 중요한 과업임이 분명하지만, 상담자와 내담자의 관계는 상담의 초기에만 신경 써야 하는 부분이 아니라 상담의 전 과정에서 중요한 영역이다. 상담자가 상담 초기에 청소년 내담자와 돈독한 관계 형성을 했더라도, 상담을 종결할 때까지 상담자는 내담자와 함께 이러한 좋은 관계를 유지·발전해 나갈 수 있도록 지속적으로 노력해야 한다.

(2) 상담의 구조화

상담의 구조화(structuring)는 "상담의 특성과 조건, 절차 등에 대한 내담자와 상담자 간의 합의된 이해"로 정의된다(Day & Sparacio, 1980). 내담자는 상담의 과정이나 내용에 대해 전혀 알지 못하는 경우도 있으며, 내담자가 생각하는 상담에 대한 인식이나 기대 또한 상담자가 생각하는 것들과 매우 다를 수 있다. 따라서 상담의 구조화는 내담자와 상담자가 생각하는 상담에 대한 기대를 서로 맞추어 가는 것으로서, 상담 초기에 이러한 구조화가 잘 이루어질 경우 불확실성이 감소함으로써 내담자의 불안감이 줄어들고 상담의 방향성을 설정하는 데 도움을 줄 수 있다.

상담의 구조화에는 상담에 대한 실질적인 지침과 관련한 세부적인 방침들이 포함되는데, 크게 상담 여건에 대한 구조화와 상담 관계에 대한 구조화로 나누어 설명할 수 있다. 상담 여건에 대한 구조화로는 상담이 이루어지는 시간과 횟수, 상담 장소, 상담료, 상담료 지급 방식, 상담 내용과 절차, 비밀보장 등과 같은 내용을 설정하는 것이 포함된다. 상담 관계에 대한 구조화는 상담자와 내담자의 역할과 관련된 내용을 안내해 주는 것이다. 이렇듯 구조화를 크게 두 범주로 나누어 설명하였으나, 상담자의 이론적 배경이나 내담자 문제 특성에 따라 구조화의 내용은 달라질 수 있다.

구조화가 상담의 방향성을 올바르게 안내해 주고 상담자와 내담자의 역할을 명확하게 해 주기 때문에 상담의 과정, 특히 상담 초기 단계에서 중요한 기능을 할 수 있지만, 구조화는 상담의 모든 단계에 걸쳐서 이루어질 수 있다. 또한 구조화가 상담 과정에서 중요한 기능을 한다 해도, 지나친 구조화는 상담의 과정에서 때때로 방해가 될 수 있다. 상담자는 상담 과정에서 적절하고 유연한 방식으로 내담자에게 구조화를 실시해야 함을 기억하면 좋을 것이다.

(3) 문제 이해와 평가

내담자 문제를 해결하기 위해 상담자는 내담자의 문제가 무엇인지에 대해 파악해야 하며, 이를 위해 내담자에 대한 전체적인 이해가 필요하다. 상담 초기 단계에서 상담자는 내담자 문제를 파악하고 그에 관련된 정보를 탐색하면서 내담자 문제와 관련된 내담자의 전반적인 특성들을 이해하게 된다.

내담자에게 파악해야 하는 정보들로서, Hackney와 Cormier(1994)는 상담 초기에 내담자에 관해 다음과 같은 정보를 수집해야 한다고 설명한다.

표 5-1 상담 초기 내담자에게 파악해야 할 정보들

① 자료 확인	• 내담자의 성명, 주소, 전화번호 및 연락처: 내담자와 접촉이 필요한 경우 활용된다. 또한 대단지 아파트 지역, 학생 기숙사, 부모님 집 등이 포함된 주소는 내담자의 거주 환경에 대한 정보를 제공한다. • 연령, 성별, 결혼 유무, 직업 혹은 학년: 내담자가 미성년자인지의 여부를 포함해서 이후 상담 회기를 통해 밝혀질 정보를 이해하는 데 활용될 수 있는 기초 자료이다.
② 제시된 문제	• 만약 문제가 행동적 요소를 포함하는 것이라면 반드시 기록되어야 한다. • 문제가 내담자의 일상생활 기능에 어느 정도 영향을 미치고 있는가? • 문제가 어떻게 표면화되었는가? 문제와 관련된 내담자의 생각, 감정, 외현적 행동은 어떠한가? • 문제의 발생 빈도는? • 문제의 지속 기간은? • 내담자는 문제 발생을 둘러싼 주변 상황을 설명할 수 있는가? 즉, 언제 발생하였는가? 누구와 함께 있을 때 발생하였는가? 문제 발생의 전후 정황은 어떠하였는가? • 지금 이 시점에서 상담을 받고자 결심하게 된 계기는 무엇인가?
③ 현재 생활	• 전형적인 하루 일과 혹은 한 주 생활은 어떠한가? • 사회적 활동, 종교적 활동, 여가활동은 어떻게 이루어지는가? • 직업적·교육적 상황은 어떠한가?
④ 가족사	• 부모의 연령, 직업, 성격, 부부관계의 특성, 부모와 내담자와의 관계, 부모와 다른 자녀와의 관계 • 형제자매의 성명, 연령, 출생 순위 • 내담자와 형제자매와의 관계 • 가족 내 정신질환 내력 • 가족 구성원의 취업 정도, 이사 횟수 등 가족의 안정성에 관련된 내용
⑤ 개인사	• 병력: 태아 때부터 현재에 이르기까지 특이한 질병 • 교육: 초등학교부터 현재까지의 학력, 교과 외 흥미 분야나 또래관계에 대한 정보 • 군복무 경력 • 직업: 직장 위치, 직무 내용, 근무 기간, 직장 동료와의 관계 • 과거 상담 경험 유무와 과거 상담자에 대한 내담자의 반응 • 개인적인 삶의 목표

⑥ 면접 태도	• 복장, 자세, 표정, 목소리, 긴장 정도 등을 포함한 외모 • 상담 회기 동안 상담자를 대하는 태도 • 반응 준비도, 동기, 친절, 거리감, 수동성 등 • 인식이나 감각기관의 기능장애 유무 • 내담자가 제공하는 정보의 수준, 어휘력, 판단력, 추상적 사고 능력 • 사고 전개 능력, 규칙성, 대화 빈도 • 진술의 논리성
⑦ 요약 및 권고 사항	• 내담자가 제시한 문제와 수집된 정보 간의 관련성을 파악하는 데 초점을 둔다. • 이 내담자에게 가장 적합한 상담자 유형은? • 만약 당신이 이 내담자의 상담자가 된다면 당신의 어떤 특성이 내담자에게 도움이 되고, 어떤 특성이 방해가 되겠는가? • 내담자가 원하는 변화는 현실성이 있는가? • 상담 기간은 어느 정도로 예상되는가?

출처: Hackney & Cormier (1994).

이러한 정보들을 탐색하는 데 있어서, 내담자의 호소 문제와 관련된 사항들을 가장 우선으로 탐색하고 다음으로 주변 사항들에 대해 중요한 정보 중심으로 탐색해 가는 것이 좋다. 또한 청소년들의 신체적·인지적·정서적 발달 수준과 현재 기능하고 있는 수준에 대해 탐색하는 것이 필요하다. 한편, 청소년 상담 시에 간혹 지금까지의 발달을 포함한 전체적인 발달 과정을 탐색하는 것이 청소년을 이해하는 데에 도움이 되는 때도 있다. 이러한 경우는 대개 청소년이 나타내고 있는 문제가 상당히 오래전부터 드러난 문제인 경우이거나, 문제의 원인으로서 유전적인 특성 및 가족의 원인이 크게 영향을 미친다고 추측되는 경우 등이 여기에 속한다.

(4) 목표 설정

내담자에 대한 탐색과 평가가 이루어지면 내담자가 상담을 통해 변화해야 할 것이 무엇인지가 구체화될 수 있으며, 이때 상담자가 내담자와 합의하여 내담자의 문제해결을 위한 목표를 수립하게 된다. 상담에서 목표를 수립해야만 상담자와 내담자가 더 효율적인 문제해결을 위해 적극적으로 노력할 수 있다.

Dyer와 Vriend(1977)에 따르면, 상담 목표는 상담자와 내담자가 모두 동의한 것으로, 명확하고 구체적이어야 하며, 부적응적인 행동에 관련된 것이어야 하고, 성취 지향적이어야 한다. 또한 상담 목표는 측정할 수 있고 행동적으로 관찰할 수 있는 것으로서, 내담자와 상담자 모두에게 명료하게 이해되어야 한다. 이러한 상담 목표를 토대로 하여, 이를 달성하기 위한 구체적인 상담 전략 역시 내담자와 함께 수립한다.

한편, 청소년 상담에서 종종 청소년 내담자를 둘러싼 부모나 교사 등 다양한 관계자들이 청소년에 대해 원하는 각각의 상담 목표가 있을 수 있다. 이때 상담자는 이 상담에서 변화해야 하는 대상이 바로 청소년 내담자라는 것을 분명히 인식하는 것이 좋을 것이다. 청소년 내담자에 대한 부모나 교사의 의견 또한 경청하되, 청소년 내담자와의 대화를 통해 청소년 내담자의 문제를 해결하는 데에 가장 도움이 되는 핵심적인 상담 목표를 설정하고 이것에 대해 내담자와 합의하는 것이 필요하다.

3) 상담의 중기 단계

상담의 중기 단계는 목표를 달성하기 위해 상담 전략에 근거하여 상담자가 내담자와 함께 문제를 해결해 나가는 과정이다.

상담의 중기 단계에서는 경청, 공감, 재진술, 명료화, 직면, 해석 등의 기법을 이용하여 그동안 유지해 왔지만, 부적응을 반복적으로 초래해 왔던 내담자의 인지적·정서적·행동적 패턴들을 발견하여 이를 변화할 수 있도록 한다. 이때 상담자가 지향하는 상담 이론별로 다양한 상담 기법과 상담 전략이 사용되기도 한다.

내담자의 변화는 단 한 번에 달성되기가 쉽지 않다. 상담자는 청소년 내담자에게 끊임없이 격려하고 용기를 줌으로써 내담자의 문제를 반복적으로 다루어야 할 것이다. 변화의 과정에서 많은 내담자들은 저항을 경험하기도 하는데, 상담자는 이를 자연스러운 상담의 한 과정으로 받아들이고 내담자와 함께 이것을 적극적으로 다루어야 할 것이다. 즉, 내담자가 변화의 과정에서 저항을 나타낸다면,

상담자는 이 저항이 상담자를 향한 저항인지, 변화 자체에 대한 두려움인지를 파악하고 이를 내담자와 함께 솔직하게 꺼내어 다루어야 할 것이다. 만일 상담자에게 문제가 있어서 나타난 내담자의 저항이라면, 이러한 감정이 생긴 구체적인 이야기를 함께 나누고 그 문제를 적극적으로 해결해야 할 것이다. 만일 내담자의 저항이 변화 자체에 대한 두려움에서 야기된 것이라면, 먼저 그러한 감정이 들 수밖에 없었던 내담자의 마음을 깊이 공감해야 할 것이다. 그리고 모든 변화에는 두려움과 불안감이 수반될 수밖에 없다는 점을 전달하고, 편치 않은 마음에도 불구하고 이 정도로 계속 노력해 준 내담자에 대한 고마움을 표현하면 좋을 것이다. 아울러 상담을 통한 내담자의 변화로 인해 예상되는 현실적인 측면들, 즉 긍정적인 측면만이 아니라 현실적인 어려움에 대해 의논하고 이에 대한 해결책들을 함께 다루어야 할 것이다. 이러한 과정을 통해 설정했던 상담 목표들을 달성해 나가면서 점차 상담의 종결을 향해 나아간다.

4) 상담의 종결 단계

(1) 상담의 종결 시기

상담 종결은 상담 초기에 설정한 상담 목표가 달성되었을 때 이루어진다. 상담의 과정 동안에 목표가 변화될 수는 있으나, Goldfried(2002)에 의하면, 일반적으로 이상적인 상담 종결은 청소년 내담자가 당면하고 있는 현실적인 관심사와 관련된 상담 목표를 효과적으로 다루어 문제를 해결했을 시점에 이루어진다. 내담자의 당면 문제가 완벽하게 해결되었을 때 종결하는 것이 이상적이지만, 상담자와 내담자가 합의한 상담 목표를 어느 정도 달성하고 내담자가 일상생활에 어느 정도 적응할 수 있는 능력이 갖춰졌을 시점에 종결이 이루어진다고 볼 수 있다. 즉, 내담자가 상담자 도움 없이도 어느 정도 자기의 일상을 효과적으로 유지할 수 있을 때 종결을 고려할 수 있다.

(2) 종결 시 해야 할 일들

상담을 종결하는 데 있어서 상담자는 일방적으로 종결을 결정하는 것이 아니라, 상담 과정에서 내담자와 함께 종결에 관한 이야기를 해 나가면서 내담자와 합의하여 종결한다. 적어도 종결하기로 한 날의 두 회기 정도 전부터는 내담자와 종결에 관한 이야기를 나누어야 한다. 이때 상담을 통해 변화된 내용을 비롯하여 상담을 종결한 후 해야 할 것들에 관해 이야기 나누는데, 구체적으로 다음과 같은 것들을 다루어야 할 것이다.

첫째, 상담자는 내담자와 함께 내담자가 상담을 통해 얻었던 성과에 대해 논의하는 것이 필요하다. 더욱이, 성과와 관련하여 내담자가 자신과 주변 환경을 통해 새롭게 발견한 장점과 자원들에 대해 나누고, 그것들을 앞으로 어떻게 활용하여 상황별로 대처할 수 있을지를 구체적으로 이야기하면 좋을 것이다.

둘째, 내담자가 상담 종결 후 맞닥뜨릴 어려움에 대해 예상하고, 그것에 어떤 식으로 대처하고 어떤 선택을 할 수 있을지 구체적으로 의논하는 것이 필요하다. 또한 예상되는 어려움을 해결하기 위해 도움을 받을 수 있는 다양한 지지자원에 대해 살펴보는 것도 좋다. 내담자의 지지자원으로서 현재 내담자가 이미 갖고 있거나 도움을 받았던 지지자원뿐만 아니라, 추후에 이용하거나 도움받을 가능성이 있는 지역사회 시설 등과 같은 새로운 지지자원을 알려 주는 것도 좋다.

셋째, 내담자와 함께 종결에 대한 감정을 다루어야 한다. 내담자가 상담 목표를 달성하고 난 후에 성공적으로 종결에 이른다 해도 내담자가 상담자와의 관계를 이어 나갈 수 없다는 것은 당연히 슬픔과 상실감을 야기할 수 있으며, 상담자 역시 비슷한 감정을 경험할 수 있다. 특히 어린 시절부터 상실과 분리를 반복적으로 경험했던 청소년들은 종결에 대해 강한 느낌과 불안이 표면화되면서 종결을 더 힘들어할 수 있다(Bembry & Ericson, 1999). 상담자는 종결 시 내담자가 경험하는 다양한 감정들을 타당화해 주고 이를 언어화할 수 있도록 다루어 주는 것이 좋으며, 상담자가 느끼는 슬픔 또한 전달해 주는 것이 좋다. 내담자가 상담을 종결하면서 서운하고 슬픈 감정을 느낄 수 있지만, 내담자가 상담 종결 이후에 잘 지낼 수 있을 것이라는 긍정적인 메시지를 전달하는 것이 좋다. 또한 이러한 힘든 감정을 경험하더라도 내담자가 이후에 또다시 상담이 필요한 순간이 있다면 상담자를 다시 만날 수 있다는 것을 따뜻하게 전달하는 것이 필요하다. 이렇게 내담자가 스스로 선택하여 상담자와 합의를 통해 건강하게 이별해 보는 것 자체가 청소년 내담자에게는 매우 귀중한 경험이 될 수 있다. 특히 관계에서 원치 않게 버려지는 경험을 했던 청소년 내담자들에게는 이러한 경험이 이전의 관계 상처를 치유하는 데에도 도움이 될 수 있을 것이다.

(3) 조기 종결

상담자가 내담자와 함께 설정한 초기 상담 목표가 상담 과정을 통해 달성되었을 때 서로 합의를 통해 상담을 종결하는 것이 아니라, 내담자나 상담자에 의해 일방적으로 상담이 종결되는 경우는 대체로 바람직하지 못한 상담의 종결로 간주할 수 있다.

조기 종결은 크게 내담자에 의한 조기 종결과 상담자에 의한 조기 종결로 나눌 수 있다. 내담자에 의한 조기 종결은 내담자가 상담자와 구체적으로 종결에 대한 합의를 거치치 않은 채 내담자가 일방적으로 상담 관계를 단절하는 것을 일컫는다. 청소년 상담 과정에서 내담자에 의한 조기 종결은 내담자가 상담자와의 관계가 원만하게 형성되지 못했을 경우, 상담자가 내담자의 욕구나 바람을 충족시켜 주지 못했을 경우 등 다양한 상황에서 발생할 수 있다. 이러한 경우 대개는 내담자가 상담 과정에서 나타내는 신호나 단서가 있기 마련이므로, 상담자가 이를 민감하게 알아차리고 대비하는 것이 필요하다.

조기 종결을 알리는 내담자의 신호에 대해 몇 가지 예를 들면, 내담자가 상담 시간을 자주 변경하거나 연기하는 경우, 상담 신청 시 호소한 어려움이 모두 해결되었다고 말하는 경우, 보호자를 통해 상담에 가기 싫다고 조르는 경우, 상담 시간에 자주 늦는 경우 등이 있다. 상담자는 청소년 내담자가 이러한 단서를 나타낼 때, 이를 민감하게 관찰하면서 다루어야 할 것이다. 또한 조기 종결의 신호가 나타날 때 상담자가 내담자에게 보다 적극적인 관심을 보여 줘야 한다. 내담자가 상담에서 원하는 것이나 아쉬운 점들에 대해 편안하게 이야기할 수 있도록 해 주고, 갑자기 상담을 중단하는 것보다는 좀 더 진행해 가면서 서로 합의하여 상담을 마무리하는 것을 제안하면 좋다. 그럼에도 내담자가 상담을 종결하길 원한다면, 내담자 의견을 존중해 주고, 내담자와 적어도 마지막으로 한 번 정도는 만나서 이제까지의 상담을 정리하는 시간을 갖고 함께 마무리할 것을 제안하는 것이 바람직하다.

상담자에 의한 조기 종결은 상담자의 이직이나 개인 사정 등으로 인해 갑작스럽게 상담을 종결하게 되는 경우를 일컫는다. 상담자는 자신의 탓으로 상담을 종결하게 될 경우, 가급적 빨리 내담자에게 상담자의 상황을 전달하여 내담자가 충분히 이러한 종결 상황을 이해할 수 있도록 구체적으로 설명해 주어야 한다. 이때 상담자는 원치 않게 이별해야 하는 내담자의 입장과 마음을 충분히 공감해 줘야 한다. 또한 상담자는 내담자 문제해결에 적절한 도움을 줄 수 있는 새로운 상담자를 내담자에게 소개해 줄 수 있음을 내담자에게 알리고 이에 대해 상의하여야 하며, 새로운 상담자에게는 그동안 진행되었던 상담 내용을 충분히 전달해야 한다.

생각해 볼 문제

1. 청소년 상담의 실제 과정에서 성인 상담과는 달리 청소년 상담에서 더욱더 두드러지게 나타나는 특성이 있다면 무엇인지에 대해 설명하시오.
2. 청소년 내담자가 부모에 의해 상담에 의뢰되어 상담에 대한 동기가 거의 없는 상태이며, 자신의 이야기를 거의 하지 않으려 한다. 이 내담자와 라포 형성을 위해 당신이 상담 초기에 어떻게 행동할 것인지 설명하시오.
3. 청소년이 원하는 상담의 목표는 '친구 관계에서 인기가 많아지고 싶다'인데, 이 청소년의 부모가 상담에서 다루길 원하는 상담의 목표는 '스마트폰을 줄이고 집중해서 공부하기'이다. 상담자는 이 상담에서 무엇을 목표로 상담을 진행해야 할 것인지 설명하시오.
4. 상담 종결 시 해야 할 일들에 관해 설명하시오.
5. 당신의 내담자가 상담 시간을 자주 변경하거나 자주 20분 이상 지각을 하는가 하면, 상담 시간에는 티를 안 내다가도 집에 돌아간 후 부모님께는 상담을 그만두고 싶다고 말하곤 한다. 이럴 때 상담자는 이 내담자에게 어떻게 개입할 것인지 설명하시오.

제6장

비행문제에 대한 상담

청소년 비행은 범죄와 관련된 문제이므로 사회적으로도 큰 관심과 주목을 끌어온 주제이며, 적용 범위가 광범위하기 때문에 문제해결을 위한 개입 또한 단순하지만은 않다. 청소년 비행을 이해하기 위해서는 우리 사회가 처해 있는 시대와 도덕, 관습, 법률 등의 상황을 함께 이해하는 것이 요구되는데, 각 사안에 대한 사회적 인식이나 판단은 그 시대와 문화적 특성을 반영하여 달라질 수 있기 때문이다.

한편, 청소년 비행을 예방하고 개입하기 위해서는 청소년 비행과 관련된 개인적 요인, 가정 요인, 학교 및 또래 요인, 지역사회 요인과 같은 다양한 요인들을 탐색하고, 어떠한 요인들로 인해 청소년이 비행을 하게 되었는지를 명확하게 이해해야 한다. 대개 비행문제는 어느 한 가지 요인으로 인해 발생하는 것이라기보다는, 개인적 문제와 환경적 문제들이 복합적으로 상호작용하여 나타나는 것이 일반적이다. 따라서 청소년의 비행문제에 영향을 주는 다양한 원인과 이들에 대한 상대적인 중요성을 정확히 파악할 때, 더 효율적으로 비행문제를 다룰 수 있다.

이 장에서는 비행의 개념 정의를 비롯한 청소년 비행의 특성과 그 범위를 살펴보고, 최근 발생하고 있는 청소년 비행의 실태에 대해 알아볼 것이다. 또한 청소년 비행과 관련된 요인을 다각적으로 살펴보며, 마지막으로 이들 청소년에 대해 어떻게 개입할 것인지에 대해 상담자의 개입 방법 및 가정에서의 대처, 학교 및 지역사회의 대처로 나누어 다룰 것이다.

1 청소년 비행의 이해

비행(delinquency)이라는 용어는 실정법을 위반한 행위뿐 아니라 여러 가지 사회규범을 위반하여 장차 실정법인 「형법」을 위반할 우려가 있는 모든 행위를 포함한 매우 광범위한 개념이다.

청소년 비행은 절도, 강간, 약물사용 등과 같이 법규에 저촉되는 행위를 포함하여, 가정과 사회에 말썽을 피우는 행위나 무단결석, 가출 등 광범위한 사회생활 및 법률 준수와 관련한 것들을 내포한다(김경식, 1997). 즉, 청소년 비행은 단순히 「형법」을 위반한 청소년의 범죄만을 의미하는 것이 아닌 범죄 가능성까지도 포함한다. 더 나아가, 청소년 비행에는 성인일 경우에는 문제가 되지 않지만 청소년이기 때문에 문제가 되는 지위비행도 포함되므로, 청소년 비행의 적용 범위는 꽤 광범위하다고 할 수 있다.

법률적인 차원의 소년범죄는 12세 이상 19세 미만의 청소년의 우범행위, 촉법행위, 범죄행위를 일컬으며, 이러한 행위를 하거나 상태에 놓인 사람을 우범소년, 촉법소년, 범죄소년이라 한다. 우범소년은 10세 이상 19세 미만의 소년으로서, 청소년의 행위 그 자체를 범죄로 보긴 어려우나 보호자의 정당한 감독에 복종하지 않거나, 정당한 이유 없이 가정에서 이탈하거나, 범죄성이 있는 부도덕한 자와 교제하는 것, 불건전한 오락 등을 하는 자로서 자신의 성격이나 환경에 비추어서 장래에 범죄를 저지를 우려가 있는 자를 일컫는다. 촉법소년은 10세 이상 14세 미만의 형벌 법령에 저촉되는 행위를 한 소년으로서, 이들에게는 형사 책임이 있다. 범죄소년은 14세 이상 19세 미만의 소년으로서, 형벌 법령에 위배되는 행위를 한 자이며 이들에게도 역시 형사 책임이 있다.

청소년 비행은 이렇듯 적용 범위가 매우 광범위하며, 한 사회의 전통이나 도덕, 관습, 교육풍토, 법률에 따라 비행의 의미와 해석이 다를 수 있다. 더 나아가 한 사회 내에서도 개인이나 하위 집단에 따라 비행에 대해 서로 다른 관점을 제시할 수 있다는 점에서, 청소년 비행을 규정하는 데에는 사회문화적인 영향을 결코

배제할 수 없다.

2 청소년 비행 실태

청소년 비행 가운데 법률 기관에 입건된 청소년이 매우 소수이므로 청소년 비행 건수를 정확히 파악하는 것은 쉽지 않다. 2012년도부터 2021년도까지의 소년범죄의 발생비 추이를 살펴볼 때([그림 6-1] 참조), 전체적인 소년범죄 발생 추이는 하락한 것으로 보이나 범죄 유형별로 살펴보면 그 추이가 달라지는 것을 볼 수 있다. 즉, 청소년 재산범죄와 강력범죄(흉악)의 발생 건수는 지난 10년간 대체로 큰 폭으로 감소하는 추세를 보여 주었으며, 강력범죄(폭력)의 발생비 또한 10년간 감소 추세를 나타내었다. 반면에 교통범죄는 10년간 꾸준히 소폭 상승하는 추세를 보이고 있다. 또한 네 가지 범죄군 중에 소년범죄 발생비가 높은 순서대로 살펴보면, 재산범죄, 강력범죄(흉악), 강력범죄(폭력), 교통범죄의 순으로 나타났음

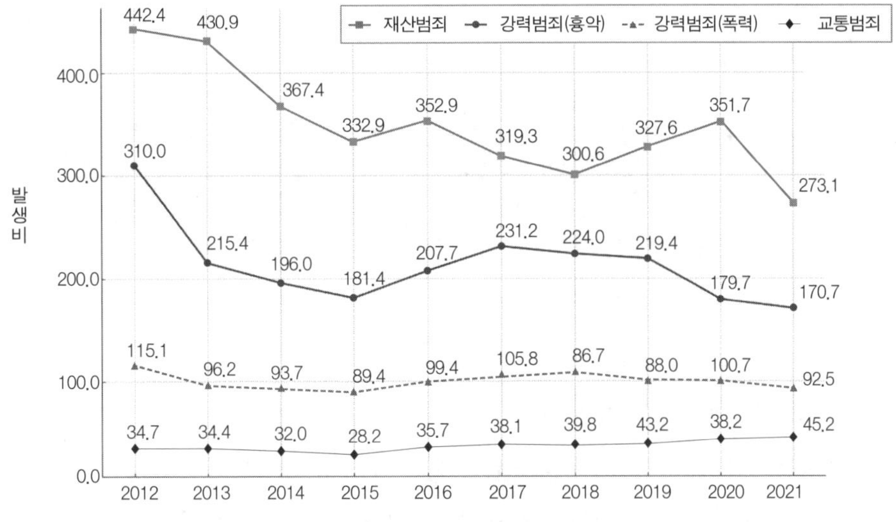

그림 6-1 소년범죄 발생비 추이(2012~2021년)

출처: 대검찰청(2022).

을 알 수 있다.

다음으로, 가출 청소년의 가출 경험과 가출 원인에 대한 현황을 살펴보면(<표 6-1> 참조), 2020년도 상황에서 약 2.5%의 청소년들이 가출 경험을 한 것으로 나타났으며, 여자(2.3%)보다는 남자 청소년(2.6%)이, 초등학교(2.1%)보다는 중·고등학교(2.7%) 청소년의 비율이 약간 더 높은 것으로 나타났다. 가출에 대한 전 연령대 남녀 청소년들의 주된 가출 원인은 '가족과의 갈등'으로 나타났으며, 그 밖에 '자유롭게 살고 싶어서' '공부 부담감' '기타' '가출에 대한 호기심' 등의 이유도 중요하게 나타났는데 이는 성별과 학령별로 그 비율에 있어서 약간의 차이를 나타내었다.

표 6-1 가출 청소년의 가출 경험과 원인에 대한 현황

구분	가출 경험	가출 원인								
		가출에 대한 호기심	가족과의 갈등	어려운 가정 형편	학교에 다니기 싫어서	공부 부담감	친구나 선후배의 권유	자유롭게 살고 싶어서	사회 경험을 쌓고 싶어서	기타
2018	2.6	2.7	70.0	0.8	3.2	3.9	0.7	7.1	0.5	11.1
2020	2.5	4.3	74.1	1.3	1.2	4.8	0.9	7.8	1.8	3.8
남자	2.6	6.8	71.1	1.8	1.4	3.6	0.7	8.4	1.1	5.2
여자	2.3	1.3	77.7	0.7	1.0	6.2	1.3	7.0	2.8	2.1
초등학생	2.1	5.7	65.6	1.9	0.0	7.4	1.0	9.7	4.6	4.1
중학생	2.7	2.7	77.4	0.5	2.6	5.6	0.0	6.0	1.4	3.7
고등학생	2.7	4.8	77.6	1.5	0.8	1.9	1.8	7.9	0.0	3.6

출처: 여성가족부(2020).

청소년의 음주 및 흡연율 현황을 살펴보면([그림 6-2] 참조), 흡연율은 약 10년 전에 비해서는 그 비율이 떨어졌으나, 최근 2020년도부터 2022년까지 비율이 상승하였음을 보여 주었다. 음주율 또한 10년 전부터 2022년도까지 비율이 감소하였으나, 2020년부터 2022년까지 비율이 감소하지 않고 비슷한 수준으로 유지되고 있음을 보여 주었다.

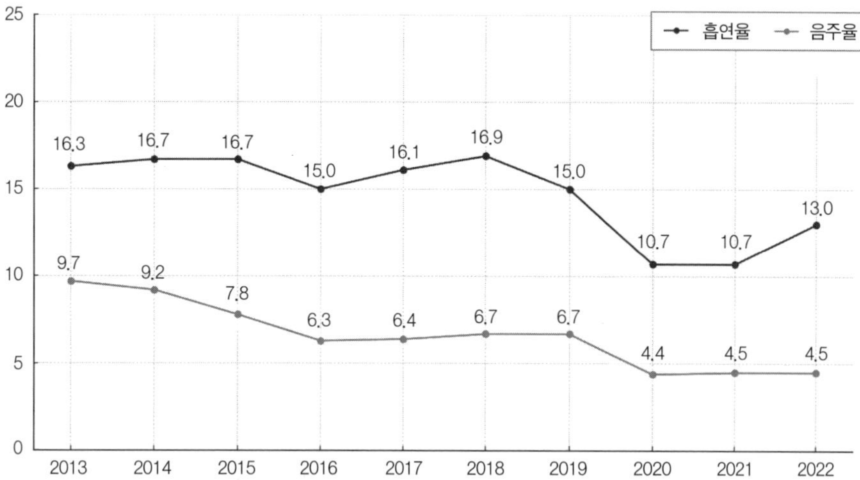

그림 6-2 청소년 음주 및 흡연율 현황

출처: 교육부, 보건복지부, 질병관리청(2022).

3 청소년 비행 관련 요인

청소년 비행에 대한 관련 요인으로서 개인적 요인, 가정 요인, 학교 및 또래 요인, 지역사회 요인을 제시하였다.

1) 개인적 요인

(1) 낮은 자아존중감

비행청소년들은 자신에 대한 만족감이 부족하고 열등감을 크게 느끼는 경향이 크므로, 대체로 자아존중감이 낮다. 일반적으로 자아존중감은 비행의 다양한 원인 가운데 하나로 설명되어 왔으며, 낮은 자아존중감은 청소년의 비행을 증가시키는 요인으로 설명된다(김경식, 이현철, 2007; 김은경, 유가효, 2002; Levy, 2001). 또한 비행청소년들을 살펴볼 때도, 자아존중감이 긍정적인 비행청소년들은 그렇지 않은 비행청소년들에 비해 학교적응, 학업 성취, 정신건강, 진로의식 등에 있어서의 어려움을 덜 지각하는 것으로 나타난 바 있다(홍성흔, 김희수, 2007). 또한 높은 자아존중감은 비행청소년의 재비행 위험성을 낮추는 요인 가운데 하나로 지목되었다(유성경, 2000; Carr & Vandiver, 2001).

(2) 낮은 자기통제감

낮은 자기통제감은 반항, 충동조절의 결핍, 공격성과 같은 성격 특성과 밀접한 관련이 있으며, 이러한 성격 특성으로 인해 청소년의 약물사용, 학업중퇴, 비행 등과 같은 광범위한 문제행동을 야기할 가능성이 큰 것으로 알려져 있다(김춘경, 이수연, 최웅용, 강영배, 2022). 비행청소년들은 안정성보다는 순간적인 욕구 충족에 우선하여 선택을 하기 때문에 이들의 행동은 무목적적인 경우가 많고, 이러한 행동이 반복됨에 따라 장기적으로는 생산적인 목표를 설정하는 데 어려움을 겪기 쉽다. 한편, 범죄일반이론에 따르면, 자기통제감이 낮을수록 범죄를 저지를 확률이 높은 데 반해, 자기통제력이 높을수록 범죄를 저지를 가능성이 낮은 것으로 나타났다(Gottfredson & Hirschi, 1990).

(3) 제한된 인지능력

비행청소년들은 문제 상황과 관련된 다양한 단서들에 대한 민감성이 떨어지거나 과잉 지각하는 경향이 있고, 폭력이나 비행 이외의 문제해결 방식을 찾기 어려워하는 등 다양한 부적응적인 인지 특성을 나타낸다(Goldfried & D'Zurilla, 1973). 청소년기에는 전형적으로 자기중심적 인지 왜곡이 일어나기 쉬운 때이지만, 비행청소년들은 이러한 자기중심적 인지 왜곡을 더 크게 경험할 수 있다. 이러한 인지 왜곡으로 인해 이들은 타인의 중립적인 행동들을 자기를 향한 도발로 잘못 오해하여 공격행동을 하기도 하며, 합리적인 절차에 근거하여 문제를 해결하기보다는 즉흥적이고 단선적인 방식으로 문제를 다루는 특성이 있다.

2) 가정 요인

(1) 부모의 양육 태도 문제

부모의 양육 태도가 지나치게 권위주의적이거나 방임적일 때, 자녀 문제나 교육에 지나치게 무관심한 태도를 보이는 경우 청소년들이 일탈을 할 가능성이 있다. 그 밖에 부모가 자녀를 양육함에 있어서 일관성이 없거나 합리적이지 못한 태도로 일관할 때, 부모와 자녀 간 애착과 친밀함이 부족하여 부모에게 사랑받고 싶은 청소년 자녀의 욕구가 좌절되는 경우에도 청소년들은 가정에서 소속감을 찾지 못하고 외부로부터 소속감을 찾게 되면서 비행을 저지를 가능성이 높아진다.

(2) 가정 문제

가정불화나 부모의 자녀 학대가 일어날 때 청소년 자녀는 불안감과 불안정감, 우울감 등을 크게 경험하고 매우 큰 스트레스를 받게 되는데, 성우제(2021)에 따르면 이는 비행이나 비행재발과 관련된 중요한 가족 요인이라 할 수 있다. 특히 빈곤 가정이나 결손 가정 또한 청소년의 발달 과정에 있어서 부정적 영향을 미칠 수 있다. 절대적 빈곤은 인간을 무기력하게 만들고 정서적 불안정을 초래할 수 있으며, 상대적 빈곤 역시 무력감이나 열등감, 사회에 대한 반항과 반발심, 공격성을 표출한다. 이 점에서 가정의 빈곤 문제는 모두 청소년의 비행에 중요한 원인이 될 수 있다. 결손 가정에서는 가족 기능이 변화하면서 가족 구성원 각각의 역할이 변화하게 되는데 그러한 과정에서 청소년들은 비행과 같은 문제를 경험할 수 있다.

(3) 기타 가족 요인

부모가 자녀에 대한 권위와 통제력을 상실하는 경우 청소년 자녀가 자칫 부모보다 더 큰 통제력을 행사하려 할 수 있다. 특히 자녀가 어렸을 때 부모가 자녀에게 지나친 통제력을 행사했던 부모의 경우, 그 자녀가 청소년이 되면서 과거에 자신이 부모로 인해 억눌려 왔던 분노감을 폭파하면서 자칫 부모보다 더 큰 통제력을 행사할 수 있다. 이러한 통제력을 행사하는 방법 중의 하나로 청소년들은 비행행동을 할 수 있으며, 부모가 이에 맞서 상황을 통제하려 할수록 자녀는 자신의 비행행동의 수위를 높이는 등 부모의 권위를 무력화시킨다.

한편, 자녀가 성장함에 따라서 부모는 자녀의 발달 단계에 맞추어 부모-자녀 관계도 자연스럽게 변화해 가야 한다. 하지만 부모가 자녀의 성장과 상관없이 청소년기 자녀를 마치 초등학생처럼 여기면서 지나치게 간섭하거나 통제하려 할 경우 부모-자녀 관계가 악화될 수 있으며, 청소년이 이러한 부모에게 분노나 답답함을 느끼면서 비행행동을 하게 될 수 있다.

3) 학교 및 또래 요인

(1) 학교에 대한 낮은 애착

형식화되고 관료화된 우리나라 학교교육의 문제점 속에서 파생되는 다양한 병리적인 현상들이 청소년 비행의 원인으로 작용할 수 있다. 청소년들은 학교에서 교사와 친구들과의 관계를 통해 사회규범 및 가치관을 학습하며 이를 통해 자아개념을 형성하게 된다(이수정, 2018). 그러나 비행청소년들은 학업성적이 떨어지거나 교사와의 관계에서 어려움을 겪고 학교 규칙을 준수하지 못하는 등 다양한 학교 부적응을 경험하게 되므로 학교에 대한 애착이 낮아진다. 악순환적으로, 교사들은 학교에서 비행청소년들의 부적응적인 행동을 주로 접하기 때문에 이들의 행동에 대한 교사들의 시선 또한 대체로 부정적이기 쉽다. 청소년들이 학교에 적응하지 못하여 징계나 무단결석 등의 문제를 경험할수록 범죄 등의 문제를 나타낼 가능성이 커지는 것으로 나타났다(Henry, Knight, & Thornberry, 2012).

(2) 비행 또래 집단

비행청소년은 주변 또래 집단으로부터의 보상과 처벌을 통해 주변 친구의 행동을 모방하거나 보상받은 행동을 강화하는 특성이 있다(Dishion, McCord, & Poulin, 1999). 청소년기 초기와 중기에 또래에 대한 동조현상이 매우 강한 것으로 알려져 있는데(Lloyd, 1985), 비행청소년들은 서로 간 동조를 통해 자신들의 행동을 정당화하면서 일탈행동에 관여하게 될 가능성이 높다.

한편, 집단 따돌림을 당한 청소년들 역시 비행집단에 가담할 가능성이 높아진다. 따돌림을 당한 청소년들은 집단 따돌림으로 인해 건강한 또래들과의 상호작용 기회를 잃게 되는데, 특히 초기 사회화 과정에서 집단 따돌림을 경험한 아동은 건강한 적응방식을 배울 수 있는 또래들과의 상호작용 경험이 적어질 수밖에 없다. 따라서 집단 따돌림 경험은 청소년들의 건강하고 긍정적인 교우관계 형성에 부정적인 영향을 초래하게 되며, 이들은 집단 따돌림을 경험한 다른 청소년들과의 연합을 통해 비행행동을 강화해 나가게 된다.

4) 지역사회 요인

높은 경제 성장과 사회규범의 약화, 과잉경쟁, 물질주의 가치 팽배의 사회분위기로 인해 인간의 가치가 소홀해지는 분위기 속에서 교육적·사회적 통제가 과거보다 어려워지고 청소년의 일탈이나 비행을 억제할 만한 사회적 지지자원들도 감소하게 되었다. 이러한 환경 안에서 청소년의 긴장이나 불안감은 더욱더 커질 수밖에 없으며, 불안감에 압도된 일부 청소년들은 비행행동을 하게 된다. 청소년들의 비행행동은 시·공간적으로 근접해 있는 환경이 주된 영향을 미친다. 따라서 청소년들이 가장 오랜 시간 머무르는 교실환경과 학교 주변, 집 주변 등의 환경을 면밀히 파악하여 비행에 부정적인 영향을 주는 요인들에 대한 개선안을 마련하는 것이 필요하다.

4 비행청소년을 위한 상담 및 개입

1) 상담적 개입

비행청소년 상담은 심각한 비행행동을 사전에 방지할 수 있도록 예방 차원의 개입이 이루어지는 것이 더욱더 중요하다. 먼저, 비행청소년 상담에서 상담자는 상담 초기에 이들과 신뢰할 수 있는 관계를 형성하는 데 주안점을 두어야 한다. 많은 비행청소년은 초기 양육 과정 및 비행행동 과정에서 주변 사람들로부터 거부당하거나 멸시받은 경험들 때문에 상담자의 따뜻한 태도에 반발감을 갖고서 상담자에게 거칠게 반응하기를 반복하는 경우가 많다. 이때 상담자는 따뜻하고 일관성 있는 태도로 이러한 내담자의 반복적 시도에 초연하게 대처함으로써 상담자를 시험하는 내담자의 방어적 관문을 무난하게 통과해야 한다. 내담자가 이 과정을 거쳐 비로서 상담자에게 자기의 마음을 솔직하게 꺼내 놓을 때, 본격적인 상담이 시작된다고 볼 수 있다.

안정적인 상담 관계를 형성한 후 청소년의 비행문제를 파악하는 것이 필요하다. 문제 파악이 분명하게 되어야만 합리적이고 명확한 해결 방안을 찾을 수 있기 때문이다. 문제를 파악함에 있어서 비행과 관련된 위험요인과 보호요인을 탐색해야 한다. 여기서 위험요인은 청소년의 비행문제를 일으킬 소지가 높아지는 데 영향을 미치는 요소들을 일컫는데, 가령 청소년이 충동적인 성향에 낮은 지능을 갖고 있다면 이러한 요소는 위험요인으로 간주될 수 있다. 보호요인은 위험요인에 노출되었음에도 불구하고 문제행동이 야기될 가능성을 낮추어 주는 요인으로 설명되는데, 예를 들어 문제행동을 일삼는 청소년이지만 학업성적이 상위권이고 교사와의 관계가 좋다면 이 같은 특성은 보호요인으로 볼 수 있다. 이 같은 청소년 비행에 대한 문제를 파악하기 위해서 청소년과의 면담, 심리검사, 학부모 및 교사와 같은 청소년 주변 사람들과의 면담 등을 폭넓게 활용하는 것이 도움이 된다.

문제를 파악한 이후에 상담자는 청소년 내담자와 함께 문제를 해결하기 위한 방안을 마련해야 한다. 비행청소년들과의 상담에서 해결 방안을 마련할 때, 일반적으로 통찰 중심적인 상담 과정보다는 이들의 대처 능력을 증진하는 행동수정 중심의 상담이 적합한 경우가 많다. 비행청소년이 겉으로는 강해 보일지라도 이들 중 상당수는 대인관계에서 자기표현능력이나 자기주장능력이 부족함으로 인해 비행집단에 동조하거나 이들의 기분을 맞추는 식으로 관계 형성을 하기도 한다. 따라서 필요한 경우 상담 과정에서 자기표현 연습을 통해 부적응적인 행동을 줄이고 보다 적응적으로 대처할 수 있도록 해야 할 것이다.

한편, 비행청소년이 위기에 처해 있다면, 일반적인 청소년 상담 과정과 마찬가지로 즉각적이고 적극적인 개입이 필요하다. 이들이 현실의 상황에 압도되어 충동적인 행동을 하지 않도록 적극적으로 개입해야 하며, 매우 지지적인 태도로 이들의 문제를 해결해 나가야 할 것이다. 이때 위험한 행동을 하지 않겠다는 서약서는 물론, 가족이나 주변의 지지자원을 적극적으로 연계하는 것도 필요하며, 필요한 경우 약물치료를 병행하도록 한다.

2) 가정에서의 대처

비행의 예방과 대처를 위해서는 가정의 관심과 협조가 중요하다. 따라서 상담자는 비행청소년 상담을 진행할 때 부모가 상담에 참여할 수 있는 방안을 적극적으로 모색해야 한다. 비행청소년들 상당수는 비행문제로 인해 부모와의 관계가 악화되었거나 부모-자녀 관계 문제가 심각한 경우가 많다. 따라서 상담 과정에 부모를 참여시키는 것은 청소년이나 부모 각각의 입장을 고려할 때 쉽지 않을 수 있다. 상담자는 청소년의 문제를 해결하기 위해 부모 협조가 필요하다는 것을 청소년 내담자에게 분명하게 이해시키는 것이 필요하다.

상담에 부모가 참여하게 되면, 상담자는 부모가 자녀의 비행문제를 어떻게 인식하고 있는지 구체적으로 들어야 한다. 이때 부모-자녀 관계의 특성을 비롯하여 자녀에 대한 부모의 태도, 부모에 대응하는 청소년의 태도 등에 대해서 자세히 탐색하는 것이 필요하다. 상담자는 청소년과의 상담 과정에서 파악한 해당 청소년의 문제에 대해 부모와 함께 이야기 나눔으로써, 부모가 자녀 문제를 객관적으로 파악할 수 있도록 해야 한다. 아울러 부모의 자녀에 대한 태도나 양육 방식 및 관계가 비행문제에 어떻게 영향을 미쳤는지 이해할 수 있도록 조력한다. 만일 부모가 자녀를 대하는 방식에 문제가 있거나 부모-자녀 관계에 어려움이 있는 것이라면, 상담자는 부모의 부적절한 양육 태도와 역기능적 대화 방식에 대해 살펴보고 이를 변화시키는 것이 필요하다. 이러한 부모 상담을 통해, 부모와 자녀가 현재보다 더욱더 건강한 방식으로 상호작용할 수 있도록 해야 할 것이다. 한편, 자녀의 비행문제에 대한 주된 원인이 부모 요인보다는 청소년 개인 문제나 주변 친구들로 인해 비롯된 것이라 해도, 부모가 이러한 자녀 문제의 특성을 구체적으로 분명히 이해하고 부모와 함께 조력한다면 문제해결을 더 촉진시킬 수 있다는 점에서 긍정적이라 할 수 있다.

3) 학교 및 지역사회의 대처

학교에서는 비행청소년들을 위한 사전개입과 사후개입 모두가 가능하다. 학교 내에서 교칙이나 규칙을 잘 지킬 수 있는 규정을 마련하고, 인성 함양에 도움이 될 수 있는 스트레스 관리 프로그램이나 교우관계 증진 프로그램, 자기주장 훈련 프로그램 등 다양한 프로그램을 마련하는 것은 비행을 예방하는 사전개입 차원에서 도움이 될 것이다.

아울러, 사후개입으로서 학교 내에서는 상담교사와의 개인 상담뿐만 아니라, 담임교사 및 양호교사, 일반교사와 다양하게 상호 협조체계를 구축하여 청소년에 대해 의견을 나누고 조력하는 체제를 갖추는 것이 필요하다.

한편, 학교에서는 교내에서만이 아니라 주변 상담 기관, 복지센터, 병원 및 경찰 등 활용할 수 있는 기관을 파악하고 이들과 협조체계를 구축하고 연계하여 개입하는 것도 도움이 될 것이다. 예를 들어, 오토바이를 훔치는 비행행동으로 징계를 받은 A라는 청소년이 지역에 있는 청소년상담복지센터에서 실시하는 자기조절 훈련 집단 상담 프로그램에 참여하도록 하며, 학교와 연계 맺은 지역의 정신건강의학과 병원에서 심리검사를 받고 약물치료를 실시하도록 하는 등의 개입이 학교와 지역사회 기관과의 연계에 있어서 한 방법이 될 수 있다.

아울러, 지역사회에서는 청소년들이 보다 건전하고 안전한 방식으로 시간을 보낼 수 있는 공간 마련을 위해 노력해야 할 것이다. 예를 들면, 현재 지역별로 청소년들이 휴식과 문화 공간으로 활용할 수 있도록 한 '꿈드림 카페'가 운영되고 있는데, 이곳은 상근직 직원을 두어 관리되는 청소년 기관으로 청소년 상담자와 직원이 이곳에 함께 상주하면서 청소년들과 상호작용하며 도움을 제공하고 있다. 이와 같은 기관을 비롯하여, 청소년을 위한 안전하고 건전한 문화시설이 보다 많이 보급·확대될 필요가 있다.

생각해 볼 문제

1. 비행의 원인을 크게 개인적 원인과 환경적 원인으로 나누어서 설명하시오.
2. 비행청소년 상담을 할 때 상담 초기에 상담자가 유의할 사항에 대해 설명하시오.
3. 비행청소년의 상담 과정에 대해 설명하시오.
4. 비행청소년과 상담을 할 때, 부모 개입을 어떻게 해야 할지에 대해 설명하시오.
5. 청소년의 비행을 예방하기 위한 방법들에 대해 설명하시오.

사례를 통한 개입 방안

다음의 청소년 내담자 사례를 읽고, 이 청소년 내담자에게 어떠한 개입이 이루어져야 할 것인지 생각해 봅시다.

"상담을 통해 훔치는 행동을 고치고 싶어요."

영식이는 중학교 2학년 남학생으로, 오토바이 절도로 수강명령을 받아 상담을 받게 되었다. 큰 키에 마른 체구로, 다소 날카로워 보이는 인상으로, 눈 마주침은 적절하였다. 처음엔 비자발적으로 상담을 시작하였지만 시간이 갈수록 상담에 성실한 태도로 참여하는 등 자발적인 태도를 보여 주었다.

영식이가 오토바이 절도로 재판에 회부된 것은 한 번이지만, 이전에 오토바이 절도 건으로 주인과 시비가 붙었던 일이 두 번 더 있었다고 보고하였다. 수강명령을 받았던 가장 최근의 오토바이 절도 건은 내담자 주도로 혼자 저지른 일이며, 이전 오토바이 절도 건은 친구들과 함께 절도 행위를 수행하는 과정에서 오토바이 주인과 시비가 붙었다가 신고에는 이르지 않은 것이라 하였다.

현재 내담자는 자기 행동에 대해 죄책감을 느끼고 있으며, 부모님께 미안한 감정을 느끼고 있다. 자신이 훔치는 행동에 대해 절제하고 싶은데 이것이 좀처럼 마음대로 되지 않아서 이번만큼은 마음을 단단히 먹고 싶다고 이야기했다.

내담자의 학교생활과 교우관계를 살펴보면, 초등학교 시절까진 대체로 소심하고 주목받지 못하는 성격이었고, 초등학교 4학년 때 친구 학용품을 훔쳐서 걸린 적이 두 번 있었다고 하였다. 영식이는 많은 친구와 어울리고 싶은 마음이 좌절되어 종종 외로움과 우울감을 느꼈으며, 초등학교 6학년 때 사소한 오해로 인해 남학생 그룹으로부터 따돌림을 받은 적도 있었다고 하였다. 6학년 마칠 무렵부터 영식이는 학원에서 다소 세 보이는 소위 노는 친구들과 적극적으로 어울리기 시작하였는데, 그 친구들이 영식이를 잘 챙겨 주고 거의 모든 모임에 영식이를 불러내는 등 영식이는 그때부터 중학생인 지금까지 이 친구들과 어울려 지내며 엄청 바쁘고 재미있는 시간을 보냈다고 하였다. 그 친구들 가운데 2명이 현재 영식이와 같은 중학교에 다니고 있다.

영식이 부모님은 두 분 모두 나이가 많고, 경제 형편이 넉넉하지 않아서 이사도 많이 다녔다. 아버지뿐만 아니라 어머니 역시 영식이가 어린 시절부터 늘 밤늦게까지 일하러 나가셔야 하기 때문에 영식이게 충분한 돌봄과 안정감은 주지 못하였고, 부모님으로부터 용돈도 넉넉하게 받지 못하였다고 하였다. 그래도 영식이는 아빠에 비해 엄마와는 어릴 때부터 속 이야기도 꽤 잘하고 사이도 좋은 편이라고 하였다. 영식이는 형제 중에 막내로, 나이 차이가 많이 나는 20대 후반 형이 한 명 있지만 현재 직업 군인으로 집에 거의 오지 않으며 그다지 친한 사이가 아니라고 하였다.

제 7 장

학교폭력에 대한 상담

폭력은 그 누구에게도 정당화될 수 없으며, 학교폭력 대부분은 피해학생과 가해학생 모두에게 큰 상처를 남긴다는 점에서 매우 심각한 사회문제라 할 수 있다. 따라서 학교폭력이 발생하고 난 이후의 구체적인 개입 방법에 대해 숙지하는 것도 중요하지만, 무엇보다도 학교폭력이 일어나기 전에 예방 차원의 개입이 이루어지는 것이 가장 바람직할 것이다.

이 장에서는 학교폭력의 정의와 대상의 특성을 비롯하여, 학교폭력 유형에 대해 살펴보았다. 아울러 학교폭력 실태를 통해 최근 학교폭력의 동향을 파악해 보았다. 마지막으로, 학교폭력을 예방할 수 있는 구체적인 개입 방안과 더불어, 학교폭력에 대처하기 위한 구체적인 교육부의 가이드라인 및 대상 학생들을 위한 상담적 개입 방법에 대해 살펴보고자 하였다.

1 학교폭력의 이해

1) 학교폭력의 정의

Dan Olweus는 학교에서 일어나는 괴롭힘(bullying)에 대해 설명하면서, 괴롭힘이란 한 학생이 반복적이고 지속적으로 다른 한 명 또는 여러 명의 학생이 가하는 부정적이고 폭력적인 행동으로 인해 피해를 입는 것이라고 정의하였다. 국내에서도 이러한 괴롭힘이란 용어를 학교폭력이라는 용어와 병행하여 사용해 왔으나, 괴롭힘 수준이 심각한 경우가 많으며 '폭력'의 개념 안에 괴롭힘이 하나의 하위 요인으로 포함된다는 측면에서, 좀 더 넓은 개념인 '학교폭력'을 사용하는 경우가 많다.

「학교폭력예방 및 대책에 관한 법률」 제2조(법률 제4839호, 2017. 7. 26. 타법 개정)에 의해 따르면, 학교폭력을 학교 내외에서 일어나는 학생 대상의 다양한 폭력 행위로 정의내리며, 따돌림과 사이버따돌림도 포함시켜서 설명한다.

(1) 학교폭력

학교 내외에서 학생을 대상으로 발생한 상해, 폭행, 감금, 협박, 약취·유인, 명예훼손·모욕, 공갈, 강요·강제적인 심부름 및 성폭력, 따돌림, 사이버따돌림, 정보통신망을 이용한 음란·폭력 정보 등에 의하여 신체·정신 또는 재산상의 피해를 수반하는 행위이다.

(2) 따돌림

학교 내외에서 2명 이상의 학생들이 특정인이나 특정 집단의 학생들을 대상으로 지속적이거나 반복적으로 신체적 또는 심리적 공격을 가하여 상대방이 고통을 느끼도록 하는 일체의 행위를 말한다.

(3) 사이버따돌림

인터넷, 휴대전화 등 정보통신기기를 이용하여 학생들이 특정 학생들을 대상으로 지속적·반복적으로 심리적 공격을 가하거나, 특정 학생과 관련된 개인정보 또는 허위사실을 유포하여 상대방이 고통을 느끼도록 하는 일체의 행위를 말한다.

2) 학교폭력의 대상

학교폭력의 정의에 기초하여 살펴볼 때, 학교폭력에서 중요한 인물들은 가해자와 피해자라 할 수 있다. 여기에 더하여, 학교폭력에는 가해와 피해를 동시에 경험하는 학생, 학교폭력을 방관하거나 동조하여 학교폭력에 직간접적인 영향을 미치는 주변인 학생도 그 대상으로 포함될 수 있다. 다음에서 학교폭력의 주체로서 가해자, 피해자, 피해-가해자, 주변인에 대해 살펴보고자 한다.

(1) 가해자

학교폭력 가해자는 폭력을 직접적으로 행하는 학생으로서, 이들의 가장 두드러진 특징으로 알려져 있는 것이 높은 공격성과 낮은 자기 통제력, 공감능력 부족이라 할 수 있다(박효정, 정미경, 박종효, 2007; 정종진, 2013). 아울러 미숙한 의사소통 능력과 낮은 문제해결 능력(박진영, 채규만, 2011), 폭력 사용에 대한 긍정적인 태도 및 낮은 자존감(김수정, 2005), 충동성(Olweus, 1993) 또한 가해자의 중요한 특징으로 설명된다. 이 외에도, 이들은 자신의 위상을 높이고 싶은 욕구와 타인을 지배하고자 하는 지배욕구가 일반 청소년들에 비해 더 강하며, 타인의 의도를 지나치게 적대적으로 해석하거나, 폭력이 허용적인 가정환경에서 양육된 경우가 많다.

학교폭력 가해자는 힘이 약한 피해학생을 선별하여 괴롭히는 경우가 많으며, 자신의 힘을 과시하기 위해서라도 주변인의 목격이 필요하다. Dempsey 등(2011)에 따르면, 현실에서 공격적인 행동을 했던 청소년들이 또래에게 폭력을 행사하기 위해 사이버 공간을 이용한다는 것을 발견하였다. 이를 통해 오프라인에서의 학교폭력 가해자가 사이버상의 가해자로 이어질 수 있음이 확인되었다.

(2) 피해자

학교폭력 피해자는 정서적으로 불안정하고 수줍음을 많이 타는 특성이 있다(Olweus, 1993). 이들은 친구가 거의 없고 신체적으로 허약하거나(Card, 2003), 또는 또래들에 비해 지나치게 강한 학생들인 경우도 있다(Horowitz et al., 2004). 피해자는 크게 수동적 피해자(passive victim)와 도발적 피해자(provacative victim)로 구분할 수 있는데(Olweus, 1994), 수동적 피해자는 심리적·신체적·사회적으로 취약한 특성을 갖고 있는 약한 학생들로 볼 수 있다. 이들은 자존감이 낮고 수동적이거나, 교우관계에서의 대처가 부적절하고 이들을 도와줄 만한 지지자원이 거의 없어서, 또래들의 놀림이나 폭행에 적극적으로 대처하거나 저항하지 못한다. 반면에 도발적 피해자는 튀는 행동으로 눈에 띄는 학생으로서, 잘난 척하고 이기적이며 화를 잘 내는 등의 특성으로 인해 또래들과 잘 어울리지 못한다. 또한 자신의 문제점을 스스로 잘 모르기 때문에 행동 변화가 쉽지 않은 특성이 있다. 학교폭력 피해자들은 신체적·심리적으로 큰 상처를 받게 되며, 우울이나 불안 및 공포감과 같은 심리적 고통을 흔히 경험한다. 또한 이들은 학교에 가지 않으려 하거나 자살을 시도하는 경우도 있다(Tanaka, 2001).

한편, Hinduja와 Patchin(2012)은 최근 6개월 이내에 학교폭력 피해를 경험한 청소년이 온라인에서도 피해자가 될 가능성이 2.5배 높다고 설명하였으며, 이와 같은 맥락으로 많은 학자들은 학교폭력 피해와 온라인 안에서의 사이버폭력 피해 사이에 밀접한 인과관계가 있음을 밝혔다(류성진, 2013; Beran et al., 2015; Dempsey et al., 2011; Hong et al., 2016). 이와 같이 학교폭력과 사이버폭력 간의 관련성에 주목하여, 학교폭력 피해학생들이 온라인 안에서 학교폭력 피해를 경험하는지 여부를 주의 깊게 살펴보아야 할 것이다.

(3) 피해-가해자

피해-가해자는 학교폭력 피해학생이면서 동시에 가해학생이기도 한 경우를 의미한다.

학교폭력 가해자 청소년의 상당수가 피해 경험을 갖고 있으며(신혜섭, 2005; 정향기, 최태진, 2013), 중학생의 37.5%가 학교폭력의 피해와 가해를 동시에 경험하였다는 보고를 통해 볼 때(오주, 아영아, 2006), 학교폭력 현상을 피해와 가해만으로 양분하여 살펴보기는 어려우며 피해와 가해 경험의 연관성에 주목할 필요가 있다.

학교폭력 피해와 가해 경험의 관련성을 몇 가지로 설명할 수 있는데, 먼저 학교폭력 피해자들은 피해경험으로 인한 분노나 공격적 의도로 인해 자신을 괴롭힌 대상에게 보복식의 공격적 행동을 하거나 자신보다 약한 대상을 괴롭힘으로써 가해자가 된다는 설명이다(Ando et al., 2005). 또는 Bandura(1997)의 사회학습

이론을 근거로 하여, 피해자는 가해자의 폭력을 은연중에 학습하며, 자신이 또래들 간의 상호작용을 통해 주로 보고 배운 폭력을 통해 대인관계 갈등이나 문제 상황을 해결하고자(정향기, 최태진, 2013) 공격적인 행동을 하게 된다는 것이다.

이들은 일반적인 피해자와는 다른 특성을 나타내며, 전형적인 피해자보다 신체적으로 강하고 자기주장을 더 잘하는 편으로 알려져 있다. 또한 가해자와 비슷한 수준의 우울, 그리고 피해자와 비슷한 수준의 불안을 보인다고 한다(Olweus, 1993).

(4) 주변인

주변인은 학교폭력 상황에서 가해자와 피해자, 피해-가해자 어느 쪽에도 속하지 않는 학생들을 통칭하여 일컫는 말이다. 주변인은 학교폭력 상황 안에서 가해자나 피해자에 대해 지지 또는 반대, 무관심 등의 다양한 태도를 나타내는 특성이 있다. 주변인을 구분하는 다양한 견해들이 있으나, 이 가운데 Sutton 등(1999)은 주변인을 가해 동조자, 방관자, 피해 방어자로 구분하여 설명하였다. 가해 동조자는 학교폭력이 일어날 때 가해자의 행동을 부추기거나 또는 가해자에게 동조하고 가해행동에 함께 참여하는 등의 행동을 하는 학생들을 일컫는다. 방관자는 학교폭력 상황을 목격했지만 이에 대해 관심 없는 태도를 나타내며 무관심하게 행동하는 학생들을 의미한다. 피해 방어자는 학교폭력 상황에서 피해자를 도와주며, 가해자의 가해행동을 막아 주거나 막기 위해 노력하는 학생들을 일컫는다.

주변인은 학교폭력 상황에서 그 역할이 매번 고정되는 것이 아니라, 상황에 따라 역할이 바뀔 수 있다는 것도 알아 두는 것이 좋다. 또한 학교폭력을 가까이서 목격한 주변인들의 역할은 학교폭력 예방에 있어서 매우 중요하므로, 주변인들이 피해자를 보다 적극적으로 보호하고 학교와 협조체계를 구축할 수 있도록 해야 한다. 이를 위해 학교에서는 학교폭력 개입을 위해 가해자나 피해자 위주의 교육에서 더 나아가, 주변인들의 건강한 역할에 대해 교육하는 것이 지속적으로 필요하다. 예를 들어, 학급에서 주변인들이 학교폭력 현장을 목격하였거나 또는 학교폭력 위험성을 감지하였을 경우, 이들이 이러한 상황에 대해 담임교사나 주변에 도움을 받을 수 있는 기관에 신속하게 알리는 역할을 해 주는 것만으로도 학교폭력의 예방 및 개입에 직간접적인 도움을 주는 것임을 분명히 이해해야 할 것이다.

3) 학교폭력의 유형

학교폭력은 학교에서 다양한 형태로 나타나는데, 이를 크게 신체폭력, 언어폭력, 집단 따돌림, 사이버폭력, 금품갈취, 강요, 성폭력으로 구분하여 살펴보면 다음과 같다.

(1) 신체폭력

신체폭력은 가해학생이 피해학생에게 폭력을 행사하거나 물건을 빼앗고 위협하는 등 다른 사람에게 해를 가하거나 재산상의 손실을 초래하는 것을 의미한다. 신체폭력에는 피해학생의 신체를 때리거나 고통을 가하여 피해학생의 생리적·육체적·정신적 기능을 훼손시키는 경우인 상해가 여기에 해당된다. 또한 구타나 밀치기, 흉기 휘두르기, 신체 일부를 절단하거나 마약 사용하기와 같은 폭행도 신체폭력에 해당되며, 피해학생을 감금하거나 강제로 어떤 장소에 데리고 가는 약취 역시 신체폭력에 속한다.

(2) 언어폭력

언어폭력은 가해학생이 피해학생에게 모욕적이거나 비아냥거리는 등의 언어를 통해 피해자의 명예를 훼손하고 상처를 주는 행위를 말한다. 언어폭력은 겉으로 잘 드러나지 않기 때문에 신체폭력에 비해 자칫 덜 심각한 것으로 인식될 수 있으나, 신체폭력에 비해 주변인들도 방관하거나 동조하기가 더 쉽기 때문에 방치될 가능성이 높고 오랜 기간 지속될 가능성이 크다. 피해학생에게 공포함을 유발하는 언어로 위협을 주는 협박, 피해학생에게 창피를 주고 명예를 훼손시키는 언행을 하는 명예훼손, 피해학생의 정체성이나 성별, 성정체성, 종교 등에 대해 공격하고 희롱하는 모욕 등이 모두 언어폭력에 속한다.

(3) 집단 따돌림

집단 따돌림은 두 명 이상의 학생이 한 명의 피해학생을 지속적이거나 반복적으로 소외시키거나 괴롭히는 행위를 일컫는다. 가령, 학급에서 몇 명의 학생들이 특정 학생을 상대로 반복하여 빈정대거나, 다수의 학생이 특정 학생이 고립되도록 학급 분위기를 조장하는 것과 같은 사례가 여기에 해당된다. 집단 따돌림에는 반복성, 지속성, 힘의 불균형, 고의성의 요소가 적용될 수 있다.

(4) 사이버폭력

사이버폭력은 사이버 공간 안에서 이루어지는 폭력 행위를 의미하는 것으로, 다양한 정의가 있다. 김경은과 최은희(2017)에 따르면, 사이버폭력에 대해 사이버 공간에서 정보통신기기를 사용하여 욕설, 비난, 위협, 따돌림 등의 언어적 공격행위를 통해 특정인과 불특정인에게 정신적·심리적 피해를 주며 괴롭히는 행위로 설명하였다. 여기에는 사이버 모욕, 사이버 명예훼손, 사기나 스토킹, 소외, 사이버성희롱, 집단 따돌림을 목적으로 한 사이버 공간에서의 유포 등의 행동이 포함된다. 사이버폭력은 가해자와 피해자가 직접 대면하지 않는 특성이 있기 때문에, 폭력 수위가 높아지는 경향이 있으며(Varjas, Henrich, & Meyers, 2009), 잘 모르는 사람들과도 관계가 이루어져서 폭력을 경험할 수 있다(김경은, 2016). 또한 사이버폭력은 시간적·공간적 제약이 없이 이루어질 뿐 아니라, 사이버폭력 피해자가 되었을 경우 사이버 공간을 통해 자칫 피해자의 개인정보나 확인되지 않은 기타 정보들이 무분별하게 유포될 가능성이 있기 때문에, 청소년의 정신건강에 매우 해로운 영향을 미칠 수 있다.

(5) 금품갈취

금품갈취란 공갈이나 협박을 통해 다른 사람의 돈이나 물건과 같은 재산상 피해를 보도록 하는 것을 의미한다. 이렇듯 빼앗아 가는 행위뿐 아니라, 물건을 고의로 망가뜨리거나 돈을 걸어 가는 행위 역시 금품갈취에 해당된다. 이러한 금품갈취로 피해를 받은 학생들은 정신적으로 매우 큰 상처를 경험한다. 이때 부모에게 돈을 자주 요구하거나 학생의 중요한 물건이 보이지 않는 등의 특성을 나타내기도 하므로 가정에서 학생들을 주의 깊게 관심을 가지고 살피는 것이 필요하다.

(6) 강요

강요란 힘이 센 학생이 약한 학생에게 힘이나 폭행을 통하여 강제로 굴복을 시켜서 피해자가 하고 싶지 않은 일을 하도록 만드는 행위를 일컫는다. 이러한 강요에는 와이파이 셔틀, 가방 셔틀, 과제 대행, 게임 대행, 기타 다양한 심부름 등이 속하며, 이러한 강요로 인해 피해학생들은 정신적인 굴욕감이나 모멸감을 경험하게 된다.

(7) 성폭력

성폭력은 폭력이나 협박 등을 통해 피해학생에게 성적 폭행을 가하는 것을 말하는데, 여기에는 성폭행과 성추행, 성희롱이 해당된다. 성폭행은 협박이나 폭행 등을 통해 강제로 피해자로 하여금 성행위를 하도록 하는 것을 의미하는데, 유사성행위를 포함하여, 성적인 언행과 접촉, 성적 모멸감을 주는 말이나 행동, 성매매를 통한 착취, 강제 추행, 음란행위의 노출 모두가 성폭행에 포함된다. 만 13세 미만은 피해자가 성행위에 동의했다 하더라도 강제 추행 죄가 적용된다. 그 외에 가해자가 협박이나 폭행을 통해 피해자와 신체적 접촉을 하는 성추행이나 성적인 말이나 행동을 통해 성적 굴욕감을 느끼도록 만드는 성희롱도 성폭행에 해당된다. 성폭력은 가해학생과 피해학생의 말이 서로 다른 경우가 발생할 수 있으므로, 구체적인 사실 여부를 초기에 파악하는 것이 이후의 사례개입을 위해서도 매우 중요하며, 성폭력을 경험한 피해학생은 트라우마를 경험할 만큼의 깊은 상처가 될 수 있음을 분명히 이해하고 개입해야 할 것이다.

2 학교폭력 실태

교육부가 발표한 2023년 학교폭력 실태조사 결과에 따르면, 2022년도에 비해 피해 응답이 소폭 증가하였으며, 학교급별로는 2022년도에 비해 초 3.9%, 중 1.3%, 고 0.4%로 조사되어 각각 소폭 증가한 것을 볼 수 있다.

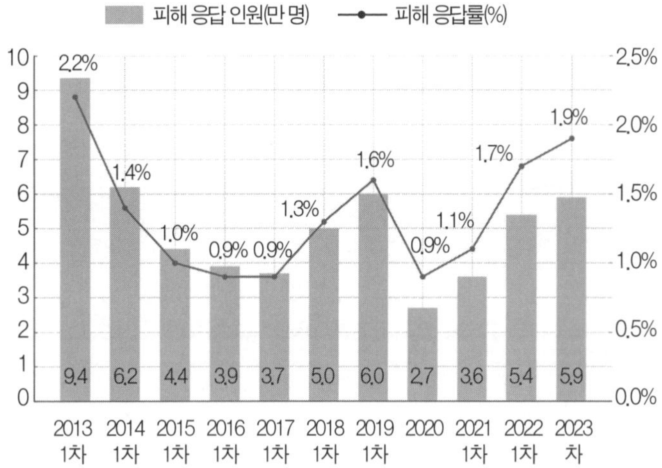

그림 7-1 학교폭력 피해 응답 인원 및 피해 응답률
출처: 교육부(2024).

그림 7-2 학교폭력 학교급별 피해 응답률(%)
출처: 교육부(2024).

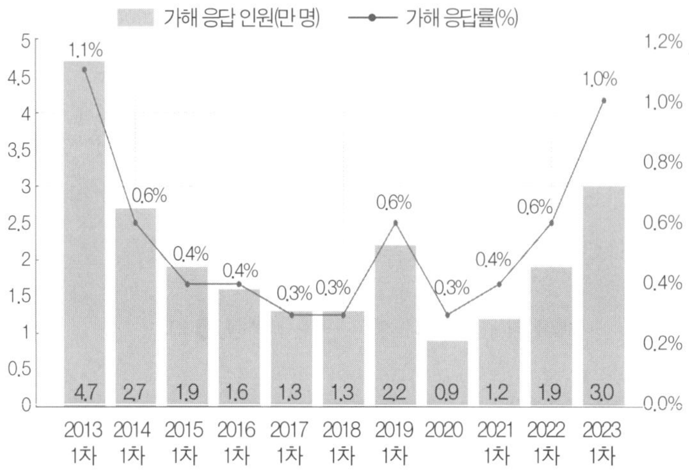

그림 7-3 학교폭력 가해 응답 인원 및 가해 응답률

출처: 교육부(2024).

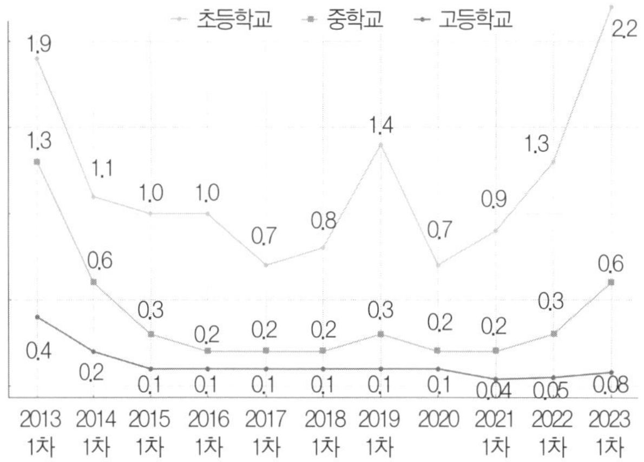

그림 7-4 학교폭력 학교급별 가해 응답률(%)

출처: 교육부(2024).

학교폭력 피해 유형은 언어폭력(37.1%), 신체폭력(17.3%), 집단 따돌림(15.1%) 순으로 나타났으며, 집단 따돌림과 사이버폭력은 학교급이 높아질수록 응답률이 높게 나타난 반면, 스토킹 및 신체폭력은 학교급이 높아질수록 응답률이 낮게 나타난 것을 알 수 있다.

학교폭력 가해 응답률은 2022년에 비하여 0.4%p 증가하였는데, 학교급별로는 초등학교 2.2%, 중학교 0.6%, 고등학교 0.1%로 조사되어 초등학교와 중학교만 소폭 증가한 것을 볼 수 있다. 이렇듯 학교폭력 피해와 가해 응답을 통해서 볼 때, 중학생이나 고등학생에 비해 초등학생들이 학교폭력 피해경험과 가해경험 모두에 더 많이 노출되어 있음을 알 수 있다. 학교폭력의 하위 유형인 사이버폭력과 관련해서도 가해자 연령이 저연령화되는 추세임(손민지, 2013)을 함께 고려하여, 학교폭력과 관련된 초등학생 대상의 교육과 예방적 개입이 이루어질 필요성이 제기된다.

3 학교폭력의 예방과 대처

1) 학교폭력에 대한 예방

학교폭력 개입은 사전 예방에 대한 개입과 사후 사안처리의 두 가지 모두가 중요하다. 사전 예방활동([그림 7-5] 참조)으로, 「학교폭력예방법」 제11조에 따르면, 교육감은 학교의 장 및 교감을 대상으로 학교폭력 예방 및 대책 등에 대한 교육을 매년 1회 이상 실시해야 한다. 「학교폭력예방법」 제15조에 따르면, 학교의 장은 학생들과 교직원 대상으로 학기별 1회 이상의 예방교육, 부모에게는 연 2회 이상의 예방교육을 실시해야 한다. 이때 학생을 대상으로 한 예방교육은 학교폭력의 개념과 실태, 대처방안 등의 내용을 포함하며, 교직원 대상의 예방교육으로는 학교폭력 관련 법령에 대한 내용, 학교폭력 발생 시 대응요령, 학생 대상의 학교폭력 예방 프로그램 운영방법 등을 포함한다. 학부모에 대한 예방교육은 학교폭력 징후 판별, 학교폭력 발생 시 대응요령, 가정에서의 인성교육에 대한 사항을 포함한다(교육부, 2024).

학생들의 인성교육 또한 학교폭력 예방에 있어 중요하다. 인성교육의 주제로서 공감적 의사소통 능력 향상, 대인관계 문제해결 향상, 분노조절 기법, 스트레스 대처 기법, 자존감 향상 등의 내용이 포함되면 좋을 것이다. 이러한 교육은 교육과정에 포함되어 학생들에게 통합적으로 제시되는 것이 가장 바람직하겠으나, 여건에 맞게 교육과정 이외의 프로그램으로 실시하는 방법도 함께 고려해야 할 것이다. 이러한 인성교육을 통해 학생들은 자아존중감을 향상시킬 수 있으며, 갈등 상황 시 상대방 입장을 공감적으로 이해하고 적절하게 표현할 수 있는 언어적·행동적 방법들에 대해 익힐 수 있다. 이러한 인성교육이 평상시에 지속적으로 이루어질 수 있다면, 실제로 학교폭력 발생이 현저하게 줄어들 수 있을 것이다.

이러한 교육 외에 교내 순찰지도도 학교폭력 예방 차원에서 중요하며, 학생들이 학교폭력에 관심을 가질 수 있도록 학생 참여를 독려할 수 있는 학교폭력 예방 UCC 공모전이나 학교폭력 예방을 위한 연극, 또래 상담 프로그램 등도 도움이 될 것이다.

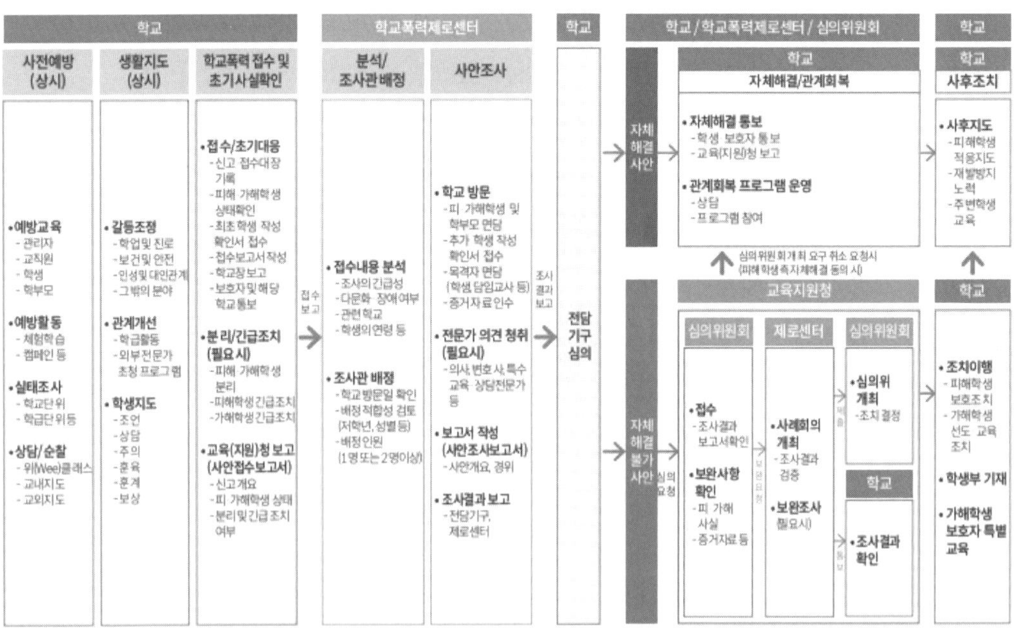

그림 7-5 학교폭력 사안처리 흐름도

출처: 교육부(2024).

2) 학교폭력의 개입과 대처

(1) 학교폭력 처리 절차

학교폭력이 발생되면 절차에 따라 신속한 처리가 이루어져야 한다. 2024년도부터 전국의 교육지원청에 '학교폭력제로센터'가 설치되었으며, 학교폭력 전담조사관이 위촉되었다. 학교폭력 사안처리의 흐름도(교육부, 2024)를 토대로 하여 학교폭력 처리 절차를 간략하게 살펴보면 다음과 같다.

① 학교폭력 접수 초기 사실 확인

학교폭력은 피해학생이나 목격학생으로부터 신고되거나, 학부모나 외부 기관으로부터 사건이 접수되거나, 또는 교사가 사안을 가장 먼저 발견하는 경우 등으로 나누어서 초기 사실을 확인하게 된다. 가정과 학교에서 학교폭력이 발생하고 있는지 주의 깊게 관찰하여 학교폭력 징후를 관찰하며, 이를 인지한 사람이 학교에 신고를 해야 한다. 특히 학교폭력은 피해학생이 제2의 피해를 받지 않도록 보호하는 것이 중요하다.

② 가해학생 분리 및 접수 보고

피해학생과 가해학생이 24시간 내에 분리되어야 하며, 48시간 이내에 교육(지원)청에 보고되어야 한다. 이때 피해자가 신체 폭행이나 성폭행 등 긴급조치가 이루어져야 하는 경우에는 병원으로 이송하여 피해자를 보호해야 한다.

③ 학교폭력제로센터-조사관 배정 및 사안 조사

학교폭력제로센터에서는 학교폭력 사건 전담조사관을 배정한다. 학교폭력 전담조사관은 학교 방문 전 사전 확인을 하고 실제 방문하여 면담을 하여 조사한 결과를 바탕으로, 육하원칙에 따라 사안보고서를 작성한다.

④ 학교장 자체해결 가능 여부 심의

학교폭력제로센터에서는 조사한 사안에 따라 학교 자체해결 여부에 대한 심의를 한다. 이때 피해자가 2주 이상의 신체적·정신적 치료를 요하는 진단서를 발급받지 않은 경우, 재산상 피해가 없거나 즉각 복구되거나 복구 약속이 있는 경우, 학교폭력이 지속적이지 않은 경우, 학교폭력에 대한 신고나 진술, 자료 제공 등에 대한 보복행위가 아닌 경우에 있어서 학교폭력 사안을 학교 자체적으로 해결할 수 있도록 한다. 이 경우, 피해학생과 그 보호자가 학교장 자체해결에 동의한다는 내용의 서면동의를 실시하도록 한다.

⑤ 자체해결 사안과 자체해결 불가사안의 구분 처리

자체해결 요건을 충족하는 경우에 학교장은 피해자가 관계회복 프로그램에 참여하도록 권유할 수 있으며, 자체해결 불가사안에 대해서는 교육지원청의 심의위원회와 학교폭력제로센터가 함께 사례회의를 개최한다.

⑥ 조치이행

피해학생에 대해서는 보호조치가 이루어지며, 가해학생에 대해서는 선도 및 교육적 조치가 이루어진다. 아울러 가해학생 보호자를 대상으로 한 특별교육이 실시되며, 가해학생에 대한 조치는 생활기록부에 기재된다. 만일 가해학생이 조치에 불복하는 경우, 사안에 따라 행정심판이나 행정소송이 이루어질 수 있다.

(2) 가해학생 및 피해학생 상담

① 가해학생에 대한 상담

가해학생 상담은 가해학생이 피해자에 대한 가해학생 자신의 행동이 학교폭력이었다는 사실이 어느 정도 객관적으로 밝혀진 후, 그것을 인정한 이후부터 이루어지는 것이 바람직하다. 그렇지 않을 경우 가해학생에 대한 상담이 심리교육이나 재발방지를 목표로 이루어지기보다는, 자칫 학교폭력의 진실공방이나 시시비비를 가르는 데 시간이 소요될 수 있다.

상담자는 가해학생을 만나면서 가해자에 대한 선입견을 가져서는 안 되며, 피해자를 헐뜯거나 자신에 대한 처벌로 억울해하는 등의 가해자 태도로 인해 감정적으로 동요되어서는 안 될 것이다. 가해학생과 상담하는 상담자의 기본적인 태도는 피해학생과 상담할 때와 마찬가지로, 라포를 형성하는 것부터 시작해야 한다. 학교폭력과 관련된 가해학생의 경험, 부정적 감정 등을 충분히 들어 주는 것이 필요하다. 라포를 형성하면서 가해학생이 느끼는 분노와 억울함 등의 부정적인 감정을 충분히 공감해 주되, 가해학생이 행한 공격적이고 폭력적인 언행의 부적절성과 그 언행이 피해학생에게 미치는 영향에 대하여 분명하게 전달해야 할 것이다.

상담을 통해 이러한 과정을 반복적으로 진행하면서, 가해학생은 폭력을 사용하게 된 자신의 내적인 요인과 가정 요인이나 친구들과 같은 환경적인 상황에 대해 이야기 나눌 수 있을 것이다. 상담자는 가해학생과 이러한 이야기들을 충분히 나누며, 가해학생의 행동이 피해학생에게 미치는 영향과 피해학생이 느끼는 충격에 대해 이해하도록 한다. 아울러 전체적인 학교폭력 사안 절차에 대해 설명해 주며, 가해학생이 피해학생에 대해 진심 어린 사과를 할 마음이 있는지에 대해 이야기 나누면 좋을 것이다. 가해학생이 피해학생에게 사과할 마음이 있는 경우에도, 피해학생이 그 사과를 받아들일 마음이 있고 준비된 상황하에서 진심 어린 사과가 이루어져야 함을 안내해 주어야 할 것이다.

가해학생 주변에 가해행동을 부추기는 위험요인들이 얼마나 있는지에 대해서도 이야기 나누어야 할 것이다. 예를 들어, 무리 지어 어울리는 폭력적인 친구들이 있거나, 부모님과의 갈등으로 가정에서 좀처럼 안정감을 느끼기가 어려운 경우 가해학생은 이러한 요인들이 촉발요인이 되어 또다시 폭력적인 행동을 할 가능성이 있기 때문이다. 가해학생은 이러한 환경적인 영향으로 인해 자신이 폭력행동을 할 수 있다는 것을 이해해야 할 것이며, 스스로 조절할 수 있는 방법들에 대해 구체적으로 이야기 나누는 것이 필요하다.

② 피해학생에 대한 상담

피해학생 상담 시 상담자의 태도는 먼저 피해학생을 무조건적으로 공감하고 수용해 주는 태도로 임해야 할 것이다. 피해학생은 괴롭힘을 당하면서 위축감, 외로움, 혼란스러움, 자책감 등의 감정을 갖기 쉬우며, 이러한 감정은 피해학생에 따라서는 우울감이나 적응장애로 이어지기도 한다. 상담을 통해 상담자는 피해학생이 안전한 분위기 가운데에서 힘든 자신의 감정을 충분히 털어놓을 수 있도록 안내해야 할 것이다.

상담자와 피해학생과의 상담에서 정서적인 지지와 수용이 중요하지만, 피해학생과의 상담에서 이것만이 전부가 되어선 안 될 것이다. 상담자로부터 정서적으로 수용받음과 동시에, 피해학생은 가해학생과 갈등 상황이 벌어지게 된 구체적인 사안을 객관화함으로써 학교폭력 사안을 조망해 보는 것이 필요하다. 이를 통해 피해학생은 가해학생과의 갈등 상황에서 가해학생의 잘못과 더불어 피해학생 자신의 대처에 대해 객관화하게 되며, 자신이 그 상황에서 어떤 식으로 다르게 대처하는 것이 가능했을지에 대해 이해할 수 있을 것이다. 만일 피해학생이 자기주장이나 자기표현을 원활하게 하지 못하는 성격적 특성을 갖고 있다면, 피해학생이 이러한 자신의 대인관계 취약점을 이해하고 이를 개선시켜 나갈 수 있도록 상담 과정에서 사회기술 훈련이 이루어져야 할 것이다.

한편, 피해학생의 성격적 특성이나 행동과는 무관하게 가해학생의 성격적 특성으로 인해 일방적으로 학교폭력이 이루어지는 경우도 있다. 이러한 경우에 상담자는 피해학생이 경험하는 무력감과 억울함을 비롯한 힘든 마음을 충분히 이해해 주면서, 피해학생이 상처받은 부정적인 정서를 상담 과정에서 충분히 표현할 수 있도록 해 주어야 할 것이다. 피해학생이 학교폭력 상황에서 피해 입은 것에 대해 지나치게 자책하지 않고서 사안을 보다 객관적으로 바라볼 수 있도록 도와주어야 할 것이다.

생각해 볼 문제

1. 학교폭력의 종류에 대해 설명하시오.
2. 최근 학교폭력의 실태에서 나타난 특성에 대해 설명하시오.
3. 학교폭력을 예방하기 위한 방법들에 대해 설명하시오.
4. 학교폭력 사안을 처리하는 과정에 대해 설명하시오.
5. 학교폭력의 가해자–피해자 상담에 대해 각각 설명하시오.

사례를 통한 개입 방안

다음의 청소년 내담자 사례를 읽고, 이 청소년 내담자에게 어떠한 개입이 이루어져야 할 것인지 생각해 봅시다.

"남자 애들이 제 욕을 하고 다녀요!"

중학교 2학년 민영이네 학급은 반 친구들 모두가 함께 사용하는 단체 카톡방이 있었다. 이 카톡방을 통해 민영이네 학급 학생들은 학교나 담임선생님의 공지사항을 전달받기도 하고, 종종 학급 학생들끼리 의논해야 할 사항들에 대해 의논을 하거나, 체험학습 때 찍은 사진들을 이 공간을 통해 서로 공유하기도 하였다.

민영이는 학업성적이 매우 우수했지만, 친하게 지내는 친구들이 거의 없었으며, 스스로는 이것에 대한 어려움이나 문제의식을 느끼지 않으면서 지냈다. 다소 예민하고 내향적인 성격인 민영이는 친한 친구는 없어도 가끔 이야기하는 친구들은 있었다. 민영이 스스로가 주변 친구들에게 피해를 준 일은 거의 없었고, 민영이는 주로 공부하는 데에 모든 에너지를 쏟아부었다.

그러던 어느 날, 민영이는 바로 뒤에 앉은 남학생이 몇몇 남학생과 낄낄거리며 자기들끼리 주고받은 카톡을 보고 이야기하는 것을 우연히 듣게 되었다. 알고 보니, 반

전체 학생들이 공유하는 단체 카톡방이 아닌, 남학생들 12명으로 구성된 카톡방이 있었는데, 그곳에서 최근에 남학생들이 매일 민영이에 대한 험담을 나눈다는 것이다. 카톡 내용을 상세히 모두 보게 된 민영이는 큰 충격에 빠졌다. 자신의 몸이나 헤어스타일 같은 외모 비하부터 시작해서, 성격이 비정상이어서 친구가 없으며, 공부 잘하는 게 더 큰 단점이라는 등 차마 입에 담지 못할 대화들이 오간 것이다.

그 내용을 접한 민영이는 그날 조퇴 후 충격에 빠져 며칠 동안 학교에 나오지 못했다. 부모님은 담임선생님께 이 내용을 전달했고, 담임선생님은 이 문제를 어떻게 풀어 나가야 할지 고민이 크다. 학교 상담교사인 당신은 이 문제에 대해 어떻게 개입하겠는가?

제8장

인터넷 중독에 대한 상담

인터넷은 우리 생활의 일부로서, 인터넷 없이 생활하는 것을 상상하지 못할 정도이며 대부분의 사람들은 인터넷을 통해 다양한 관계욕구나 물질적 욕구 등을 충족하고 있다. 인터넷이 이렇듯 개인의 욕구 충족이나 즐거움의 측면에서 도움이 되는 측면도 많으나, 인간의 삶에 긍정적인 영향만을 주는 것은 아니다. 특히 인터넷 사용이 지나칠 경우 인터넷 중독에 이르게 됨으로써 각종 부적응적인 문제들을 야기할 수 있다. 더욱이 청소년들에게 있어서 인터넷은 그들의 어린 시절부터 이미 익숙한 공간이기 때문에, 인터넷 사용을 적절히 조절한다는 것은 일부 청소년들의 문제가 아니라 어쩌면 모든 청소년에게 있어서 중요한 숙제라 해도 과언이 아니다.

이 장에서는 청소년의 인터넷 중독을 이해하고 이에 대한 상담 개입을 제공하고자 하였다. 이를 위해 인터넷 중독의 개념과 특성, 인터넷 중독 척도에 대해 살펴보며, 인터넷 중독에 대한 최근의 실태들을 알아볼 것이다. 또한 인터넷 중독의 원인들을 개인적 요인, 환경적 요인, 인터넷 자체의 특성 요인으로 나누어 살펴볼 것이다. 마지막으로, 인터넷 중독에 대한 상담과 개입 방법들을 다룰 것이다.

1 인터넷 중독의 이해

1) 인터넷 중독의 개념

인터넷 사용과 관련된 연구가 처음 이루어진 1990년대 중반에는 인터넷 중독 여부에 대한 표준화된 진단 기준이 부족하였기 때문에, 학자들은 인터넷 중독에 대해 다양하게 정의 내리기도 하였다. 이 가운데, Goldberg(1995)는 인터넷 사용이 지나칠 정도로 많아서 임상적으로 심각한 문제가 야기되는 것을 인터넷 중독이라 하였다. Goldberg(1996)는 인터넷 중독으로 판단하기 위해서는 세 가지 조건을 만족시켜야 한다고 설명하였는데, 이 가운데 첫 번째가 '내성'이다. 이는 인터넷 사용을 많이 하면 할수록 더 많이 몰입하게 되고, 비슷한 정도의 만족감을 얻기 위해서는 사용 시간을 더 많이 늘려야 하는 것을 일컫는다. 두 번째 조건은 '금단 현상'으로서, 인터넷을 과도하게 사용하던 사람이 인터넷을 사용하지 않을 경우 초조감이나 불안감, 강박적인 사고 등과 같은 특징적인 금단 증후군이 나타나게 되며, 이러한 금단 현상을 없애기 위해 이들은 인터넷을 또다시 하거나 이와 유사한 경험을 필요로 하게 된다. 세 번째는 '최근 일 년 내 인터넷으로 인해 자신에게 중요한 학업(성인의 경우 직장 생활)과 가정 및 대인관계에 악영향을 미친 경우'를 말한다. 이와 비슷하게, Young(1996), Beard와 Wolf(2001), Shapira 등(2003)은 인터넷 중독을 일종의 충동조절장애(impulse control disorder)로 분류하여 인터넷 중독이 병적 도박과 유사하다고 설명하였다.

2) 인터넷 중독 척도

인터넷 과다 사용 여부를 진단하는 데 있어 면접을 위한 평가와 척도를 이용한 평가가 종합적으로 이루어진다. 인터넷 과다 사용 여부를 진단하기 위한 다양한 척도들이 존재하지만, 이 가운데 많이 사용되고 있는 한국정보화진흥원(2011)이 개발한 인터넷 중독 진단 척도(K 척도)와 이를 바탕으로 한 관찰자 척도를 간략하게 소개하면 다음과 같다.

(1) 인터넷 중독 진단 척도(K 척도)

K 척도는 한국정보문화진흥원의 의뢰를 받아 김청택, 김동일, 박중규, 이수진(2002)이 제작한 것으로, 일상생활장애, 현실구분장애, 긍정적 기대, 금단, 가상적 대인관계 지향성, 일탈행동, 내성의 일곱 가지 증상을 측정한다. 이 척도는 모두 4점 척도로, '전혀 그렇지 않다'부터 '매우 그렇다'로 응답하게 되어 있으며, 구체적인 문항 내용과 채점 방법, 각 사용자군 특성에 대해서는 〈표 8-1〉과 〈표 8-2〉에서 설명하고 있다.

표 8-1 K 척도 질문지(40문항)

번호		항목	전혀 그렇지 않다	때때로 그렇다	자주 그렇다	항상 그렇다
1	1	인터넷 사용으로 인해 생활이 불규칙해졌다.	1	2	3	4
	2	인터넷 사용으로 건강이 이전보다 나빠진 것 같다.	1	2	3	4
	3	인터넷 사용으로 학교 성적이 떨어졌다.	1	2	3	4
	4	인터넷을 너무 사용해서 머리가 아프다.	1	2	3	4
	5	인터넷을 하다가 계획한 일들을 제대로 못한 적이 있다.	1	2	3	4
	6	인터넷을 하느라고 피곤해서 수업시간에 잠을 자기도 한다.	1	2	3	4
	7	인터넷을 너무 사용해서 시력 등에 문제가 생겼다.	1	2	3	4
	8	다른 할 일이 많을 때에도 인터넷을 사용하게 된다.	1	2	3	4
	9	인터넷 사용으로 인해 가족과 마찰이 있다.	1	2	3	4
2	10	인터넷을 하지 않을 때에도 하고 있는 듯한 환상을 느낀 적이 있다.	1	2	3	4
	11	인터넷을 하고 있지 않을 때에도 인터넷에 나오는 소리가 들리고 인터넷을 하는 꿈을 꾼다.	1	2	3	4
	12	인터넷 사용 때문에 비도덕적인 행위를 저지르게 된다.	1	2	3	4
3	13	인터넷을 하는 동안 나는 가장 자유롭다.	1	2	3	4
	14	인터넷을 하고 있으면, 기분이 좋아지고 흥미진진해진다.	1	2	3	4
	15	인터넷을 하는 동안 나는 더욱 자신감이 생긴다.	1	2	3	4
	16	인터넷을 하고 있을 때 마음이 제일 편하다.	1	2	3	4
	17	인터넷을 하면 스트레스가 모두 해소되는 것 같다.	1	2	3	4
	18	인터넷이 없다면 내 인생에 재미있는 일이란 없다.	1	2	3	4

4	19	인터넷을 하지 못하면 생활이 지루하고 재미가 없다.	1	2	3	4
	20	만약 인터넷을 다시 할 수 없게 된다면 견디기 힘들 것이다.	1	2	3	4
	21	인터넷을 하지 못하면 안절부절못하고 초조해진다.	1	2	3	4
	22	인터넷을 하고 있지 않을 때에도 인터넷에 대한 생각이 자꾸 떠오른다.	1	2	3	4
	23	인터넷 사용 때문에 실생활에서 문제가 생기더라도 인터넷 사용을 그만두지 못한다.	1	2	3	4
	24	인터넷을 할 때 누군가 방해를 하면 짜증 나 화가 난다.	1	2	3	4
5	25	인터넷에서 알게 된 사람들이 현실에서 아는 사람들보다 나에게 더 잘해 준다.	1	2	3	4
	26	온라인에서 친구를 만들어 본 적이 있다.	1	2	3	4
	27	오프라인에서보다 온라인에서 나를 인정해 주는 사람이 더 많다.	1	2	3	4
	28	실제에서보다 인터넷에서 만난 사람들을 더 잘 이해하게 된다.	1	2	3	4
	29	실제 생활에서도 인터넷에서 하는 것처럼 해 보고 싶다.	1	2	3	4
6	30	인터넷 사용 시간을 속이려고 한 적이 있다.	1	2	3	4
	31	인터넷을 하느라고 수업에 빠진 적이 있다.	1	2	3	4
	32	부모님 몰래 인터넷을 한다.	1	2	3	4
	33	인터넷 때문에 돈을 더 많이 쓰게 된다.	1	2	3	4
	34	인터넷에서 무엇을 했는지 숨기려고 한 적이 있다.	1	2	3	4
	35	인터넷에 빠져 있다가 다른 사람과의 약속을 어긴 적이 있다.	1	2	3	4
7	36	인터넷을 한번 시작하면 생각했던 것보다 오랜 시간을 인터넷에서 보내게 된다.	1	2	3	4
	37	인터넷을 하다가 그만두면 또 하고 싶다.	1	2	3	4
	38	인터넷 사용 시간을 줄이려고 해 보았지만 실패한다.	1	2	3	4
	39	인터넷 사용을 줄여야 한다는 생각이 끊임없이 들곤 한다.	1	2	3	4
	40	주위 사람들이 내가 인터넷을 너무 많이 한다고 지적한다.	1	2	3	4

주: 1=일상생활장애, 2=현실구분장애, 3=긍정적 기대, 4=금단, 5=가상적 대인관계 지향성, 6=일탈행동, 7=내성

출처: 김청택, 김동일, 박중규, 이수진(2002).

표 8-2 사용자군 특성

<table>
<tr><td rowspan="4">고위험
사용자군</td><td>초등학생</td><td>총점 97점 이상/1번 요인 26점 이상/4번 요인 18점 이상/7번 요인 17점 이상</td></tr>
<tr><td>중·고등학생</td><td>총점 104점 이상/1번 요인 21점 이상/4번 요인 16점 이상/7번 요인 15점 이상</td></tr>
<tr><td colspan="2">총점이나 요인 점수 기준에 해당되는 경우</td></tr>
<tr><td colspan="2">인터넷 사용으로 일상생활에서 심각한 장애를 보이면서 내성 및 금단 현상이 나타난다. 사이버 공간에서의 대인관계가 대부분이며, 해킹과 같은 비도덕적 행위와 막연한 긍정적 기대가 있고, 현실 생활에서도 인터넷에 접속하고 있는 듯한 착각을 하기도 한다. 이들의 접속 시간은 중·고등학생의 경우 1일 약 4시간 이상, 초등학생 약 3시간 이상이며, 중·고등학생은 수면 시간도 5시간 내외로 줄어든다. 대개 자신이 인터넷 중독이라고 느끼며, 학업에 곤란을 겪는다. 또한 심리적으로 불안정감 및 대인관계 곤란감, 우울한 기분 등을 흔히 보이고, 성격적으로 자기조절에 심각한 어려움을 보이며, 무계획적인 충동성도 높은 편이다. 현실 세계에서 사회적 관계에 문제가 있으며, 외로움을 느끼는 경우도 많다.
→인터넷 중독 경향성이 매우 높으므로 관련 기관의 전문적 지원과 도움이 요청된다.</td></tr>
<tr><td rowspan="4">잠재적
위험
사용자군</td><td>초등학생</td><td>총점 80~96점/1번 요인 23~25점/4번 요인 16~17점/7번 요인 15~16점</td></tr>
<tr><td>중·고등학생</td><td>총점 89~103점/1번 요인 19~20점/4번 요인 14~15점/7번 요인 13~14점</td></tr>
<tr><td colspan="2">위 점수 기준에 한 가지라도 해당되는 경우</td></tr>
<tr><td colspan="2">고위험 사용자에 비해 보다 경미한 수준으로 일상생활에서 장애를 보이며, 인터넷 사용 시간이 늘어나고 집착을 하게 된다. 학업에 어려움이 나타날 수 있으며, 심리적 불안정감을 보이지만 절반 정도의 학생은 자신이 아무 문제가 없다고 느낀다. 대체로 중·고등학생은 1일 약 3시간 정도, 초등학생은 2시간 정도의 접속 시간을 보이며, 다분히 계획적이지 못하고 자기조절에 어려움을 보이며 자심감도 낮게 된다.
→인터넷 과다 사용의 위험을 깨닫고 스스로 조절하고 계획적인 사용을 하도록 노력한다. 인터넷 중독에 대한 주의가 요망되며, 학교 및 관련 기관에서 제공하는 건전한 인터넷 활용 지침을 따른다.</td></tr>
</table>

일반 사용자군	초등학생	총점 79점 이하/1번 요인 22점 이하/4번 요인 15점 이하/7번 요인 14점 이하
	중·고등학생	총점 88점 이하/1번 요인 18점 이하/4번 요인 13점 이하/7번 요인 12점 이하
	위 점수 기준에 모두 해당되는 경우	
	중·고등학생의 경우 1일 약 2시간, 초등학생은 약 1시간 정도의 접속 시간을 보이며, 대부분이 인터넷 중독문제가 없다고 느낀다. 심리적 정서문제나 성격적 특성에서도 특이한 문제를 보이지 않으며, 자기행동을 관리한다고 생각한다. 주변 사람들과의 대인관계에서도 자신이 충분한 지원을 얻을 수 있다고 느끼며, 심각한 외로움이나 곤란감을 느끼지 않는다. →때때로 인터넷의 건전한 활용에 대하여 자기점검을 지속적으로 수행한다.	

(2) 청소년용 관찰자 척도 질문지

청소년용 관찰자 척도(한국정보화진흥원, 2008)는 인터넷을 사용하는 청소년을 잘 아는 상담자, 친구, 가족, 교사와 같은 사람들이 청소년에 대해 '예/아니요'로 표기하여 보고하도록 고안되었다. 구체적인 문항 내용과 채점 방법, 각 사용자군 특성에 대해서는 〈표 8-3〉과 〈표 8-4〉에서 설명하고 있다.

표 8-3 청소년용 관찰자 척도 질문지

번호		문항	예	아니요
1	1	누가 봐도 인터넷에 중독된 것을 단번에 알 수 있다.	0	1
2	2	인터넷 문제로 가족과 자주 싸운다.	0	1
	3	식사나 휴식 없이 화장실도 가지 않고 인터넷을 한다.	0	1
	4	인터넷 사용으로 학교 성적이 떨어졌다.	0	1
	5	인터넷 사용 때문에 피곤해서 수업시간에 잔다(혹은 잔다고 한다).	0	1
3	6	인터넷을 하면서 혼자 욕을 하거나 소리를 지른다.	0	1
	7	인터넷을 하고 있지 않을 때에도, 인터넷에서 나오는 소리가 들리고 인터넷을 하는 꿈을 꾼다고 말한다(혹은 그렇게 보인다).	0	1
4	8	인터넷을 하고 있을 때만, 흥미진진해 보이고 생생해 보인다.	0	1
	9	평소와는 달리, 인터넷을 할 때만 할 말을 다하고 자신감이 있어 보인다.	0	1
	10	인터넷만 재미있어 하는 것 같다.	0	1
5	11	인터넷에 빠진 이후로, (언어적·신체적으로) 폭력적으로 변했다.	0	1
	12	인터넷을 하는 데 건드리면 화내거나 짜증을 낸다.	0	1
	13	인터넷을 안 할 때, 다른 것에 집중하지 못하고 불안해 보인다.	0	1
6	14	주변 사람들의 시선이나 반응에 무관심하다.	0	1
7	15	약속을 지키지 않고 거짓말을 자주한다.	0	1
	16	인터넷을 하느라 상당한 용돈을 쓰고 빚을 지기도 한다.	0	1
	17	인터넷을 몰래 하다가 들켰다.	0	1
8	18	하루에 4시간 이상 움직이지 않고 한곳에서 인터넷을 한다.	0	1
	19	인터넷을 하느라 학교를 무단으로 빠지거나 지각한다.	0	1
	20	하루 이상을 밤을 새우면서 인터넷을 한다.	0	1

출처: 한국정보화진흥원(2008).

표 8-4 사용자군 특성

<table>
<tr><th>채점
방법</th><th colspan="2">1점=예
0점=아니요</th><th>채점하기</th><th>(1점×____개)=총 ____점</th></tr>
<tr><td rowspan="6">사용자
군별
해석</td><td rowspan="2">일반
사용자군</td><td colspan="3">3점 미만</td></tr>
<tr><td colspan="3">인터넷을 자신의 흥미와 욕구, 목적에 맞게 사용하는 경우로, 인터넷 사용 시간을 적절하게 조절할 수 있다. 원하는 목적을 이루고 나면 지체하지 않고 인터넷 접속을 종료한다. 필요에 의해서 인터넷에 접속하고 당장 인터넷을 사용할 수 없어도, 그다지 불편감을 느끼지 않고 참고 기다릴 수 있으며, 인터넷 사용에 의한 정서, 행동, 직업, 대인관계에 별다른 영향을 받지 않는 건전한 사용자들이 속하는 유형이다.
→치료적 접근: 불필요</td></tr>
<tr><td rowspan="2">잠재적
위험
사용자군</td><td colspan="3">3점 이상 9점 미만</td></tr>
<tr><td colspan="3">현실의 대인관계가 현저하게 줄어들면서 사이버 세계가 대인관계의 중심이 되며, 이러한 인터넷 과다 사용으로 일상생활에 문제가 발생하고(예: 학교/직장에서 경고를 받거나 지각, 지연), 주변 사람들도 이러한 문제를 인식하기 시작하고 인터넷 사용에 대한 걱정과 염려, 잔소리를 표현한다. 인터넷을 사용할 수 없는 상황은 회피하게 되고, 인터넷을 사용하지 못하는 상황에서 불안, 초조, 짜증, 분노를 경험하며, 수면 부족, 피로감, 금전적 소비가 증가한다. 심지어 인터넷 사용과 관련해서 거짓말을 하거나 변명, 합리화하고 자신의 인터넷 사용을 축소/은폐하려는 시도를 보인다. 최소한의 사회생활을 하지만 인터넷 사용으로 사용 이전에 비해 뚜렷한 생활의 변화가 생기고 인터넷을 조절하기 위해서 외부의 도움이 필요한 단계이다.
→치료적 접근: 상담 요망, 정신건강 관련 분야에서의 전문적인 상담이 필요함</td></tr>
<tr><td rowspan="2">고위험
사용자군</td><td colspan="3">10점 이상</td></tr>
<tr><td colspan="3">인터넷 사용을 자기의 의도대로 적절하게 조절할 수 없는 상태에 이른 경우로, 대부분의 시간을 인터넷에서 보낸다. 식음을 전폐하고 씻지도 않고 인터넷에 몰두하고, 며칠씩 외박을 하기도 하며, 심지어 현실과 사이버 세상을 구분하지 못하고 혼란을 경험한다. 인터넷을 하지 못하게 되면 심각한 불안, 초조, 짜증, 분노를 경험하고, 폭력적인 말과 행동을 보이는 등 감정 조절에 어려움이 있다. 가족 갈등이나 대인관계 문제가 빈번하게 발생하고 학교에서 쫓겨나는 등 사회생활에 뚜렷한 장애가 있다. 현실 생활보다는 인터넷이 생활의 중심이 되어, 가족이나 주변 사람들을 전혀 고려하지 않고 사회적인 역할을 수행하지 못하며, 하루 종일 인터넷에 빠져 있는 상태로 전문적인 치료가 시급한 단계이다.
→치료적 접근: 집중 치료 요망, 전문 치료기관에서 인터넷 병적 사용에 대한 집중적인 치료가 필요함</td></tr>
</table>

3) 인터넷 중독의 특성

(1) 인터넷 중독의 형태

① 게임 중독

게임 중독은 인터넷 게임에 지나치게 몰입하는 것을 말한다. 온라인 게임은 남자 청소년들 사이에서 널리 퍼져 있는데, 게임들 대부분은 다른 사람들과 온라인으로 함께 소통하며 진행하는 특성이 있다. 이러한 게임은 사회적 책임감과 소속감을 유발하며, 가상의 자아를 통해 강한 동일시 경험을 할 수도 있다. 또한 한번 하게 되면 중단하기 쉽지 않은 게임의 구조를 포함하여, 보상의 빈도를 예측하기 어렵다는 특성으로 인해 청소년들이 간헐적 강화를 경험함으로써 중독이 심화될 수도 있다.

② 소셜 네트워크 중독

소셜 네트워크 중독은 인터넷상에서 사람들과의 문자나 영상 대화에 지나치게 몰입하는 것을 말한다. 남자 청소년들이 온라인 게임 중독에 주로 많은 영향을 받는 반면, 여자 청소년들은 소셜 네트워크 중독에 더욱더 취약할 수 있다(Rehbein & Mößle, 2013). 온라인을 통해 소통이 이루어지기 때문에 사람들과 더 수월하게 사회적 관계를 형성할 수 있다는 장점이 있으나, 자칫 온라인을 통해 건전하지 못한 일회성 만남이 이루어지고 이것이 성매매나 성폭력으로 이어지는 경우도 있다.

③ 음란물 중독

음란물 중독은 인터넷상에서 성적 욕구를 충족시키고자 음란물 사이트 및 섹스와 관련된 내용을 검색하는 데 지나치게 몰입하는 것을 의미한다. 음란물에 중독된 청소년들은 왜곡된 성의식을 형성하기 쉬우며, 이는 자칫 성비행이나 성범죄의 원인이 되기도 한다. 이 청소년들은 음란물에 중독된 자기 자신에 대해 우울감과 죄책감을 경험하는 경우가 많다.

④ 온라인 도박 중독

온라인 도박 중독은 인터넷의 급부상 이후 나타난 행위중독으로서, 인터넷상에서 도박 행동이나 게임에 지나칠 정도로 몰입하여 이것이 놀이 수준을 넘은 '문제'를 발생시키는 데까지 이르는 것을 의미한다. 온라인 도박은 실시간으로 온라인 접속이 가능하며 1~2분 내에 끝낼 수 있는 스마트폰의 신속성과 강한 중독성으로 인해 청소년 사이에서 빠른 속도로 번지고 있다(조윤오, 2020). 온라인 도박은 익명성과 빠른 보상뿐 아니라 다양한 게임을 제공해 주며, 가상 화폐를 이용하기 때문에 돈을 쓰기 쉽게 만들고 손실을 직접적으로 체감하지 않을 수 있는 점으로 인해 청소년들에게 더욱더 위험할 수 있다(Griffiths & Parke, 2010).

(2) 인터넷 중독의 증상

① 신체적 문제

인터넷 중독은 여러 신체적 증상을 동반할 수 있는데, 특히 가장 흔한 것이 수면장애이다. 오랜 시간 인터넷을 사용하느라 수면이 부족하여 낮 시간에 정상적인 생활을 유지하기 힘들어하는 경우가 많으며, 어떤 경우엔 게임에서 본 잔인한 장면이 잔상으로 남아 악몽을 꾸기도 한다. 장시간의 컴퓨터 사용으로 시력 저하나 안구건조증을 경험할 수 있고, 인터넷 사용 시간 동안에 눈높이보다 낮은 위치의 물체를 장시간 동안 내려다볼 때 목이 구부러지는 불안정한 자세가 지속됨으로써 거북목 증후군(turtle neck syndrome)이 발생할 수 있다. 이 밖에도 관절염, 목디스크나 어깨 결림, 손목 결림, 요통, 위장 장애, 피로감 등도 인터넷 중독으로 인해 흔히 일어날 수 있는 신체적 증상이라 할 수 있다.

② 심리적 문제

인터넷 중독은 정신병리학적 증상이나 정신건강의 악화와 관련성이 큰 것으로 알려져 있다. 이러한 정신병리학적 증상이 인터넷 증상의 원인인지 결과인지에 대해 인과성에 대한 결론을 내리기는 어려우나, 이들 간의 관련성은 분명하다. 인터넷에 중독될 경우, 강박증(Kuss & Griffiths, 2017)이나 우울증(Bargeron & Hormes, 2017; Kim et al., 2016; Ostovar et al., 2016), 신체화 장애(Kim et al., 2016), 과잉행동/주의력 결핍(Strittmatter et al., 2015), 공격성(Müller et al., 2015), 적대성(Kim et al., 2016), 품행장애(Strittmatter et al., 2015) 등과 같은 정신병리를 심화시킬 가능성이 큰 것으로 알려져 있다. 이 가운데에서 인터넷 중독은 특히 우울증과 가장 관련성이 큰 것으로 알려졌다(Carli et al., 2013). Young(2009)에 따르면, 우울한 사람일수록 감정을 해방하고 현실적인 고통으로부터 탈피할 수 있는 도피처로서 인터넷 자극을 추구하는 경향이 있다고 설명한다. 즉, 우울한 청소년들은 인터넷을 통한 자극을 갈구함으로써 현실의 우울하고 슬픈 감정으로부터 회피하는 통로로 인터넷을 사용하게 되는 것이다. 이 밖에도 인터넷 중독은 사회적 유능감 결여(Gentile et al., 2011), 낮은 자존감(Chang, Chiu, Lee, Chen, & Miao, 2014)에도 영향을 줄 수 있다.

아울러, 인터넷 중독으로 인한 심리적 문제는 다양한 대인관계 문제 및 행동 문제, 학업 문제를 야기하여 일상생활에 심각한 문제를 일으킬 수 있다. 즉, 인터넷을 하느라 청소년은 자신이 처해 있는 현실의 대인관계에 소홀한 채 가상 세계에만 몰두할 수 있다. 때로는 청소년들이 현실의 대인관계가 빈약하고 대인관계로 인한 좌절감이 심하여 이로 인한 무력감이 심해지게 되고, 그 결과 인터넷에 몰입하는 경우도 많다. 과도한 인터넷 사용은 심각한 부모와의 갈등을 야기하기도 하는데, 부모가 인터넷 사용을 막을 경우 부모에게 반항을 하기도 하며, 심한 경우 부모와 대립하다가 가출을 하기도 한다. 인터넷 중독은 청소년들의 낮은 학업성취도(Brunborg, Mentzoni, & Frøyland, 2014; Rehbein, Kliem, Baier, Mößle, & Petry, 2015) 및 낮은 학업적 자기개념(Rehbein & Mößle, 2013), 결석률(Rehbein et al., 2015)에도 영향을 주는 것으로 나타났다. 또한 인터넷에 과하게 몰입된 경우, 청소년들은 현실 세계와 가상 세계를 구분하지 못하여 실생활에서 잔혹한 폭력을 행사하는 등 심각한 비행이나 범죄를 저지를 수도 있다.

2 인터넷 중독의 실태

여성가족부(2023a)는 전국 11,572개의 초·중·고등학생 총 1,276,789명 대상으로 온라인을 통한 인터넷·스마트폰 이용습관 진단조사를 실시하였다. 그 결과를 [그림 8-2] [그림 8-3] [그림 8-4]에 제시하였다.

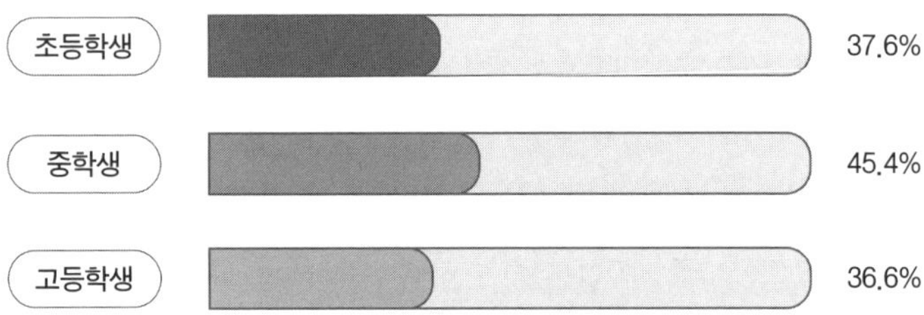

그림 8-1 스마트폰 과의존 위험군(2022)

출처: 여성가족부(2023a).

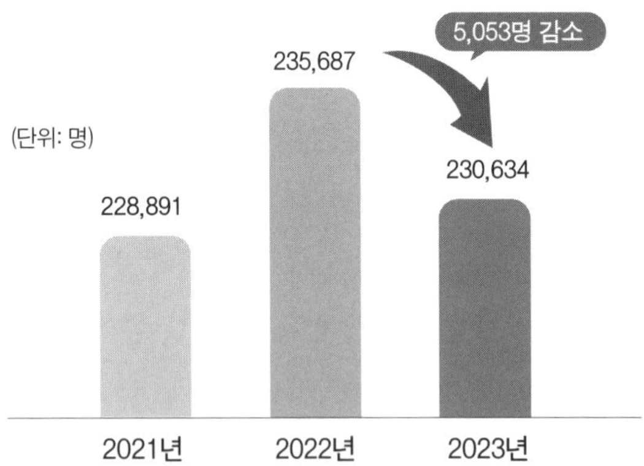

그림 8-2 인터넷/스마트폰 과의존 위험군 청소년

출처: 여성가족부(2023a).

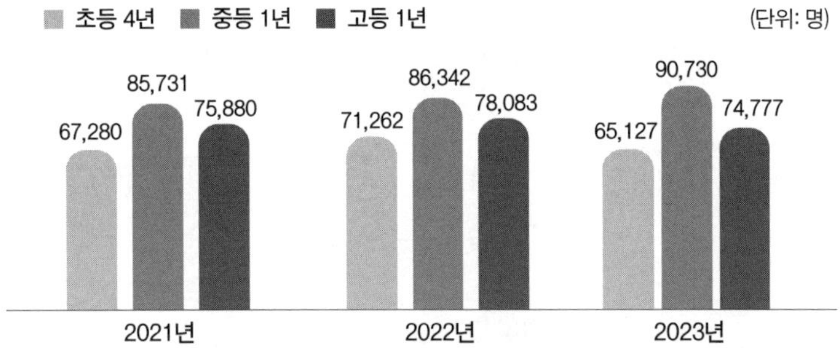

그림 8-3 초·중·고 인터넷/스마트폰 과의존 청소년

출처: 여성가족부(2023a).

먼저, 스마트폰 과의존 위험군을 초·중·고별로 비교해 본 결과, 중학생의 스마트폰 과의존 위험군 비율이 가장 높았으며, 그다음으로 초등학생, 고등학생의 순으로 나타났다([그림 8-1] 참조). 한편, 인터넷/스마트폰 과의존 위험군 청소년은 2023년 현재 128만 명 중에 총 23만명 정도로 나타났으며, 2022년도에 비해 약간 감소한 수치를 보여 주었으며([그림 8-2] 참조), 초·중·고별로 인터넷/스마트폰 과의존 추세를 비교해 본 결과, 중학생의 인터넷/스마트폰 과의존 추세가 뚜렷하게 나타났다([그림 8-3] 참조). 또한 인터넷/스마트폰 과의존 진단 남학생은 2021년부터 2023년도까지 계속 증가하는 경향성을 나타내었으나, 여학생은 비슷하거나 다소 감소하는 추세를 보여 주었다([그림 8-4] 참조).

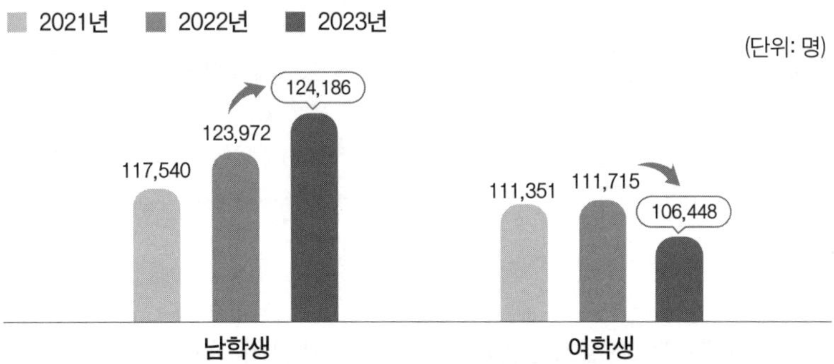

그림 8-4 남·녀별 인터넷/스마트폰 과의존 청소년

출처: 여성가족부(2023a).

3 인터넷 중독의 관련 요인

인터넷에 중독되는 요인들을 살펴보면, 개인적 요인, 환경적 요인, 그리고 인터넷 자체의 특성으로 인한 요인으로 구분하여 설명할 수 있다.

1) 개인적 요인

인터넷에 중독되는 개인적 요인으로 대표적인 것으로, 생물학적 요인, 성격적 요인, 대인관계 요인 등으로 나누어 볼 수 있다. 생물학적 요인으로서 쾌락을 담당하는 대뇌 변연계 이상을 들 수 있는데, 인터넷 중독이 되는 사람들은 대뇌의 변연계에 문제가 생겨 쾌락에 대한 욕구가 일반인에 비해 훨씬 더 강하다는 것이다. 따라서 이들은 좀 더 강한 자극을 추구하기 때문에 중독이 되는 것이라 할 수 있다(김진세, 2003).

성격적 요인으로서는 개인의 우울 성향, 낮은 자존감, 높은 충동성, 높은 사회불안, 자극 추구적 성향, 강박성, 빈약한 문제해결 능력, 그리고 소외감을 들 수 있다. 또한 인터넷에 중독되는 사람들은 인지 왜곡 경향성을 더 크게 보이기 때문에, 이들은 부정적인 일이 일어날 것을 더 크게 생각하며 걱정하는가 하면 이분법적 사고, 과잉일반화 경향성을 나타내기도 한다. Young(2000)은 인터넷에 중독되는 사람들이 이러한 왜곡된 사고로 인해 생기는 불편감을 회피하고 자신에 대해 보다 더 긍정적인 평가를 하는 것이 가능한 곳이 인터넷이기 때문에 이들이 가상공간에 더욱더 빠져들게 되는 것이라 설명하였다.

2) 환경적 요인

인터넷에 중독되는 환경적 요인으로서 가정 요인이나 또래, 학교, 사회를 포함하는 사회문화적 요인을 들 수 있다. 가족 관련 변수들은 청소년의 심리사회적 발달에 중요한 영향을 미칠 수 있다. 가족의 불화나 가족의 기능 저하는 인터넷 게임 장애와 관련성이 있는 것으로 보고되며(Rikkers, Lawrence, Hafekost, & Zubrik, 2016; Wang et al., 2014), Young(1999)은 가족 안에서 자녀가 인터넷 중독 환자로 진단될지라도, 실제적인 문제는 가족 내에 있을 수 있다고 지적하였다. 이를 통해 역기능적인 가족 환경은 청소년의 인터넷 중독에 부정적인 영향을 미친다는 것을 알 수 있다.

또래 영향력도 인터넷 중독에 큰 영향을 미친다. 특히 청소년기에는 또래와의 사회적 관계가 점점 더 중요해지는 때이며 사회적 소통과 소속감은 청소년에게 있어서 매우 중요한 욕구라 할 수 있다. 청소년기에 친구가 없거나 친구와 심한 갈등을 겪어서 이러한 욕구가 좌절되는 경우 청소년들은 현실의 인간관계 대신, 인터넷이라는 가상공간 안에서 주로 사회적 상호작용에 집착하게 되고 이것이 인터넷 중독으로 이어질 수 있다. 학교에의 적응 정도 또한 인터넷 중독과 높은 관련성을 가진다. 선행연구들을 살펴보면, 학급에의 융화력(Rehbein & Baier, 2013), 학교에서 경험하는 주관적 안녕감(Rehbein & Baier, 2013), 높은 학교 결속력(Chang et al., 2014) 등이 인터넷 중독에 대한 보호요인임을 알 수 있다.

마지막으로, 청소년들의 놀이문화가 부족하고 스트레스를 해소할 공간이 매우 부족한 현실에서, 시공간에 구애됨 없이 접근이 용이한 방식으로 스트레스를 해소할 수 있는 장소가 바로 인터넷 공간이다. 높은 인터넷 보급률이나 끊임없이 다양한 콘텐츠를 보급하는 기업의 특성 등, 다양한 사회문화적 요인 또한 인터넷 사용을 부추기는 요소 중 하나로 볼 수 있을 것이다.

3) 인터넷 자체의 특성 요인

Young(1999)은 인터넷 자체의 매력으로 익명성, 편리성, 현실 탈출을 설명하였으며, 사이버 공간으로 들어온 이용자는 인터넷을 통해 접근가능성, 통제감, 흥미감을 경험할 수 있다고 하였다. 이렇듯 인터넷은 현실과는 다른 인터넷 공간만의 독특하고 매력적인 특성을 지니고 있다. 인터넷 공간은 편리하고 흥미로울 뿐만 아니라, 익명성을 전제로 하여 평소 자신이 하지 못했던 이미지를 보여 줄 수도 있으며 억압된 감정이나 생각들을 보다 수월하게 표현할 수 있다. 또한 인터넷을 하는 동안 현재 맞닥뜨린 공부에 대한 스트레스를 잠시나마 회피할 수 있으며, 가상 공간 안에서 현실에서는 좀처럼 경험하기 힘든 성취감을 경험할 수도 있다. 이러한 점들로 인해 청소년들은 인터넷에 점차 몰입하게 되어 중독에 이를 수 있다.

4 인터넷 중독에 대한 상담 및 개입(예방과 대처)

인터넷 중독에 대한 상담 과정은 다음의 다섯 단계를 거친다. 다른 일반적인 상담 과정과 마찬가지로, 조기에 대처할수록 좋으며, 인터넷 중독에 대한 문제의 심각성 정도나 내담자 문제를 보다 객관적으로 이해하기 위해 심리평가를 함께 실시하는 것이 좋다. 필요한 경우 약물치료를 병행하는 것도 고려한다.

1) 상담의 과정

(1) 1단계: 문제 탐색하기

1단계에서는 청소년이 인터넷 사용으로 인해 어떠한 문제가 나타났는지 탐색하는 시기이다. 이때에는 문제를 파악하기에 앞서 먼저 청소년들과 따뜻하고 수용적인 태도로 라포를 형성하는 것이 중요하다. 인터넷 중독 문제로 상담실에 오는 청소년들은 많은 경우 부모나 교사에 의해 비자발적으로 방문하기 때문에, 이들의 자발적인 상담 동기를 끌어내지 않으면 상담이 원만하게 이루어지기가 쉽지 않다. 상담 관계가 형성되어 감에 따라 이들의 문제, 즉 처음 인터넷을 사용한 시기, 인터넷으로 인해 가족이나 주변 사람들과 갈등이 발생한 시기, 인터넷에 과몰입하게 된 컨텐츠, 인터넷을 주로 많이 사용하는 장소, 수면시간 등을 면밀하게 탐색하면서 인터넷 문제의 심각성을 다각적으로 파악한다.

(2) 2단계: 인터넷 사용에 대한 자기 인식력 갖기

2단계에서는 청소년이 인터넷을 과사용함으로 인해 자기 자신과 자신의 주변에 어떠한 일이 일어났는지를 깊이 탐색하는 시기이다. 이를 통해 청소년은 자신이 인터넷을 과도하게 사용하는 것에 대해 객관적인 시각에서 새롭게 바라보게 되며, 자신에게 변화가 필요하다는 것을 인식할 수 있게 된다. 청소년들 특성이나 심각성 정도에 따라 어떤 경우는 2단계에 빠르게 도달하며 어떤 경우는 이에 매우 더디게 이를 수도 있다. 그러나 청소년이 자신의 인터넷 사용에 대한 인식이 이루어지지 않은 채 상담 목표를 설정하는 경우, 대부분은 상담 목표에 근접하지 못한 채 상담을 종결하는 경우가 흔하다. 따라서 상담자는 청소년이 자신의 인터넷 사용에 대한 심각성 여부를 인식할 수 있도록 청소년과 함께 인내하며 상담 과정을 버텨 주어야 할 것이다. 이를 위해 상담 과정에서 파악하면 좋은 질문들로서, 청소년 스스로는 자신의 현재 인터넷 사용에 대해 어떻다고 생각하며 그 이유는 무엇인지, 인터넷 사용 이외의 다른 생활은 얼마만큼 즐거우며 그 이유는 무엇인지, 현재 자신의 모습에 만족하는지와 그 이유는 무엇인지 등이 있다. 아울러 2단계에서 1단계 작업을 함께 진행해도 좋다.

(3) 3단계: 인터넷 사용의 관련 요인 탐색하기

2단계에서 내담자가 인터넷 사용에 대한 자신의 문제를 인식하고 상담 동기를 갖게 되었다면, 3단계에서는 내담자가 인터넷에 중독되는 데 영향을 미치게 된 구체적인 요인, 즉 청소년의 심리적 특성, 가족 특성, 사회적·환경적 특성, 물리적 환경 특성 등의 원인들을 탐색한다. 이를 위해 상담 과정에서 파악하면 좋은 질문들로 '가족의 특성'을 탐색하기 위한 질문의 예를 제시하면, 내가 게임을 오래 할 때 부모님이 어떻게 반응하시며 그때 나는 어떤 감정이 드는지, 인터넷 사용에 대해 부모님께 가장 화나는 부분은 무엇인지, 인터넷 사용에 대한 부모님의 생각에 얼마만큼 동의하며 그 이유는 무엇인지 등이 있다.

(4) 4단계: 목표 세우기

앞선 1단계부터 3단계를 거치면서 청소년 내담자의 문제가 탐색되고, 관련된 원인이 어느 정도 파악되면 내담자에 대한 이해가 보다 구체적으로 이루어지게 된다. 이때 4단계에서 내담자 문제에 맞추어 행동 목표를 설정하게 된다. 많은 경우 상담자들은 인터넷 중독이 심한 내담자를 만나자마자 내담자 문제 파악이 이루어지지 않은 채로 구체적인 목표를 세우곤 한다. 그러나 4단계에 이르러 내담자 문제가 구체화되고 내담자의 변화 동기가 어느 정도 생긴 이후 목표를 세워야만 내담자에게 적합한 구체적인 수준의 목표가 설정될 뿐 아니라 변화 가능성도 커지게 되는 것이다. 행동 목표는 내담자 수준에 적합한 실행 가능하고 구체적인 목표를 설정하는 것이 내담자의 변화를 위해서 필요하다.

(5) 5단계: 변화 파악 및 목표 달성에 대한 점검

상담자는 청소년이 스스로 정한 목표를 달성했는지에 대해 점검해야 하며, 목표가 어느 정도 달성되었는지, 목표를 수행하는 데 있어서의 어려움은 무엇이며 성공요인은 무엇인지 등에 대해 파악이 필요하다. 때로는 목표 설정 후 목표를 매일 지키지 못할 수도 있는데, 이럴 때 크게 실망하기보다는 목표 수행이 어려운 이유들을 분석해 보면서 대안책을 마련하는 등 문제해결이 필요하다.

목표 달성 과정에서 줄어든 인터넷 사용 시간을 대체할 수 있는 다양한 활동을 마련할 필요가 있다. 대체활동은 내담자와 상담자가 협의하여 결정하는 것이 좋으며, 내담자 특성과 환경에 적합한 것을 세심하게 고려하여 실생활 안에서 찾을 수 있도록 한다. 몇몇 예를 들면, 부모님과 함께 하루에 한 시간 산책하기, 애완동물 기르기, 내담자가 좋아하는 운동하기, 가족과의 대화 시간 마련하기 등이 있다.

2) 고려 사항

인터넷 중독 청소년 상담에서 상담자는 우선 인터넷이 청소년들에게 얼마나 친숙한 놀이터 역할을 하는지 이해하고 숙지할 필요가 있다. 청소년들은 이미 유아기 때부터 인터넷 문화에 친숙해진 세대이며, 현실에서도 인터넷은 놀이의 역할뿐 아니라 정보 제공이나 소통 창구로서도 기능하기 때문에 상담자는 이러한 복잡 다양한 인터넷의 기능을 충분히 이해해야 할 것이다.

또한 인터넷 중독 상담에서 상담 목표는 대체로 인터넷으로부터의 단절이 아닌, '조절'에 목표를 두는 것이 일반적이다. 박승민(2015)은 인터넷 중독 상담에서 조절력의 회복을 목표로 설정하되, 인터넷 사용의 심각성에 따라 목표를 나누어 설정할 필요가 있다고 설명하였다. 즉, 심각한 인터넷 중독으로 인해 고립된 채 주변 사람들에게 피해를 주고 있다면 은둔 장면과 인터넷으로부터 청소년을 강제로 차단시키고 인터넷 사용을 조절해 주는 방법이 적절하다. 그러나 자신의 행동이나 증상에 대해 어느 정도 자각하고 있으며 증상이 덜 심각한 경우라면, 조절력을 강화하는 식의 상담 목표를 설정하는 것이 바람직하다.

인터넷 중독 상담에서 부모 상담을 병행하는 것이 좋다. 이때 상담자는 상담 초기에 부모 상담이 필요한 이유에 대해 따뜻하고 공감적으로 설명해 주어야 할 것이다. 부모야말로 자녀 문제를 치료함에 있어서 최고의 조력자임을 설명해 주면서 부모의 적극적인 참여를 부탁하면 좋을 것이다. 부모를 통해 인터넷과 관련된 자녀 문제의 역사를 탐색하고, 부모-자녀 관계의 문제점을 파악하며, 자녀의 인터넷 중독 행동을 조절하는 데 있어서 부모가 할 수 있는 훈육 방법이나 기술들을 알려 주는 것이 필요하다.

생각해 볼 문제

1. 인터넷 중독의 원인을 개인적 요인, 환경적 요인, 인터넷 자체의 특성 원인으로 나누어 설명하시오.
2. 최근 인터넷 중독의 실태에서 특징적인 점에 대해 설명하시오.
3. 인터넷 중독 상담 과정에 대해 설명하시오.
4. 인터넷 중독 상담 과정에서, 부모 개입을 어떻게 해야 할지에 대해 설명하시오.

사례를 통한 개입 방안

다음의 청소년 내담자 사례를 읽고, 이 청소년 내담자에게 어떠한 개입이 이루어져야 할 것인지 생각해 봅시다.

"게임으로 성공하고 싶었지만 이제 와서 그것도 어렵고 공부도 어려워요."

준호는 특성화고등학교에 다니는 고1 남학생으로, 이제 진로든 공부든 간에 엄마의 잔소리 없이 알아서 잘하고 싶다면서 자발적으로 상담을 신청하였다. 큰 키에 눈 마주침이 잘되지 않았으며, 흥분하면 목소리가 커지지만 대체로 목소리가 작은 편이고 말을 약간 더듬는 특성이 있었다.

준호는 중3 때부터 고1 최근까지 게임을 정말 많이 하였는데, 특히 중3 겨울방학 때는 종일 게임만 했다고 하였다. 게임만 하면서 게임으로 성공하고 싶다는 생각도 해 보았지만, 이제는 그게 아니라는 것을 알게 되었다는 것이다. 지금도 여전히 게임 잘하는 사람들 보면 너무 부럽고, 게임을 잘해서 세상에 알려지고 싶다는 상상을 자주 한다고 하였다. 하지만 이제 고1인데 난 공부도 못하고, 이담에 졸업하면 무엇을 해야 하나 생각하면 갑자기 화가 나고 불안해진다고 말하였다. 현재 성적은 하위권이지만, 중2 때는 성적이 상위권인 적도 있었다고 하였다.

준호는 PC방에 함께 가는 친구는 있지만 친한 친구는 없으며, 어릴 때를 돌아봐도 친한 친구가 있었던 적은 거의 없었다고 하였다. 친구들과 모여서 함께 게임할 때 친구들과 친밀감도 느끼고, 가끔 친구들에게 인정받을 때면 너무도 기분이 좋다고 말하였다. 준호는 친구들과의 관계에서 무시당하지 않으려고 더 게임을 잘하고 싶은 마음도 크다고 말하였다.

준호는 장남으로서 부모님과의 관계가 매우 힘들다고 하였다. 아버지는 자수성가한 사업가로, 대체로 침착하고 온화한 편이지만 화가 나면 내담자에게 소리를 지른다. 아버지와 어머니 사이의 갈등도 매우 큰 편이고, 특히 준호가 중학교 3학년 때는 이혼 이야기가 오고 갈 정도로 부부 사이가 좋지 않았다. 준호 어머니는 매우 짜증 많고 신경질적인 분으로, 4년 전에 우울증 진단을 받으셨다. 준호에게도 어릴 때부터 학업과 생활 태도에 대해 워낙에 잔소리를 많이 하셨는데, 특히 중3 때 준호에 대한 잔소리가 극에 달하여 준호가 이를 피해 급기야 가출해서 친구 집에 가 있던 적도 두 번 있었다. 중3 때 준호 어머니는 준호가 게임을 절대 하면 안 된다고 제지하였고, 오로지 공부만 하라면서 잔소리하였다.

준호는 엄마가 자신에 대해 이해를 좀 해 주길 바란다고 하였다. 자신이 공부 좀 못해도 괜찮고, 친구랑 놀라고 허락해 주고…… 엄마가 그렇게 해 주었으면 나도 더 편안하게 공부도 할 수 있을 것 같다고 하였다. 중3 겨울방학 때, 엄마는 매일 울면서 자기에게 화풀이하고, 공부 이야기만 하고, 짜증 나서 하루 종일 게임만 했다는 것이다. 자신이 그렇게 하면 엄마가 포기할 줄 알았지만, 엄마는 더 크게 자신을 혼냈다고 하였다. 그때에 비하면 지금은 게임 시간이 하루에 2~3시간이니, 많이 줄인 것이라고 하였다.

제9장

슬픔과 상실에 대한 상담

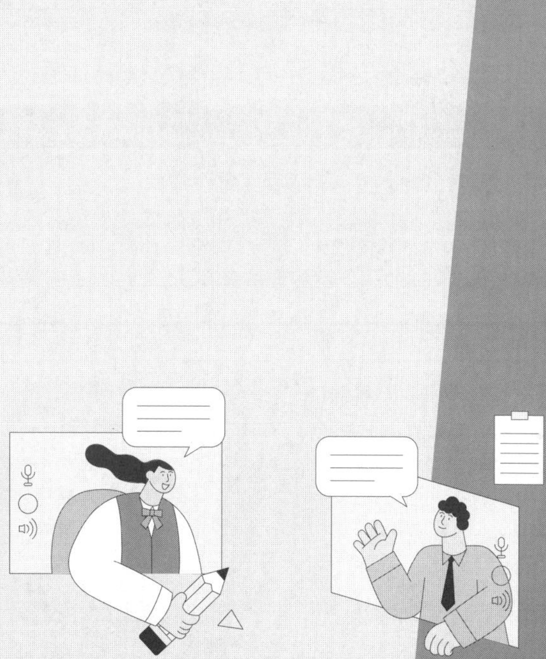

상실은 살면서 누구도 피할 수 없는 경험이기 때문에 이는 청소년들에게도 예외는 아니다. 청소년들은 성인과 마찬가지로 무수히 많은 상실을 경험하고 일상을 살아간다. 하지만 청소년들이 다양한 상황에서 어떠한 상실을 경험하고 있는지, 그리고 이들이 상실에 대해 어떠한 반응을 나타내며 이에 대해 어떠한 개입이 이루어져야 하는지는 다른 청소년의 문제들에 비해 상대적으로 주목을 덜 받아왔다. 청소년의 상실을 청소년들이 경험할 수 있는 여러 가지 '문제' 영역의 하나로 새롭게 이해할 수 있다면, 상실과 관련된 문제로 어려움을 경험하는 청소년들에게 또 하나의 방안을 제시할 수 있다는 점에서 이로울 것이다.

이 장에서는 청소년이 경험하는 상실의 특성에 대해 주목하고, 상실로 인해 나타나는 정서적·인지적·행동적 특성들을 다루었다. 아울러 상실을 경험하는 청소년들에게 필요한 개입 방안을 크게 상담적 개입 방안과 학교 및 지역사회의 개입 방안으로 나누어 살펴보았다.

1 슬픔과 상실의 정의와 특성

상실(loss)은 무엇인가를 잃어버리거나 끝이 난 결과로서, 대개 애착 대상의 죽음과 이별을 의미하지만(Anderson, 2010; Howarth, 2011) 생활상의 변화나 혼란을 통해서도 발생할 수 있다(Fiorini & Mullen, 2014). 따라서 상실은 그 누구도 피해갈 수 없는 보편적 경험이며, 여기에는 인간관계에서의 변화와 관련된 관계의 상실, 사고나 질환으로 인한 신체 기능의 상실, 물질적 상실, 역할 상실 등이 포함될 수 있다(Howarth, 2011). 따라서 이러한 상실의 의미를 청소년이 경험하는 생활에 적용해 볼 때, 성인뿐만 아니라 청소년 또한 일상에서 매우 다양하고 폭넓게 상실을 경험할 수 있다. 예를 들어, 사랑하는 사람이나 동물의 죽음이나 그(그것)와의 이별도 상실 경험이며, 본인 또는 가까운 사람의 질병이나 사고, 생활의 급격한 변화나 이사 경험, 학년 변화, 고등학교 졸업이나 입학, 성적 하락, 목표나 의미 상실 역시 청소년에게 상실 경험일 수 있다. 이러한 정의에서 볼 때, 상실은 힘든 생활사건뿐만 아니라 행복한 사건을 통해서도 경험할 수 있음을 알 수 있다.

일생을 통해 사람은 많은 상실을 경험하며 살아간다. 상실로 인한 혼란, 변화, 이별은 고통스럽고 불편한 것으로서, 상실로 인하여 나타나는 정서적 고통이 바로 슬픔이다. 따라서 슬픔은 상실을 경험한 이후 나타나는 자연스러운 반응이라 할 수 있다(Howarth, 2011). 상실에 따르는 슬픔은 예측할 수 있는 슬픔과 예측할 수 없는 슬픔으로 나뉘는데, 예측되는 슬픔에는 죽음에 대해 준비하거나 아픈 사람에 대해 걱정하는 것과 같은 것들을 포함한다(Fulton & Fulton, 1971). 예측할 수 없는 슬픔은 갑작스럽고 뜻밖의 상실로 인해 초래되는 복잡한 감정 반응을 야기한다. 이때 슬픔은 매우 장기화되어 나타날 수도 있으며, 과장되거나 잠정적으로 정신장애를 가져올 수 있을 과도한 슬픔으로 나타나기도 하고, 때로는 상실과 관련되지 않는 반응으로 위장되어 나타나거나 지연되기도 한다(Worden, 2008).

이렇듯 상실에 따른 슬픔은 개인에 따라 매우 다양하게 나타날 수 있는 것으로, 각 개인은 슬픔의 감정을 각기 다른 방식과 다른 기간에 걸쳐 다양하게 표현한다. 따라서 매우 큰 슬픔을 경험한 청소년이 크게 슬프고 힘들어할 것이라고 예상하곤 하지만, 실제로 이 청소년은 크게 슬퍼하지 않은 채로 일상을 살아가는 경우도 있다. 또한 주변 사람들이 생각하기엔 별 것 아닌 상실 경험에도 어떤 청소년은 매우 크게 반응하며 힘들어할 수도 있는 것이다.

2 슬픔과 상실에 영향을 미치는 문화, 가족 요인들

상실을 내면화하는 특성이나 애도하는 방식에 있어서 사람들의 반응은 아주 다양하다. 청소년 시기를 아동이나 성인과 구별되는 하나의 문화로 개념화하여 다문화적 관점으로 청소년의 상실 경험을 이해한다면, 상담자는 내담자와 더 좋은 관계를 맺을 뿐 아니라 청소년 내담자의 전반적인 관점에 대해 이해함으로써 상담 성과에도 긍정적인 영향을 미칠 것이다.

청소년들은 흔히 자신들을 아동처럼 생각하지 않으며, 오히려 주류인 어른 문화를 토대로 하여 어른과 비슷한 신념이나 문화적 특성을 따르려는 특성이 있다. 그러면서도 이들은 종종 성인과는 다른 생각의 간극을 경험하기도 하며, 그들 자신만의 자율성과 개별성을 추구하려 노력하며, 자신들이 따라야 하는 통제나 책임감을 부담스러워하기도 한다.

슬픔과 상실에는 개인이 속한 문화나 가족의 특성들도 영향을 미칠 수 있다. 상실에 대한 슬픔 또한 평범한 슬픔이나 억압된 슬픔, 지나친 슬픔이 문화에 따라서 상당히 다양할 수 있다(Rosenblatt, 1993). 예를 들어, 발리에서는 기도할 때 불안해하면 신이 기도를 들어주지 않는다고 여기는 문화가 있다. 따라서 기도할 때 정서적으로 불안해하지 않으려 하는 특성이 있다. 발리의 문화 안에서 사별한 발리인들은 서로 농담하면서 죽음이 나쁘지 않다거나 바람직한 것으로 재정의하는 등 공공연하게 드러내어 슬퍼하는 것을 정상적으로 여기지 않는다(Wikan, 1988). 또한 요루바에서는 자녀가 부모보다 더 일찍 죽는 것을 비정상적으로 여긴다. 따라서 자녀가 죽을 경우, 부모의 슬픔은 자신이 감당하지 못할 정도로 크기 때문에, 부모는 자녀의 장례식에 참석하지 않는다(Moloye, 1999).

개인이 속한 가족의 특성도 크게 보면 개인의 문화라 할 수 있으며, 이러한 가족 특성은 슬픔에 영향을 미친다. 가족은 종교나 살고 있는 지역 특성에도 많은 영향을 받으며, 이것들이 애도 과정에 영향을 줄 수 있다. 만일 가족원 중 한 명이 죽는 경우, 잘 확립되었던 가족원들 간 상호작용과 균형이 깨짐으로써 상실의 여파가 더 크게 발생할 수 있다. 따라서 가족의 상실을 경험할 경우, 우리는 상실이 일어난 시기, 상실과 동시에 발생한 중요 생활사건, 미해결되었던 과거 상실사건, 죽음의 종류, 가족 안에서 고인의 역할 등을 파악하여야 할 것이다. 예를 들어, 가족에게 있어서 숨겨진 상실들, 가령 유산이나 낙태와 같은 상실들은 가족이 꿈꾸어 오던 '기대'에 대한 상실일 수 있으므로, 어떤 가족에게는 이러한 경험이 다른 가족에 비해 매우 큰 상실감으로 다가올 수 있을 것이다. 또한 형제 가운데 한 명이 죽었을 경우, 형제들은 더 강렬하게 반응하고 오랜 기간 슬퍼하며, 형제 간 경쟁해 왔던 경험 때문에 더 큰 죄책감을 느낄 수도 있을 것이다. 이때 부모까지도 슬픔에 압도된다면, 남겨진 자녀는 더 큰 외로움과 상실감을 경험할 수 있다.

이렇듯 청소년들이 경험한 상실과 슬픔을 이해하기 위해서는 청소년들이 처해 있는 문화나 가족의 특성, 가족이 경험한 상실의 경험적 특성에 대해 비교 문화적 관점으로 이해할 수 있어야 한다. 다양한 문화적 관점을 토대로 각 청소년이 경험한 상실과 슬픔을 이해할 수 있어야만 청소년들의 애도 작업 또한 각 청소년에 적합한 방식으로 이루어질 수 있을 것이다.

3 슬픔과 상실을 경험한 청소년의 특성

슬픔과 상실을 겪은 청소년들은 인지적·정서적·행동적으로 다음과 같은 특성을 나타내며, 이러한 특성들은 제각각 나타나는 것처럼 보일 수 있으나 실제로는 여러 반응이 인지적·정서적·행동적으로 상호 관련되어 있다는 것에 주목할 필요가 있다. 또한 상실 경험은 개인마다 독특하게 나타나며 상실의 강도나 심각성에 따라 다르게 드러날 수 있다.

1) 상실에 대한 인지적 반응

청소년이 상실을 경험한 후에는 인지적인 변화가 다양하게 일어난다. 청소년들은 회피나 부인을 하는가 하면, 산만하고 부주의하거나, 인지적으로 혼란스러움을 경험하기도 하며, 회의적인 생각에 빠지거나 환상을 경험할 수도 있다.

청소년의 상실에 대한 인지적 반응을 살펴보기 위해, Piaget의 인지발달이론을 적용하여 설명할 수 있다. 청소년기를 9~12세의 청소년기와 12세 이상의 청소년기로 나누어 살펴볼 때, 먼저 9~12세의 청소년기 초기의 인지적 반응은 피아제의 인지발달이론의 '구체적 조작기' 단계의 특징을 들어 살펴볼 수 있다. 이 단계의 청소년들은 부모로부터의 심리적 독립을 서서히 시도하며, 또래관계를 중요시한다. 추상적 사고 능력이 발달되면서, 이 시기에 상실을 경험한 청소년은 '만일 ~라면 어떻게 하지?'라는 질문을 종종 스스로에게 던지게 된다. '학년이 바뀌어서 새로운 반 친구들이 나를 싫어하면 어떻게 하지?' '이사 간 집이 이상하면 어떻게 하지?' '어느 날 엄마가 갑자기 죽는다면 난 어떻게 되는 거지?'와 같은 질문들이다.

12세 이상 청소년의 인지적 반응에 대해서는 '형식적 조작기'의 특성으로 설명이 가능하다. 이때에는 추상적 사고를 비롯한 형식적·문제적·해결적·연역적 사고가 가능해지는 시기이다. 이 시기에는 청소년들의 사고가 깊어지면서 더욱더 깊이 있는 정신적·개념적 사고가 가능해진다(Schoen, Burgoyne, & Schoen, 2004).

한편, 청소년들의 상실에 대한 인지적 반응을 살펴볼 때, 모든 청소년의 발달 속도가 다르다는 것을 반드시 고려해야 한다. 그렇기 때문에 모든 청소년이 형식적 조작기 수준에 도달하는 것은 아니다. 형식적 조작기 수준에 이르는 청소년이 있는가 하면 어떤 청소년들은 이 수준에 도달하지 못할 수도 있으므로, 상실에 대한 청소년의 인지적 반응을 판단하는 데 청소년 개개인의 인지적 수준을 평가하는 것이 필요하다.

2) 상실에 대한 정서적 반응

청소년이 경험한 상실이 죽음이든, 혹은 다른 종류의 것이든 간에 상실을 경험한 청소년들은 공허감, 좌절감, 외로움, 분노, 혼란스러움, 불안감, 죄책감과 같은 감정을 느끼면서 정상적인 슬픔의 과정을 경험한다. Howarth(2011)에 따르면, 한 개인이 상실을 수용하면서 지낸다면 이 감정들이 점차 희미해질 수 있지만, 상실 경험을 제대로 해소하지 못할 경우에는 이것이 심리적 외상이 되어 개인의 정신건강에 영향을 미칠 수 있다는 것이다.

이러한 감정들 가운데, 상실과 관련되어 나타나는 보편적인 감정 중 하나가 바로 죄책감이다. 죄책감은 아동이나 청소년들이 죽음이나 이혼과 같은 경험을 한 이후에 따라오는 중요한 감정으로서, 이들은 자신이 상실한 대상에게 애정을 표현할 수 있는 기회를 놓친 것이나 잘못된 행동을 한 것들에 대해 죄책감을 느끼게 된다(McEntire, 2003). 나이 어린 청소년들은 죽음에 대해 자신에게 어느 정도 책임이 있다고 느낄 수 있으며(Glass, 1991), 사별한 청소년들은 자신의 안전이나 주변 가까운 이들의 안전에 대해서도 염려하고 불안감을 느끼기도 한다. 부모의 사별은 다른 청소년들이 잘 경험하지 않는 특수한 경험이므로, 대개 자녀들은 더 큰 상실감을 경험하게 된다. 이때 청소년들은 우울증이나 불안장애, 외상 후 스트레스, 죄책감 등을 경험할 수 있다(박효실, 2002).

한편, 청소년들은 일반적으로 사망이나 죽음을 자신의 일상생활과 매우 동떨어진 사건이라고 지각하기 때문에 자신의 연령과 비슷한 또래가 죽었을 때 혼란스러움과 무력감을 경험하기도 한다. 또한 청소년들이 자신에게 있어서 중요한 대상을 상실했을 때 무력감과 좌절감을 느낄 수 있다.

어떤 청소년은 상실에 대해 아무런 영향도 받지 않은 것 같은 인상을 보여 줌으로써 자신의 감정 표현을 차단하기도 한다(Schoen, Burgoyne, & Schoen, 2004). 나이 든 청소년은 자신이 무력감과 좌절감을 느끼더라도 주변의 사회적 기대로 인해 자신이 더 어른처럼 행동해야 한다고 생각하기도 하며, 그 결과 자신의 감정을 억압한다(Fiorini & Mullen, 2014; Glass, 1991).

3) 상실에 대한 행동적 반응

슬픔에 대한 행동적 반응 또한 인지적·정서적 반응과 마찬가지로 청소년에 따라 다양하게 나타난다. 상실을 경험한 청소년들은 슬픔을 직접적으로 표현하기보다는 간접적인 방식으로 표현하는 경우가 많다. 슬픔을 불분명한 메시지로 전달하는 청소년의 특성으로 인해, 청소년들이 경험한 상실의 영향력 정도에 대해 주변 사람들이 인지하는 것은 쉽지 않다.

청소년들은 상실을 겪은 후 화가 난 감정을 다양한 공격적인 행동이나 언어로 드러내기도 한다. Glass(1991)에 의하면, 이들의 분노 표현은 청소년들이 무력하게 경험할 수밖에 없었던 상실 경험에 대하여 일종의 통제감을 경험할 수 있는 측면이 있다고 설명한다.

청소년은 평상시와는 다르게 주변 사람과 싸우거나 과흥분하고, 울거나 짜증내는 등 불안정한 행동을 나타낼 수 있다. 친구나 애완동물 등의 친밀했던 대상들과 거리를 두거나 공격적인 행동을 드러내기도 한다. 이들은 철수(withdrawal)나 부인(denial) 행동을 나타내기도 하며, 상실한 대상이나 사람과 계속하여 상상적 관계를 유지하는 행동을 보일 수도 있다.

상실을 경험한 청소년은 두통이나 메스꺼움, 복통과 같은 신체적 통증을 호소할 수 있으며, 식욕부진이나 과식 등 섭식의 어려움을 호소하는 경우도 있다.

어떤 청소년들은 상실에 대한 세부적인 사항들을 주변 사람들에게 계속해서 질문하는 데에 에너지를 소비하기도 하는데, 이는 상실로 인한 불안감이나 두려움이 충분히 다뤄지지 않은 이유이기도 하다.

한편, 어떤 청소년들은 상실로 인한 슬픔을 드러내지 않는 방식으로 내면화한다. 청소년들은 우울한 감정을 느끼지만 증상을 겉으로 드러내지 않거나, 스스로 그러한 어려움을 자각조차도 하지 못하게 된다.

4 슬픔과 상실을 경험한 청소년을 위한 상담 및 개입

1) 상담적 개입

청소년들이 보여 주는 슬픔의 과정은 성인보다는 아동들이 경험하는 애도의 과정과 더 비슷하게 드러난다. 따라서 아동의 애도 과정에 따른 상담적 개입이 이루어지면 좋을 것이다. Fox(1985)는 아동이 상실에 대해 애도할 때 작업해야 하는 네 가지 과제에 대해 설명하였는데, 이는 '이해하기' '슬퍼하기' '기념하기' '다음으로 넘어가기'이다. 상담자가 청소년의 상실을 다루는 데 아동의 애도 단계에 근거하여 청소년의 상실 경험을 이해하고 다루면 좋을 것이다.

'이해하기' 단계에서, 상실을 경험한 청소년들은 상실이 어떠한 이유로 발생했으며, 무엇이 상실을 야기했는지 등에 대해 이해하고자 한다. 청소년들은 사건에 대해 반복적으로 질문하거나 원인에 몰두하는 등 상실에 대해 답을 찾으려고 노력한다. 상실을 경험한 청소년들의 이러한 시도는 상실 경험을 다루어 나가는 과정 가운데 하나이므로, 상담자는 청소년과 함께 상실이 야기된 원인을 다각적으로 추측하면서 상실 경험과 관련된 이야기를 폭넓게 나누면 좋을 것이다.

'슬퍼하기' 단계에서, 상담자는 청소년들이 상실과 관련된 힘든 감정들을 충분히 경험할 수 있도록 해 주어야 한다. 청소년들이 자신의 다양한 경험을 자각하고 솔직하게 표현할 수 있는 기회를 가져 보는 것이 상실을 다루는 데 매우 중요하다. 상담자는 청소년이 안정감을 느끼면서 상실에 대해 충분히 이야기할 수 있도록 따뜻하고 지지적인 분위기를 제공해야 한다.

'기념하기' 단계에서, 상담자는 청소년이 상실한 대상에 대하여 의미 있는 방식으로 기억하고 그것을 기념할 수 있도록 도와야 할 것이다. 예를 들어, 청소년이 자신의 죽은 강아지를 떠올리면서 상담자와 함께 강아지 사진과 추억을 기록한 작품을 만들었다면, 이것이 강아지를 기념하는 작업이 될 수 있을 것이다.

상실을 애도하는 마지막 작업인 '다음으로 넘어가기' 단계에서, 상담자는 청소년들이 일상을 다시 살아갈 수 있도록 돕는 것이 필요하다. 이 작업 동안에 청소년들은 상실한 대상과의 관계를 내적으로 유지하면서, 이전처럼 학교에 나가고, 공부하고, 친구들과 어울리면서 일상을 수행할 수 있게 된다.

한편, 정확한 의사 표현이 어려운 청소년들에게는 상담 과정에서 놀이치료를 활용하는 것도 유용하다(Webb, 1999). 또한 상실 경험이 청소년에게 어떤 영향을 미쳤는지를 파악하기 위해 관련된 심리검사를 활용할 수도 있다. 아울러 청소년들이 상담자와 1:1 상담으로 이야기 나누는 것을 꺼려 하는 경우에는 상실을 경험한 학생들과 소집단을 꾸려서 집단 상담의 형식으로 개입하는 것도 도움이 된다. 집단 상담을 통해 청소년들은 집단에 참여한 집단원들로부터 진심 어린 위로와 지지를 받게 되며, 자신의 슬픔이 전혀 이상한 것이 아니라 정상적이라는 것을 경험하게 된다(Beckel, 2006). 또한 집단 상담에서 청소년들은 감정을 정상화하고 슬픔에 대처하는 기술들을 배우면서 점차 슬픔에 적응할 수 있게 된다(Openshaw, 2011).

2) 학교 및 지역사회의 대처

상실을 경험한 청소년은 학교 장면에서 다양한 종류의 문제행동을 나타낼 수 있으며, 이러한 문제행동은 청소년에 대한 즉각적 개입이 필요하다는 것을 나타내 주는 신호가 된다.

학교에서는 상실에 대한 슬픔으로 인해 학교에 적응하지 못하는 학생은 물론, 앞으로 그럴 수 있을 청소년들을 위한 교육적 개입이 이루어질 수 있다. 이러한 개입은 크게 예방에 목적을 두는 사전개입을 비롯하여, 상실을 경험한 이후 개입이 이루어지는 사후개입을 들 수 있다. 예방적 개입으로는 학급단위 또는 학교단위로 이루어지는 상실에 대한 교육이 이에 해당된다. 예를 들어, 상실에 대한 교육으로서 '죽음에 대한 교육'은 위기 상황이 아닌 평상시에 학생들에게 논의되는 것이 훨씬 더 효과적이라고 알려져 있다(Edgar & Howard-Hamilton, 1994). 죽음교육이 죽음에 대한 두려움을 줄이는 데에 도움이 되기 때문에, 이러한 교육이 학교나 학급 차원에서 실시된다면, 많은 청소년들이 죽음에 대해 이해하고 생각해 볼 수 있게 되며, 더 나아가 학생들이 죽음과 관련된 자신의 슬픔이나 불안감에 대해 더욱 자연스럽게 표현할 수 있는 기회를 제공받을 수 있다.

학교에서 개입할 수 있는 사후개입으로서, 교사는 상실을 경험한 청소년과 교실 내 남아 있는 학생들을 대상으로 하여 상실에 대한 교육을 실시할 수 있다. 예를 들어, 한 학급의 청소년 아버지가 돌아가셨을 때, 교사는 청소년과 연락하여 추후 청소년이 교실에 돌아왔을 때 다른 친구들이 자신에게 어떻게 대해 주기를 바라는지에 대해 의논하는 것이 필요하다. 청소년의 어머니에게도 연락하여 교실 내 친구들에게 청소년의 아버지와 관련하여 가족에 대한 설명을 어느 정도 해 주기를 원하는지에 대해 의논하는 것이 좋다. 또한 자녀의 학급 친구들에게 전달하는 것에 대해서도 청소년과 청소년의 어머니에게 허락을 구해야 할 것이다. 그 다음에, 교사는 교실의 학생들이 아버지의 죽음을 경험한 청소년에게 어떻게 대해 주어야 하는지에 대해서 교육하고, 이에 대한 토론을 실시하면 좋을 것이다. Moore와 Herlihy(1993)에 따르면, 많은 청소년이 상실을 경험한 친구를 도와주고 싶어 하면서도 어떻게 대처해야 할지 모르는 경우가 많다고 설명하고 있다. 따라서 친구들이 상실을 경험한 친구를 위해 무엇을 어떻게 해야 할지에 대해 알려 주고 준비시키는 교육은 매우 중요하다.

체제 지원적인 관점에서 볼 때, 교사는 물론 행정직원을 포함하는 학교 구성원, 그리고 청소년의 부모를 대상으로 하여 상실을 경험한 청소년들을 이해하고 지지할 수 있도록 관련된 연수 및 교육 프로그램이 운영될 수 있으면 좋을 것이다(윤운영, 유금란, 2013). 또한 의료기관의 도움이나 상담이 필요한 청소년들에게 지역사회의 병원이나 상담센터, 사회복지기관 등 다양한 도움을 받을 수 있는 기관에 빠른 시간 내에 적절하게 연결해 주는 것도 중요하다.

생각해 볼 문제

1. 슬픔과 상실의 반응을 이해하는 데 있어 개인차를 고려하는 것의 중요성을 설명하시오.
2. 청소년의 슬픔과 상실에 대한 인지적·정서적·행동적 반응에 관해 설명하시오.
3. 슬픔과 상실을 경험한 청소년을 위해 상담자가 일대일로 개입할 수 있는 상담의 과정을 설명하시오.
4. 슬픔과 상실을 경험한 청소년을 위한 학교와 지역사회의 개입에 관해 설명하시오.

사례를 통한 개입 방안

다음의 청소년 내담자 사례를 읽고, 이 청소년 내담자에게 어떠한 개입이 이루어져야 할 것인지 생각해 봅시다.

"친한 친구가 큰 교통사고를 당해 학교에 나오지 못해요."

준호는 고1 인문계 고등학교에 다니는 남학생이다. 늘 최상위권 성적을 유지해 오던 준호는 2학기 중간고사 직전부터 복통을 호소하며 조퇴하는 일이 잦고, 점점 공부에 집중이 되지 않아 성적도 떨어졌다. 이를 본 담임이 준호에게 상담을 권유하여 상담을 시작하게 되었다.

준호는 어릴 때부터 매우 예민하고 환경 변화에 특히 민감한 성격으로, 교우관계도 매우 소극적이고 낯을 많이 가려서 친구가 거의 없다. 그러한 준호에게 초등학교 2학년 때부터 친하게 함께 지내는 유일한 친구인 민석이가 있었는데, 둘은 초등학교와 중학교를 함께 다녔고, 현재 고등학교에서는 같은 반이었다. 준호는 성격상 민석이와 많은 말을 나누진 않았지만, 그래도 준호는 자기보다 성격이나 사회성이 훨씬 나은 민석이와 함께 생활을 한 덕분에 학교생활이 나쁘지 않았고 민석이와 함께 지내는 것이 무척 편안했다.

그러던 어느 날, 민석이는 고1 여름 방학 직전에 밤에 학교에서 귀가 중에 너무도 큰 교통사고를 당했다. 의사는 민석이가 매우 위험한 상태에 놓여 있다고 말하였고, 앞으로도 몇 번의 수술을 더 진행하면서 상황을 지켜봐야 한다고 하였다. 민석이는 학교에 나오는 것이 현재로선 쉽지 않으며, 만일 위기 상황을 벗어난다 하더라도 최소 1년 정도는 학교에 나가지 못한 채 치료에만 집중해야 한다는 말을 부모님을 통해 전해 들었다.

준호는 민석이를 만날 수도 없는 현실이 믿기지 않고, 민석이가 걱정되는 마음이 너무 크지만 도무지 왜 이런 일이 일어난 것인지 하는 생각에 머릿속이 복잡하였다. 준호의 부모님 또한 민석이 부모님과 연락을 하면서 민석이의 상황을 걱정하며 전달받는 상황이다. 부모님은 민석이 사건 이후 준호가 마음을 도무지 못 잡고 학교생활을 하기 어려워하는 것을 지켜보며 크게 걱정을 하고 있다.

제10장

청소년의 자해 및 자살에 대한 상담

청소년들은 급격한 생리적·심리적·사회적 변화를 경험하며 자기 인식과 정체성을 찾아가는 과정에서 다양한 감정의 변화와 여러 가지 도전에 직면하게 된다. 이러한 변화는 종종 불안이나 스트레스, 우울과 같은 부정 정서를 유발하기도 하며 자해 및 자살과 같은 극단적이고 충동적인 행동에 대한 취약성을 증가시키기도 한다.

청소년기 자해 및 자살은 어느 한 가지 요인을 꼽을 수 없을 만큼 다양한 원인이 복합적으로 작용하기 때문에 다차원적으로 이해할 필요가 있다. 상담자는 청소년들의 개인심리적 요인뿐 아니라 청소년을 둘러싼 환경 속에서 이들이 자해 및 자살의 방법을 선택하게 되는 경로를 파악할 수 있어야 하며, 위기 상황에서는 청소년들의 안전을 위해 신속한 개입이 이루어질 수 있도록 사회적 안전망에 대한 지식을 갖추고 있어야 한다. 또한 상담 과정에서 자해 및 자살 위험 청소년들이 보내는 위험 신호를 감지하고, 이들이 자신의 감정을 건강하게 표현하고 조절할 수 있도록 돕는 역할을 할 수 있다. 상담자는 자해 및 자살 생각을 하는 청소년들의 심리적 어려움에 대한 이해와 공감을 바탕으로 청소년 내담자의 지지자원 역할을 해야 하는 반면에, 이들이 보이는 위험 행동에 있어서는 단호하고 즉각적인 개입을 해야 한다. 이를 위해 청소년 상담자에게는 청소년기 자해 및 자살에 대한 정확한 이해와 함께 위기 대응에 필요한 전문성을 갖추기 위한 노력이 필요하다.

이 장에서는 청소년 자해 및 자살의 특징을 청소년기 발달적 특징과 함께 살펴보고, 자해 및 자살 관련 요인을 개인적 요인과 환경적 요인으로 나누어 다각적으로 살펴볼 것이다. 또한 상담 장면에서 자해 및 자살 위기 청소년을 만났을 때 도움을 줄 수 있는 위기개입과 상담적 개입 방법, 비밀보장의 한계와 윤리적 지침에 대해 다뤄 볼 것이다.

1 청소년 자해 및 자살의 이해

1) 자해 및 자살의 정의

(1) 자살의 정의

자살은 스스로 목숨을 끊는 행위를 의미하며, 이는 자살 생각–자살 시도–자살 완결로 이어지는 연속적인 과정을 포함한다(Harwood & Jacoby, 2000). 이 중 자살 생각은 자살에 대한 소극적인 생각부터 자살 계획 및 시도에 이르는 적극적인 사고 과정까지를 모두 포함하는 것으로, 자살 위험성 평가에 있어 매우 중요한 부분을 담당하게 된다. 자살 생각이 반드시 자살 행동을 수반한다고 볼 수는 없지만, 자살 시도와 자살 행동의 중요한 지표가 될 수 있기에 자살에 대한 생각을 그냥 지나쳐서는 안 된다. 자살 시도는 자신을 스스로 해치려는 목적으로 특정 행동을 취하는 것을 의미한다. 이는 자살 생각이 실제 행동으로 나타난 단계로, 죽음에 이르는 것과는 무관하게 자신을 해치려는 시도를 의미한다. 이러한 시도의 결과가 죽음으로 나타날 때 자살 완결로 이어지게 된다.

(2) 자해의 정의

청소년 자살 행동은 자살 의도의 유무에 따라 자해 행동과 구분될 수 있다. 자해는 순간적이고 격렬한 감정에 대한 긴장을 완화시키기 위한 목적으로 자신의 신체에 의도적이고 반복적으로 해를 입히는 행동을 의미한다. 이러한 행동은 종종 정신적 고통 또는 감정적 스트레스에 대한 대체 수단으로 사용될 수 있다. 자해의 특징은 다양하며, 흔히는 손목이나 팔, 다리에 칼이나 날카로운 물체로 상처를 내는 등의 행동으로 나타날 수 있다. 자해 행동은 죽음을 목적으로 행하는 자살 시도와 죽으려는 의도가 없는 비자살적 자해로 구분된다. 비자살적 자해는 흔히 스트레스 상황에서 느껴지는 정서적 불편감을 회피하거나 감소시키기 위해 사용되는데, 비자살적 자해를 빈번히 시도하는 청소년들은 신체에 상처를 내는 과정에서 통증을 느끼면서도 이내 정서적 안정을 되찾으며 자해를 반복하게 된다. 때로는 자해 행동으로 인해 이차적 이득을 얻으며 행동이 강화되기도 한다. 이처럼 청소년들은 죽음을 목적으로 하기보다 부정적 정서의 해소나 사회적 강화를 받기 위한 목적으로 반복적인 자해를 하기도 하는데, 죽을 의도가 없더라도 빈번한 자해 행동은 자살 위험성을 증가시키는 위험요인이 될 수 있기 때문에 주의가 필요하다. 따라서 상담자는 자해 및 자살 위험성이 있는 청소년들에 대한 효과적인 위기개입을 위해 청소년기 자해 행동의 특성을 깊이 있게 이해하고 있어야 한다.

2) 청소년기 자해 및 자살의 특징

(1) 충동성

청소년기의 자해 및 자살은 즉흥적이고 충동적인 경우가 많다. 청소년기는 발달 과정상에 많은 도전과 변화를 겪는 시기이기 때문에, 심리적으로 매우 불안정하고 스트레스 상황에 충동적으로 대처하는 경우가 많다. 또한 일상의 스트레스가 계속 쌓이거나 부정적인 생활사건들이 겹치게 되면, 시너지를 일으키며 폭발적으로 위험한 행동을 저지르기도 한다. 즉, 심리적으로 불안정한 상태에서는 부모님의 꾸중, 학업성적의 저하, 친구와의 갈등 등 일상에서 일어날 수 있는 일련의 사건들이 자살 생각이나 자해로 이어질 가능성이 커질 수 있는 것이다. 실제로 청소년 5명 중 1명은 의도나 계획 없이 순간적으로 자살을 생각하며, 실제 자살을 시도한 청소년들 중 1/4은 대개 첫 시도 후 6개월 이내에 자살을 재시도하고 (Shaffer, Garland, Gould, Fisher, & Trautman, 1988), 청소년 자살 시도자들 중 10%

가 3개월 내에 다시 자살을 시도하거나(Spirito, Bond, Kurkjian, Devost, Bosworth, & Brown, 1993), 자살 시도 경험과 관련하여 이전에 자살을 시도한 적이 있는 경우 자살로 사망할 가능성이 현저히 높다(Hawton & Catalan, 1981; Hawton & Fagg, 1988). 이처럼 자살을 생각하는 청소년들은 오랜 기간 생각하지 않고 자살을 시도하는 경우가 많은데, 비자살적 자해의 경우에는 연령대별로 약간의 차이를 보인다. 비자살적 자해는 처음 자해를 시작하는 연령이 낮은 경우 충동적으로 자해를 시도할 가능성이 크지만, 연령이 높을수록 자해 행동에 대해 몰두하는 시간이 비교적 길어지며 극단적인 방법을 사용할 가능성이 커지게 된다(권혁진, 권석만, 2017). 이와 같은 청소년기의 충동적인 특성은 자해 및 자살을 생각하는 청소년들에 대한 모니터링이 신속하고 적극적으로 이루어져야 함을 시사한다.

(2) 정서 표현

청소년기 자해 및 자살은 종종 청소년기 우울증과도 연관된다. 청소년기 우울은 성인기 우울과는 다르게 비행과 같은 행동적 문제로 나타나는 경우가 많은데, 평소 우울증의 징후를 보이지 않고 잘 지내는 것처럼 보이다가도 부정적인 정서들이 갑작스럽게 외현화되기도 한다. 청소년들은 자신의 괴로움을 극단적으로 표현하려는 의도로 자신을 해하는 방법을 선택하기도 하는데, 부정적인 감정을 잘 해소하지 못하는 청소년일수록 자신을 향해 파괴적인 행동을 할 가능성이 높다. 특히 실제 죽으려는 의도보다 스스로 통제감을 느끼며 자신의 존재감을 확인하거나 정서적 괴로움을 표현하려는 의도로 행해지는 비자살적 자해 행동은 청소년들에게 양가적인 감정을 불러일으키기도 한다. 자해 행동을 통해서라도 해소하고 싶은 심리적 고통을 누군가 알아주기를 간절히 바라면서도, 한편으로는 들키고 싶지 않은 마음을 경험하며 매우 혼란스럽기 때문이다. 이처럼 자해 행동을 통한 해소감과 정서적 회피는 일시적이기 때문에, 그 이후 다가오는 자괴감과 자기혐오감을 견디지 못하면 불편한 정서를 해소하기 위해 또다시 자해 행동을 반복하게 되는 악순환이 이어지게 된다.

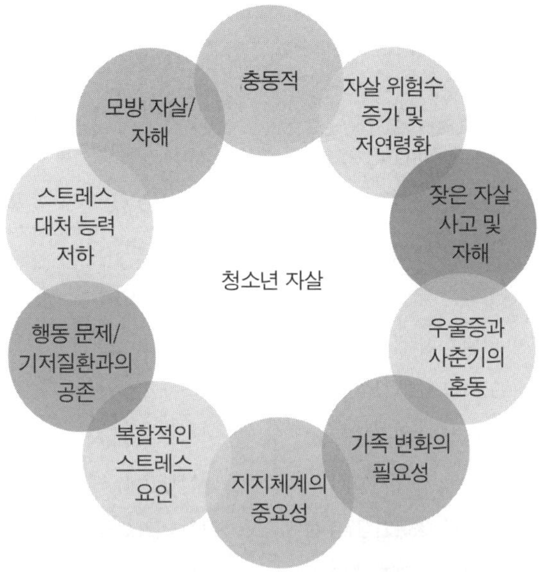

그림 10-1 청소년 자살의 특징

출처: 서고운(2021).

2 청소년 자해 및 자살 실태

2023년 통계청이 발표한 자료에 따르면, 2011년부터 2021년까지 고의적 자해(자살)가 청소년 사망원인의 1위를 지속적으로 차지하였고, 고의적 자해(자살)로 인한 사망률은 2020년(11.1명)보다 2021년(11.7명)에 더욱 증가하였다. 이러한 결과는 사고나 질병으로 사망하는 청소년보다 스스로 생을 마감하는 청소년이 매년 증가하며 수년째 청소년의 가장 큰 사망원인이 되고 있음을 보여 준다.

표 10-1 청소년 사망원인 통계

단위: 명/청소년 인구 10만 명

연도	사망자 수 (명)	사망원인(사망률)[1]		
		1위	2위	3위
2010	2,937	안전사고(8.9)	고의적 자해(자살)(8.8)	악성신생물(암)(3.3)
2011	2,765	고의적 자해(자살)(8.9)	안전사고(7.8)	악성신생물(암)(3.3)
2012	2,528	고의적 자해(자살)(8.0)	안전사고(7.1)	악성신생물(암)(3.4)
2013	2,345	고의적 자해(자살)(7.8)	안전사고(6.4)	악성신생물(암)(3.1)
2014	2,273	고의적 자해(자살)(7.4)	안전사고(6.9)	악성신생물(암)(2.9)
2015	2,093	고의적 자해(자살)(7.2)	안전사고(5.7)	악성신생물(암)(2.9)
2016	2,077	고의적 자해(자살)(7.8)	안전사고(5.5)	악성신생물(암)(3.1)
2017	1,943	고의적 자해(자살)(7.7)	안전사고(4.9)	악성신생물(암)(2.7)
2018	2,017	고의적 자해(자살)(9.1)	안전사고(4.6)	악성신생물(암)(2.9)
2019	1,953	고의적 자해(자살)(9.9)	안전사고(4.1)	악성신생물(암)(2.6)
2020	1,909	고의적 자해(자살)(11.1)	안전사고(3.7)	악성신생물(암)(2.4)
2021	1,933	고의적 자해(자살)(11.7)	안전사고(3.7)	악성신생물(암)(2.7)

주: 1) 괄호 안의 수치는 사망률이고, 사망률=(사망자 수/당해 연도 9~24세 연앙인구)×10만 명
출처: 통계청 통계개발원(2022. 12.).「인구동향조사」및「사망원인통계」, 9~24세 대상.

또 다른 관련 지표로 통계청이 발표한「2022년 아동·청소년 삶의 질 보고서」에서는 2021년 기준 0~17세 아동·청소년 자살률이 국내 인구 10만 명당 2.7명에 달하는 결과가 나타났다. 2015년 이후 지속적으로 청소년 자살률이 증가하고 있는 추세이며, 연령별로는 15~17세 자살률이 10만 명당 9.5명, 12~14세 자살률이 10만 명당 5.0명으로 나타났다. 특히 12~14세의 경우에는 2016년도부터 큰 폭으로 가파르게 증가하고 있음을 알 수 있다.

표 10-2 청소년 자살률(2013~2021년)

단위: 명/10만 명

연도	0~17세	12~14세	15~17세
2013	1.8	1.6	6.9
2014	1.5	1.7	5.3
2015	1.4	1.7	5.1
2016	1.5	1.3	6.0
2017	1.6	2.2	5.8
2018	2.1	3.1	7.5
2019	2.1	2.8	8.3
2020	2.5	3.2	9.9
2021	2.7	5.0	9.5

주: 0~17세 사망자 중 자살로 인한 사망자 수를 해당 연령 인구 10만 명당으로 계산한 수치
출처: 통계청 통계개발원(2022. 12.).

청소년들의 고의적 자해(자살)는 자살에 대한 생각으로부터 이어지게 된다. 최근 1년간 심각하게 자살을 생각한 적이 있는 청소년들의 자살 생각률을 조사한 '청소년 건강행태조사'에서는 2021년(12.7%)에 비해 2022년(14.3%)에 1.6%가 증가하였고, 성별로는 여학생(17.9%)이 남학생(10.9%)보다 높게 나타났다. 또한 중학생의 증가 폭(2.0%)이 고등학생(1.1%)보다 컸으며 여학생의 증가 폭(1.8%)이 남학생(1.4%)보다 두드러지는 특징을 보였다.

표 10-3 청소년들의 자살 생각률

단위: %

연도	자살 생각률	남자	여자	중학생	고등학생
2018	13.3	9.6	17.4	13.8	12.9
2019	13.1	9.4	17.1	14.1	12.2
2020	10.9	8.1	13.9	10.2	11.5
2021	12.7	9.5	16.1	13.4	12.0
2022	14.3	10.9	17.9	15.4	13.1

출처: 교육부, 질병관리청(2023).

자살 시도는 자살에 대한 생각을 실제 행동으로 옮겼다는 점에서 사망으로 이어질 가능성이 더 높다고 볼 수 있다. 2022년 청소년 자살 시도율을 살펴보면, 자살 생각과 마찬가지로 여학생(3.4%)이 남학생(2.0%)보다, 중학생(3.0%)이 고등학생(2.3%)보다 높게 나타났다. 이러한 결과는 여학생과 중학생 그룹에서 자살 생각을 실제 행동으로 옮기는 비율이 더 높다는 것을 시사한다고 볼 수 있다. 국내 청소년들의 자살률과 자살 생각률이 증가하는 현상은 매우 심각한 사회적 문제로 여겨지고 있기 때문에, 이에 대한 대응으로 청소년의 정신건강에 대한 보다 적극적인 관리와 지원이 필요하다. 이러한 노력은 사회적 문제로 여겨지는 청소년 자살률과 자살 생각률의 증가를 막고, 청소년의 건강한 성장을 촉진하는 데 도움이 될 것이다.

표 10-4 2022년 청소년 자살 시도율

구분	전체	학년별						학교급별	
		중1	중2	중3	고1	고2	고3	중학교	고등학교
전체	2.6	3.1	2.9	3.0	2.0	2.4	2.4	3.0	2.3
남학생	2.0	2.3	2.0	2.1	1.4	2.0	1.9	2.2	1.8
여학생	3.4	3.9	3.9	3.9	2.6	2.7	3.0	3.9	2.8

출처: 교육부, 질병관리청(2023).

3 청소년 자해 및 자살 관련 요인

1) 자살의 개인적 요인

불안정한 가족 내에서의 역할 혼란과 가족 간 건강하지 못한 의사소통, 또래관계에서의 어려움과 따돌림으로 인한 외로움, 사회적 고립감, 학업과 진로에 대한 과도한 압박감 등은 개인의 심리 상태와 연관되어 청소년들의 자살 위험성을 증가시키는 요인이 될 수 있다. 특히 이러한 스트레스 상황에서 정서 조절의 어려움을 겪거나 주변에 지지체계가 부족한 경우 자해 및 자살 위험에 더욱 취약해질 수 있다. 그러므로 청소년들에게 영향을 미치는 다양한 개인적·사회적 요인들을 다각도로 살펴보는 것이 매우 중요하다고 볼 수 있다. 이러한 요인들에 대해 적극적으로 대처하고, 적절한 지원을 제공하는 것은 청소년의 건강과 안전을 보호하는 데에 중요한 역할을 하게 된다.

청소년기 자살의 개인적 요인을 살펴보면, 우울과 불안 같은 정신건강 문제가 크게 작용한다는 것을 알 수 있다. 특히 우울과 무기력감은 자살 생각과 자살 시도를 강력하게 예측하는데, 우울증이 있는 경우 그렇지 않은 사람의 4~5배로 자살 생각을 많이 하게 되는 것으로 알려져 있다. 더불어 생활상의 스트레스가 더해지면 그 위험도는 더욱 상승하게 된다. 따라서 자살 시도 경험자의 우울증을 초기에 발견해서 적극적으로 치료하면 자살을 재시도하는 비율을 80%나 줄일 수 있다. 이러한 이유로 청소년들의 정신건강 문제에 대한 인식과 적극적인 대처가 매우 중요하다고 볼 수 있다.

Freud(1917)는 외부로 향했던 사랑이 공격성으로 변하여 자기 자신에게로 향하는 것을 자살로 해석하며 이에 대한 여러 가지 환상을 정의하였다. 첫 번째는 복수 환상으로, 자살 생각을 하는 사람이 자기 파괴적인 행동을 함으로써 주변 사람들에게 상처를 입히고, 그로 인해 타인이 자신에게 미안해하는 감정을 느끼게 만들어 보상을 받으려 한다는 것이다. 두 번째는 징벌 환상으로, 실수나 실패에 대한 지나친 자책과 자기 비난을 일삼으며 결국에는 자신이 살아 있을 가치가 없다고 여겨 목숨을 끊는 것을 자살 행동이라 이야기하였다. 이 외에도 사랑하는 사람이 죽고 나서 더 이상 살아갈 이유를 찾지 못하여 사후 세계에서 그들과의 재결합을 시도하는 경향과, 주변인 또는 유명인의 자살로부터 영향을 받는 '베르테르 효과' 등이 자살의 복합적인 요인으로 작용할 수 있다. '베르테르 효과'는 소설 『젊은 베르테르의 슬픔』의 주인공이 권총 자살을 한 것에 영향을 받아 유럽 젊은이들 사이에 권총 자살이 늘어난 사실에서 비롯된 용어이다. 이처럼 자살은 전염성을 지니고 있기 때문에 유명한 사람들의 자살은 청소년들에게도 큰 영향을 미친다. 특히 가족이나 친지, 지인이 자살한 경우에는 더욱 큰 영향을 받아 자살을 선택하기가 쉬워진다. 따라서 자살 위험성이 높은 청소년들에게는 이들이 자신과 타인, 주변 세계를 어떻게 인식하고 있는지와 함께 자살에 대해 영향을 받을 수 있는 요소들에 대한 구체적인 탐색이 필요하다.

2) 자살의 환경적 요인

가정환경에서의 스트레스는 청소년기 자살 위험에 영향을 미치는 중요한 요인 중 하나이다. 특히 부모-자녀 간의 갈등이나 불화는 청소년들의 자살 행동 촉발 요인으로 크게 작용할 수 있다. 가족의 갈등이 청소년들의 자해 및 자살로 직접적으로 이어진다고 보기는 어렵지만, 스트레스에 취약한 청소년들의 심리적 문제를 악화시키며 자살 행동 가능성을 높일 수 있기 때문이다. 또한 청소년기 부모의 정신장애나 신체적·정서적·성적 학대는 자녀의 자살 위험을 증가시킬 수 있으며, 이와 반대로 부모의 정서적 지지와 공감, 이해는 자살 위기에 있는 청소

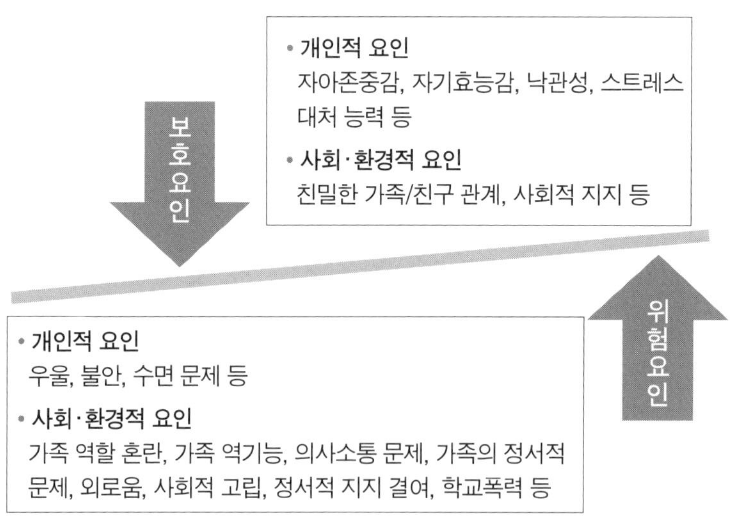

그림 10-2 청소년 자살의 위험요인과 보호요인

출처: 서고운(2021).

년들의 보호요인으로 작용될 수 있다. 따라서 청소년들의 가정환경 및 부모와의 상호작용을 파악하며 가정 내에서 청소년들이 어떤 심리적 영향을 받고 있는지를 구체적으로 살펴보는 것이 중요하다. 또한 가족과의 긍정적인 상호작용을 촉진시키거나 가족 내 지지자원을 활용하는 것은 청소년의 자살 위기를 예방하고 대처하는 데 도움이 될 수 있다.

한편, 가정환경 내 스트레스 외에도 학교폭력이나 괴롭힘, 사회적 고립 등 또래관계의 문제나 과도한 학업 부담, 학업적 실패는 청소년들의 자살 위험을 증가시키는 위험요인으로 여겨진다. 부모-자녀 관계와 마찬가지로, 친밀하고 지지적인 또래관계 형성은 청소년들의 자살 위험을 감소시키는 보호요인이 될 수 있다.

3) 비자살적 자해의 원인

비자살적 자해의 원인은 다양하며 자살과는 구분하여 살펴봐야 한다. 자해 행동을 하는 이유에는 환경적 요인보다 우울이나 분노, 죄책감, 수치심과 같은 개인 내적 요인이 더 크게 작용한다.

자해 행동을 스트레스 관리 방법으로 보는 관점에서는 자해 행동을 한 이후에 일시적으로 부정 정서가 완화된다고 설명한다. 또한 자해 행동을 자기처벌 및 자기혐오적 감정 표현으로 보는 관점에서는, 자신에게 상처 또는 자극을 주는 자해 행위를 통해 자기 통제감을 느끼며 자기 존재를 확인한다고 설명한다. 이처럼 자해 행동은 자신의 감정을 차단하거나 완화하기 위한 방법으로 나타날 수 있는데, 자해 행동 후에 일시적으로 찾아오는 기분 좋음은 학습효과를 가지며 비자살적 자해를 지속시키는 원인이 되기도 한다. 따라서 상담자는 청소년들이 행하는 비자살적 자해가 이들의 어떤 감정을 차단하거나 완화하고 싶어서 나타나는 것인지, 어떤 심리적 과정이 이들에게 자기 처벌을 요구하는지를 탐색해 보아야 한다. 특히 부정적인 감정에 압도되어 적절한 대처 전략을 찾지 못하는 청소년들은 자해를 통해 즉각적인 효과를 얻고 싶어 하기 때문에, 상담자는 청소년이 자해하는 이유를 탐색하고 그들이 어떤 감정을 경험하고 있는지를 이해하여 적절한 지원과 대처 전략을 제공해야 한다.

정체감이 부족한 청소년들은 종종 자신이 존재하고 있다는 감각을 느끼기 위해 자해 행동을 선택할 수 있다. 이들은 자해를 통해 무감각한 상태에서 깨어나고 실감을 느끼는 경험을 하게 되는데, 자해로 인한 상처로부터 피를 보는 것은 그들에게 자신이 실재하고 있는 것을 느끼게 해 줄 수 있다. 이 때문에 이들은 자신의 정체성을 확인하고 존재를 인식하는 방법 중 하나로 자해를 선택하기도 한다. 또한 자신이 처한 상황에서 아무것도 할 수 없다고 느끼며 무기력해하는 청소년들은 신체를 통해 통제감을 회복하려는 경향이 있다. 이들은 고통을 느끼면서 자신이 살아 있음을 체감하고 일시적으로 안도감을 느낄 수 있다. 마지막으로, 비자살적 자해를 행하는 청소년들은 자해 행동을 하나의 비언어적 의사소통 수단으로 여기기도 한다. 자신의 감정을 적절하게 표현하는 방법을 모르는 청소년들은 자해를 통해 자신의 부정적인 감정이나 고통을 외부로 표현하기도 하며, 때로는 타인의 관심을 끌기 위한 목적으로 자해 행동을 선택하기도 한다. 이렇게 자해를 선택하는 청소년들은 자신의 내면 고통을 해소하거나 표현하기 위해 자해를 선택할 수도 있기 때문에, 이들에게 필요한 상담이나 치료를 제공하여 내면의 고통을 해소하거나 건강한 방식으로 자신을 표현할 수 있도록 도와주는 것이 중요하다.

4 자해 및 자살 위기 청소년을 위한 상담 및 개입

1) 자해 및 자살에 대한 대처와 위기개입

자해 및 자살 청소년을 위한 위기개입에는 먼저 위험성 수준의 평가가 선행되어야 한다. 위험성 수준의 평가는 자해 및 자살과 관련된 질문을 하는 직접 평가와 척도 및 질문지를 사용하는 간접 평가로 구분될 수 있다. 위기개입 상담자는 상황에 따라 두 가지 평가 방법을 적절히 활용할 수 있어야 하며, 긴박한 위기 상황에서는 최대한 결정적 질문을 사용하여 신속한 평가와 적절한 조치가 이루어질 수 있도록 해야 한다.

(1) 자살에 대한 위기개입

청소년 자살은 청소년들의 도움과 지지에 대한 호소가 무시된 이후에 발생하는 것으로 알려져 있다. 그만큼 청소년들은 각자의 방식으로 주변인들에게 위험 신호를 보내고 있다는 것으로 해석될 수 있기 때문에 위기 청소년들에 대한 관심과 이해가 더욱 중요하다고 볼 수 있다. 자살 위험 신호는 언어적 표현 외에도 지나친 피로, 우울감, 무기력증, 짜증 등으로 나타날 수 있는데, 이러한 위험성이 심각하다고 판단되면 즉시 상담 관련 전문가 또는 정신건강의학과 등으로 상담을 받도록 안내해 주어야 한다. 또한 상담자는 자살 위험성이 있는 청소년 내담자에게 자살방지 서약서, 위험한 행동 금지 서약서 등 자살 시도를 하지 않겠다는 약속을 받고, 긴급한 상황에서 연락을 취할 수 있는 보호자의 명단과 연락처를 받아 놓음으로써 위기 상황에 적절히 대처할 수 있도록 해야 한다. 이때 상담자는 청소년 내담자가 자살에 대한 생각이나 충동이 심할 경우, 24시간 긴급하게 연락할 수 있는 비상 연락망과 함께 청소년들에게 도움이 될 수 있는 관련 기관 연락처를 상세히 안내해 주어야 한다. 이러한 절차는 청소년들에게 자신을 도와줄 수 있는 자원이 있음을 인식시켜 주어 자살을 예방하는 데 도움이 될 수 있다.

〈표 10-5〉는 자살 생각을 하는 청소년 내담자를 만났을 때 확인할 수 있는 언어, 행동, 정서의 변화와 도움 주기 방법에 대한 설명이다. 상담자는 차분하고 안정감 있는 말투와 표정으로 내담자의 자살 생각에 대한 질문을 이어 가되, 내담자가 답변을 피하지 않도록 직접적인 표현을 사용하는 것이 좋다. 또한 섣부른 조언과 충고보다는 공감과 지지, 경청을 통해 내담자가 자살에 대한 진솔한 생각을 상담 장면에서 꺼낼 수 있도록 해야 하며, 이야기를 마친 후 내담자가 느낄 수 있는 불안이나 걱정, 수치심과 같은 감정에 대해서도 함께 다루어야 한다.

표 10-5 자살 신호 확인 및 도움 주기

<table>
<tr><td rowspan="3">자살 신호 확인하기</td><td>언어의 변화</td><td>• 죽음에 대한 이야기를 자주 함
• 자살에 대한 암시 계획을 언급함
• 자기비하적인 말을 함(SNS상에서의 언어의 변화)</td></tr>
<tr><td>행동의 변화</td><td>• 약을 모으는 등 자살 수단을 마련함
• 중요한 것을 남에게 주는 등 주변 정리를 함
• 식사나 수면에 큰 변화가 있음
• 혼자 있으려 하고 대화를 회피함</td></tr>
<tr><td>정서의 변화</td><td>• 사람들과 어울리는 것을 피함(대인기피)
• 기존에 관심이 있던 것에 흥미를 느끼지 못함
• '우울하다' 또는 '나 때문이다'와 같이 우울함과 죄책감을 표현함</td></tr>
<tr><td rowspan="3">도움 주기</td><td>물어보기</td><td>• "죽고 싶다는 생각을 하고 있어?"와 같이 '자살 생각'이라는 단어를 부정적으로 표현하지 말고 '자살 생각' 그 자체에 관해 질문하기
• "자살을 생각하고 있나요?"와 같이 직접적인 표현을 사용하기
• "자살을 생각하게 된 이유가 뭔가요?"
• "언제부터 자살에 대해 생각하고 있었나요?"
※ '자살'이라는 단어를 직접 언급하는 경우, 자살 위험성을 낮추고 대화의 내용이 명확해질 수 있음</td></tr>
<tr><td>들어 주기</td><td>※ 듣기의 규칙
- 들을 수 있는 상황을 만들기(조용하고 안전한 장소, 충분한 시간을 확보하기)
- 옳고 그름을 판단하지 않기(상대방의 생각이나 느낌을 비난하지 않고 끝까지 경청하기)
- 공감적 듣기(공감과 따뜻한 마음을 언어로 전달하기)</td></tr>
<tr><td>연결하기</td><td>• 도움을 받을 수 있는 사람(전문가 혹은 전문기관)을 소개하기
※ 자살예방상담전화 ☎ 1393
※ 정신건강상담전화 ☎ 1577-0199
※ 생명의 전화 ☎ 1588-9191
※ 사후대응 헬프라인 ☎ 1899-4567
※ 자살위기상담 ☎ 129
※ 시·군·구 정신건강복지센터 또는 자살예방센터
• 혼자 있지 않도록 하기
• 술을 권하지 않기</td></tr>
</table>

출처: 한국생명존중희망재단(2021).

표 10-6 자살 위험 징후들

성격 변화	• 눈에 띌 정도로 슬픔, 비사교적, 화를 잘 냄
우울	• 극도의 불행과 무기력함
죽음에 관하여 이야기함	• 죽음에 몰두하고, 죽음 후를 생각함
자살에 대한 직접적 또는 간접적 암시들	• 자신의 삶이 무가치하다고 말하거나 내가 없는 삶이 더 나을 거라고 말함
분위기나 행동의 이유 없는 변화	• 삶에 관한 감각이 극도로 부정적이고, 한때 즐기던 취미 생활에 더 이상 흥미가 없어짐
수면, 식사, 습관의 변화	• 잠을 지나치게 많이 자거나 잠이 없어짐 • 식사를 더 많이 하거나 적게 함
용모의 변화	• 머리나 옷차림에 신경을 쓰지 않아 꾀죄죄함 • 체중이 급격히 불거나 감소함 • 표정 변화가 없고, 생기가 없이 어두움
후퇴와 단절	• 가족과 친구를 피하고, 의사소통을 단절함
절망감	• 현재나 미래에 희망이 없음
약물 증가	• 약이나 알코올을 지나치게 복용함
화, 공격적 행동	• 성격이 급해지거나 쉽게 화를 냄
소유물 정리	• 특별히 아끼던 것들을 남에게 줘 버림

출처: 이윤주(2008).

(2) 자해에 대한 위기개입

자해의 위험성 평가에 있어서는 먼저 충분한 내담자 정보와 자료 수집이 필요하다. 상담자는 자해의 빈도와 강도, 자해 방법과 사용 도구, 도구에 대한 접근성, 자해 장소와 시간, 자해 충동 후 자해 행동 시행까지의 간격, 과거력, 최초 자해를 시도한 시기와 마지막으로 시도한 시기, 상처 부위, 가장 심각했던 삽화 등을 구체적으로 탐색해 보아야 하며, 이 과정에서 자해 행동의 원인과 의도를 파악할 수 있어야 한다. 특히 자해의 요인을 맥락적으로 살펴보며 현재 내담자가 정서적·환경적·인지적·생물학적 요인 중 어떤 부분에 취약한지, 자해 행동을 통해 어떤 이득을 얻고 있는지를 살펴보아야 한다. 간혹 자살 의도가 없이 자해 행동을 시작하더라도 자해 행동을 지속하면서 자살 생각을 하게 되는 경우도 있기 때문에 상담자는 비자살적 자해와 자살 생각의 관계를 탐색하는 것이 중요하다.

이 밖에 위기 청소년 내담자들의 위험요인과 보호요인을 상담자가 파악하고 이해하는 것은 위기개입에 있어 매우 중요하다. 불안정한 양육환경 또는 부모님의 이혼·사망과 같은 상실 경험, 아동학대 및 방임, 부모의 정신질환 등은 청소년기 자해의 큰 위험요인이 될 수 있으며, 학교 내 따돌림이나 학업 스트레스, 또래 지지체계 부족도 청소년기 자해의 위험요인으로 작용할 수 있다. 특히 최근에는 소셜 네트워크 서비스(SNS)에서 유행처럼 번지는 청소년 자해 관련 콘텐츠의 증가가 사회적 문제로 나타나고 있다. SNS에서는 자해 방법이나 자해 후기, 심지어 자해를 유도하는 내용을 공유하는 계정을 쉽게 접할 수 있다. 청소년들은 이러한 콘텐츠를 활용하여 자신의 자해 행동을 외부에 드러내기도 하고, 일부는 이를 가벼운 취미나 놀이로 인식하기도 한다. 이러한 현상은 청소년들에게 자해 행동에 대한 왜곡된 인식을 심어 줄 수 있을 뿐 아니라 자해 시도의 접근성을 높이는 등의 심각한 문제를 초래할 수 있다. SNS는 청소년들에게 사회적 연결성을 제공하며 정보를 공유하고 소통하는 중요한 수단이지만, 부적절한 콘텐츠나 영향력에 노출되는 위험성도 함께 내포하고 있다. 그러므로 자해와 관련된 콘텐츠를 접하고 있는 청소년들은 자해 행동을 모방하거나 이에 영향을 받을 수 있으며, 이로 인해 자해나 자살 위험이 증가할 수 있다. 이를 예방하기 위해서는 SNS를 이용하는 청소년들에게는 올바른 정보와 건강한 영향력에 노출될 수 있도록 지도하고, SNS 이용을 지속적으로 모니터링하여 청소년들이 부적절한 콘텐츠에 노출되었을 때 적절한 대처 방법을 습득할 수 있도록 돕는 교육이 필요하다.

한편, 자해는 종종 호기심이나 실험적 욕구로 시작되기도 한다. 그러나 자해를 시작한 후에는 자해 행위의 강도가 점차 증가하고, 더 강한 자극을 원하게 되는 경향이 있다. 이는 자해 행동이 일종의 중독과 같은 형태를 띠며, 자극을 얻기 위해 점점 더 극단적인 행동을 취하게 될 수 있다는 것을 의미한다. 따라서 자해를 경험하고 있는 청소년이나 이를 알게 된 경우, 주변의 적극적인 도움과 지원이 매우 중요하다. 이들은 혼자서 문제를 해결하기 어려우며, 가족, 친구, 학교, 상담자 등의 지원을 받아 자해 행동을 멈출 수 있는 대안적인 해결책을 찾아 나갈 수 있기 때문이다. 또한 자해를 알게 된 경우 이를 무시하거나 미래에 더 악화될 수 있다고 생각하지 않는 것이 중요하다. 청소년과 적극적인 대화를 통해 이를 해결하기 위한 적절한 조치를 하고, 청소년이 자해를 통해 얻고자 하는 것이 무엇인지 이해하며 그들이 필요로 하는 지원과 도움을 제공하는 것이 중요하다.

청소년 자해 개입에 있어 위험요인에 대한 탐색과 함께 보호요인에 대한 탐색 또한 매우 중요하다. 이를 위해 상담자는 내담자의 강점과 자원을 파악하고 고통 속에서도 내담자가 견딜 수 있는 힘과 자해 행동을 대체할 수 있는 대처방법을 함께 찾아보아야 한다. 또한 내담자 주변에 내담자가 도움받을 수 있는 사람이나 자원을 확보하여 안전한 사회적 관계망 안에서 이를 적절히 활용할 수 있도록 도와야 한다. 내담자가 자신을 지지해 줄 친구나 가족, 교사, 상담자 또는 전문가 등과의 긍정적인 관계를 유지하고 이를 통해 지속적으로 도움을 받을 수 있도록 하는 것이 중요하기 때문이다. 이러한 과정을 통해 내담자는 자신을 돌보고 지지해 줄 수 있는 안전한 환경을 마련하게 되어, 자해를 중단하고 건강하고 긍정적인 삶을 살아갈 수 있게 된다.

2) 자해 및 자살에 대한 상담적 개입

상담자가 자해나 자살 위기에 처한 청소년을 만날 때, 안전에 대한 염려와 불안은 자연스러운 반응이다. 자해나 자살을 시도하려는 청소년에게 어떠한 대처 행동 없이 단순히 위험 행동을 중단하라고 요구하는 것만으로는 오히려 내담자의 심리적인 상태를 더욱 힘들게 만들 수 있다. 따라서 초기 개입 시에는 내담자와의 신뢰 관계를 형성하고, 안전하고 편안한 분위기를 조성하여, 내담자가 자신의 이야기를 솔직하게 나눌 수 있도록 돕는 것이 중요하다. 진심 어린 관심과 공감, 그리고 편견을 가지지 않는 수용적 태도는 내담자가 자신의 이야기를 스스럼없이 꺼낼 수 있도록 만들어 준다. 이때 상담자는 내담자가 하는 위험 행동을 이해하고 수용하는 것이 중요한데, 이는 내담자가 어떤 상황에서 그러한 행동을 선택하는지에 대해 이해하고 그들의 경험에 대해 공감할 수 있는 것을 의미한다. 이때 주의해야 할 점은, 내담자에 대한 관심과 공감이 내담자의 위험 행동 자체에 대한 공감보다 그러한 행동을 선택할 수밖에 없었던 이유에 대한 공감이라는 것이다.

대부분의 사람들이 자해 또는 자살 생각에 대해 이야기하는 것을 꺼리는데, 그 이유는 이러한 행동이 타인에게 이상하게 여겨지거나 부정적으로 평가될까 봐 불안하기 때문이다. 자해 및 자살 생각이 위험한 것은 분명하지만, 그들이 그 고통으로부터 어떤 형태의 해방이나 안락함을 느끼려는지에 대해 이해하는 것이 매우 중요하다고 볼 수 있다. 또한 그들이 더 이상 살아가는 것이 가치가 없다고 느껴질 정도로 깊은 고통을 겪고 있고, 죽는 게 나을 만큼 삶이 힘들다고 느껴지는 그 마음에 대한 이해가 선행되지 않는다면 자해 및 자살 위기 청소년들에 대한 적절한 개입은 어려울 수 있다. 따라서 자해 및 자살 생각을 하는 위기 청소년들의 안전을 확보한 후에는, 청소년들이 안전한 환경에서 자신의 고통을 숨김없이 이야기하고 나눌 수 있는 편안하고 지지적인 상담 분위기를 조성해 주는 것이 매우 중요하다. 이후 구체적인 탐색을 통해 현재 내담자의 위기 수준과 상황을 정확히 파악한 후에 적응적인 대처 행동을 배울 수 있는 적절한 대처 전략을 함께 개발하는 것이 중요하다. 이를 통해 그들이 새로운 대안을 찾고 자신의 문제를 극복하는 방법을 배울 수 있게 된다.

> "그냥 되게 이야기를 누군가한테 많이 하고 싶었던 것 같아요. 뭐 위로받거나 죽지 말라 이런 위로보다는…… 그냥 이야기하고 싶다."
>
> "상담 선생님한테는 그런 저의 이미지 없이 지금 느낀 것들을 와르르 다 털어놓을 수 있으니까…… 그래서 이야기를 할 준비보다는 그냥 좀 위태롭게 쌓여 있던 것들을 이렇게 한번에 쏟아 낸 듯한 그런 느낌이 많이 들었어요."
>
> "선생님이 아무 말 없이 가만히 들어 주시는 게 좋았고…… 눈을 안 맞춰도 되는 게 좋았고…… 그냥 상담실 편안한 분위기라든가…… 그리고 음…… 제가 계속 뭔가 이런 이미지를 안 만들어도 되는 것들이나…… 진짜 중요했던 거는 되게 어쨌든 절대적인 나를 지지해 주는 사람을 얻은 느낌이다? 이런 생각 많이 들어서……."

출처: 서미 외(2018).

다음으로, 위기개입 상담자는 비밀보장의 한계에 대해 정확하게 알고 있어야 한다. 상담자는 위기 상황에서 비밀을 어느 정도까지 보장해야 하는지에 대해 숙고해야 하며, 비밀보장의 한계에 따라 내담자의 위험 행동이 생명에 위협이 되거나 내담자의 안전을 해친다고 여겨질 경우 비밀보장을 깰 수 있는 윤리 지침을 따라야 한다. 그러나 자해 및 자살 위험 청소년은 자신의 상담 내용에 대한 비밀을 보장받길 원하고, 자신의 상담 내용이 알려질 경우 솔직히 이야기하는 것을 꺼릴 수 있기 때문에 상담이 원활하게 진행되지 않을 수 있다. 따라서 상담자는 비밀보장의 한계에 대해 청소년 내담자와 명확히 소통하고, 내담자가 그 이유를 이해할 수 있도록 도와야 한다. 또한 내담자의 안전을 위해 비밀보장이 지켜질 수 없는 경우에는 이러한 과정에서 내담자와 보호자가 가질 수 있는 염려와 불안을 다루는 심리적 개입을 함께 이행하여야 한다. 만일 이러한 상황에서 결정을 내리기 어렵거나 고민되는 부분이 있다면 수퍼바이저와 상의하여 함께 결정을 내리고 적절한 조치를 할 수 있도록 지원을 받는 방법도 활용할 수 있다.

생각해 볼 문제

1. 청소년기 자해 및 자살의 특징을 설명하시오.
2. 청소년기 자해 및 자살의 위험요인과 보호요인을 개인적/환경적 요인으로 나누어 설명하시오.
3. 비자살적 자해 행동이 일반적 자해 행동과 다른 점을 생각해 보고, 비자살적 자해 행동의 위기 개입 방법을 설명하시오.
4. 수업시간 자해 행동을 보인 청소년 내담자가 상담실에 오게 되었다. 청소년의 위험 수준 평가를 위해 초기에 탐색해 보아야 할 것들을 설명하시오.
5. 자해 및 자살 위험 청소년을 상담할 때 라포 형성이 중요한 이유에 대해 설명하시오.
6. 자해 및 자살 위험 청소년을 상담할 때 어떠한 경우에 비밀보장이 제한될 수 있는지를 설명하시오.

사례를 통한 개입 방안 1

다음의 청소년 내담자 사례를 읽고, 청소년 내담자가 어떤 이유로 비자살적 자해 행동을 지속하는지를 살펴보고 내담자에 대한 적절한 개입 방안을 생각해 봅시다.

나은이(중2, 여)는 12세 때 커터칼로 두꺼운 종이를 자르다가 실수로 살갗을 베었던 경험이 있다. 찌릿찌릿한 느낌과 동시에 선홍색 붉은 피가 흘렀던 그때가 아직도 선명하게 기억난다. 나은이는 작년에 부모님의 이혼 후 경제적인 문제로 아빠와 함께 살게 되었다. 감정 변화가 큰 아빠와는 소통이 잘되지 않는 느낌이 들고, 아빠의 심기를 건드릴까 싶어 정말 필요한 것 외에는 큰 요구를 하지 않게 된다. 엄마와 가끔 통화를 하긴 하지만 혼자 걱정하며 힘들어할 엄마를 생각하면 이런저런 속 이야기를 다 하기가 어렵다. 어렸을 때도 부모님이 자주 싸우셔서 눈치를 많이 봤던 나은이는 자신의 감정을 표현하는 것에 익숙지 않다. 어느 날은 가만히 있다가 눈물이 주르륵 흐르는데도 왜 눈물이 나는지를 잘 모르겠고, 누가 볼까 걱정되어 얼른 눈물을 닦아 내곤 한다. 나은이는 가슴에 돌덩이가 얹어 있는 것 같은 묵직한 이 느낌에 대해서 계속 생각을 해 보았다. 그러다가 우연히 책상 위의 커터칼을 보게 되었고, 12세 때 살갗을 베었던 느낌이 떠올랐다. 이내 손목을 커터칼로 그어 옅은 상처를 내보았다. 처음에는 무섭기도 했지만 답답한 느낌이 들 때마다 점점 더 큰 자극이 필요했고, 손목의 상처는 눈에 띌 정도로 깊고 커지게 되었다. 지금은 겨울이라 괜찮지만 계절이 바뀌어 반팔을 입게 되면 어떡하지 싶은 마음에 초조해지기도 하고, 이러다가 실수로 죽게 되면 어떡하지 싶은 불안한 마음도 든다. 하지만 지금으로써는 손목을 그을 때 느껴지는 안정감을 대체할 만한 것이 없기 때문에 잘못된 걸 알면서도 자해 행동을 멈출 수가 없다.

사례를 통한 개입 방안 2

다음의 청소년 내담자 사례를 읽고, 자살사고를 지니고 있는 청소년 내담자에 대한 적절한 개입 방안을 생각해 봅시다.

세호(고1, 남)는 요즘 기분이 울적하고 매사에 의욕이 없다. 고등학교에 진학하며 평일에는 학교와 학원, 주말에는 독서실에서 주로 시간을 보내고 있다. 의대 진학을 희망하는 부모님의 기대와 관심, 성적에 대한 압박감은 세호에게 큰 부담으로 다가와 집중이 잘되지 않을 때도 책상 앞을 떠날 수가 없다. 성적표가 나올 때마다 아버지는 잘한 과목에 대한 칭찬보다 부족한 과목에 대한 화를 더 많이 내셨고, 공부를 잘하는 형과 항상 비교하며 나무라셨다. 세호는 성적만으로 자신을 평가하고 인정해 주는 부모님에 대한 원망이 크지만 이런 이야기를 하면 부모님이 나를 더 좋아하시지 않을 것 같아 아무 말을 할 수가 없다. 책상 앞에 앉아 공부가 잘되지 않을 때는 '내가 죽으면 부모님이 슬퍼하실까?' '죽으면 이런 스트레스를 안 받겠지?' '사는 게 재미있지가 않다'는 생각이 계속 든다. 정말 죽으면 어떻게 될까, 고통스럽게 죽지 않는 방법이 있을까 싶어 인터넷에 자살을 검색해 보다가도 이내 이런 생각을 하는 스스로가 싫어진다. 세호는 담임선생님과의 면담 시간에 누구에게도 말할 수 없는 이 힘든 상황을 털어놓았고, 선생님의 권유로 상담실을 찾아가게 되었다.

제 11 장

청소년 진로상담

청소년기는 성인기를 준비하며 자신의 적성과 흥미를 이해하고 직업 세계를 탐색하며 준비해 나가는 중요한 시기이다. 첨단과학 기술의 발달로 새로운 직업이 계속 생겨나며 빠르게 변화하는 직업 세계는 청소년들에게 많은 직업정보와 다양한 직업 세계에 대한 이해를 요구하고 있다. 이에 따라 청소년들이 자신의 진로 준비를 위한 태도와 능력을 기르며 구체적인 진로계획을 세울 수 있도록 돕는 진로상담은 우리 사회에서 점점 더 중요한 역할을 하게 된다.

청소년 진로상담에서 상담자는 내담자의 미래 목표를 설정하고 학업에 대한 동기를 부여하며, 흥미, 적성, 능력, 가치관과 같은 개인의 특성에 대한 이해를 통해 적합한 직업을 찾아 나가는 것을 목표로 한다. 하지만 단회기 진로상담을 통해 내담자의 합리적인 진로 의사결정과 진로계획, 이에 따른 진로 준비를 모두 실행하기는 쉽지 않을 수 있다. 따라서 상담자는 청소년 개개인의 진로성숙도와 심리적·환경적 특성을 종합적으로 고려하여 진로발달 수준에 적합한 도움을 적절히 제공해 주어야 한다. 특히 청소년들이 진로에 관한 의사결정을 수행하는 데 있어 겪게 되는 어려움을 이해하고, 이 과정에서 경험할 수 있는 다양한 정서를 들여다보는 경험은 청소년들의 자기이해를 증진시켜 자아정체성 확립에도 도움이 될 수 있다. 이 때문에 상담자는 진학 및 직업정보와 관련된 지식과 정보에 익숙해지려는 노력과 함께 청소년들이 진로문제를 겪으며 경험할 수 있는 다양한 심리적 문제에 주의를 기울여야 하며, 이들의 진로 준비에 방해가 되는 요인을 면밀하게 파악하여 다룰 수 있어야 한다.

이 장에서는 청소년기 진로상담의 필요성과 함께 상담 장면에서 적용해 볼 수 있는 몇 가지 진로이론을 소개하고자 한다. 또한 진로상담의 과정과 실제 상담 장면에서 활용할 수 있는 도구를 살펴보며, 청소년 내담자들에게 효과적인 개입 방안에 대해서도 살펴볼 것이다.

1 청소년 진로상담의 이해

1) 진로상담의 정의

진로는 직업을 선택하는 것을 포함하여 개인의 삶 전반에 있어 일과 관련된 모든 과정을 포함하는 폭넓은 개념으로 정의된다(황매향 외, 2020). 진로상담은 이러한 과정에서 개인의 진로발달을 촉진시키거나 직업 선택과 결정 등의 진로계획 수립에 전문적 도움을 제공하기 위한 상담 활동을 의미한다(김봉환 외, 2000). 즉, 상담에서의 주제가 '진로'와 관련된 것에 초점을 두며, 진로발달에 도움이 되는 내담자의 자기이해 과정을 촉진하여 진로발달에 도움이 되도록 상담자와 내담자가 상호작용하는 종합적인 과정을 포함한다. 진로는 자신의 정체감을 세상에 현실로 드러내는 것이기에, 사람들은 저마다 자신의 성격 특성이 반영된 진로유형을 추구하게 된다. 따라서 내가 어떤 사람인지를 잘 알고 있는 사람은 자신의 진로유형을 비교적 쉽게 찾아 나갈 수 있으나, 내가 어떤 것을 좋아하고 잘하는지, 어떤 환경에서 일하는 것을 선호하고 직업에 있어 무엇을 중요하게 여기는지 등에 대해 고민을 해 본 적이 없는 사람은 진로유형을 찾아 나가는 데 상대적으로 어려움을 느낄 수 있다.

진로상담 과정은 심리상담과 유사한 절차로 진행되나 심리상담에 비해 발달적이고 교육적인 측면이 더 많다는 점이 특징적이다. 상담자는 이러한 진로상담의 특성을 고려하되 내담자가 호소하는 진로문제와 심리적 요소들이 어떤 방식으로 현재 내담자의 삶에 얽혀 있는지를 파악하며 문제에 접근할 수 있어야 한다(김봉환, 2019).

2) 청소년 진로상담의 필요성

2018년부터 2022년까지 청소년들이 가장 고민하는 문제를 조사한 통계청 자료를 살펴보면, 학업 및 진로문제가 청소년들의 고민거리에 지속적으로 큰 영향을 미치고 있음을 알 수 있다. 청소년들의 고민 주제는 연령별로 차이를 보였는데, 2022년도에는 전체 연령에서 공부(31.7%), 직업(26.7%), 외모(10.6%) 순으로 고민 주제가 나타났고, 연령별로는 13~18세 청소년이 공부(50.8%), 외모(13.3%), 직업(7.4%) 순으로, 19~24세 청소년이 직업(40.9%), 공부(17.6%), 외모(8.6%) 순으로 조사되었다. 이는 청소년들에게 공부와 직업이 가장 중요한 문제로 여겨지며 후기 청소년일수록 자신의 직업과 진로에 대한 고민이 더욱 증가하게 됨을 보여 준다.

표 11-1 청소년들이 가장 고민하는 문제

단위: %

구분	계	공부(성적, 적성)	직업	외모	신체적·정신적 건강	용돈 부족	가계 경제 어려움	가정 환경	친구(우정)	기타[1]	연애 상대와의 관계[2]	고민 없음
2018	100.0	29.6	30.2	10.9	5.4	4.9	4.8	1.7	2.5	1.8	1.8	6.4
2020	100.0	29.7	28.1	10.2	8.2	4.5	4.4	1.9	1.9	1.9	0.7	8.5
2022	100.0	31.7	26.7	10.6	6.4	4.5	3.5	1.2	3.5	1.7	1.1	9.2
남자	100.0	32.3	26.2	9.0	6.9	4.6	2.9	1.1	2.8	2.4	1.0	10.8
여자	100.0	31.0	27.2	12.4	5.9	4.4	4.2	1.3	4.2	0.8	1.2	7.5
13~18세	100.0	50.8	7.4	13.3	4.9	4.8	1.2	1.1	6.1	2.3	0.4	7.7
19~24세	100.0	17.6	40.9	8.6	7.5	4.3	5.3	1.3	1.6	1.1	1.6	10.3

주: 1) '학교·학원 폭력' '흡연, 음주' '인터넷 중독' 포함
2) 2020년부터 '이성교제'→'연애 상대와의 관계'로 명칭 변경
출처: 통계청(2022).

청소년들에게 직업이 어떤 의미를 갖는지를 예측할 수 있는 또 다른 자료로, 2018~2022년 초·중·고등학생들이 기대하는 교육수준과 그 이유를 조사한 자료를 살펴볼 수 있다. 2022년 초·중·고등학생들의 88.2%는 대학 이상의 교육을 받길 원하며, 이 중 62.4%는 대학 이상의 교육을 받길 원하는 이유로 '좋은 직업을

갖기 위해'라고 응답하였다. 이는 청소년들이 대학 교육을 희망하는 목적에 있어 좋은 직업을 갖고 싶어 하는 욕구가 상당히 큰 영역을 차지하고 있음을 보여 준다.

표 11-2 학생이 기대하는 교육수준(초·중·고등학교 재학생) 단위: %

연도	계	고등학교 이하	대학(교) (4년제 미만)	대학교 이상			
					대학교 (4년제 이상)	대학원 (석사)	대학원 (박사)
2018	100.0	8.3	14.5	77.2	64.1	5.0	8.1
2020	100.0	11.0	13.1	75.9	62.8	5.7	7.4
2022	100.0	11.8	13.1	75.1	63.1	6.0	6.0

출처: 통계청(2022).

표 11-3 학생이 대학 이상 교육받기를 바라는 이유 단위: %

연도	계[1)]	좋은 직업을 갖기 위해	자신의 능력과 소질 개발	주위의 기대 때문에	결혼, 친구 관계 등 사회적 유리	인격이나 교양을 쌓기 위해	기타
2018	100.0	54.0	37.0	2.1	4.9	1.6	0.5
2020	100.0	56.2	34.7	4.4	2.2	2.2	0.2
2022	100.0	62.4	28.0	3.4	3.2	2.9	0.2

주: 1) 응답 대상은 '대학(교)(4년제 미만)' 이상 교육받기를 희망하는 학생
출처: 통계청(2022).

2018년부터 2022년까지의 자료를 통해 알 수 있는 것처럼, 대부분의 청소년들에게 있어 미래의 직업과 진로를 준비하는 일은 매우 중요한 과업으로 인식되고 있음을 알 수 있다. 또한 많은 청소년들이 직업의 중요성을 이해하고 있으며, 안정된 경제 생활을 위해 교육을 받으려는 노력을 기울이고 있다는 것을 보여 준다. 이와 같이 청소년기는 진로 목표와 방향을 설정하고 진로발달에 필요한 과업을 수행하는 중요한 시기로 여겨지는데(김보람, 김봉환, 2015), 이때 자신의 흥미와 적성, 능력에 부합하는 진로를 찾는 것은 행복한 삶을 살아가는 데 매우 결정적인 역할을 한다. 이 시기에 적절한 진로 과업을 수행하지 못한 경우 성인이 되어서도 계속해서 진로를 바꾸거나 직업 적응에 실패하는 등의 어려움을 겪을 수 있

다. 특히 대학입시를 목표로 하는 주입식 교육 환경과 수능 점수에 맞추어 대학교 및 학과를 선택해야 하는 환경에 놓인 청소년들은 자신의 흥미와 적성, 능력, 성격 특성 등을 탐색하고, 이를 고려하여 진로를 선택할 기회가 부족하기 때문에 대학입학 이후의 진로를 계획하고 준비하는 데에 큰 어려움을 겪을 수 있다.

자아정체감 형성이 주된 발달 과업인 청소년기에 내가 누구인지, 앞으로 어떤 삶을 살아가야 하는지를 치열하게 고민해 보는 경험은 청소년들이 자아정체감을 성공적으로 형성하는 데 많은 영향을 줄 수 있다. 이 과정에서 청소년은 자기를 이해하고 자신의 가치관, 관심사, 능력 등을 탐색하며 앞으로의 삶을 어떻게 살아갈지에 대해 고민하게 된다. Erickson(1968)은 진로선택과 직업에 대한 헌신이 정체감 형성에 중요한 영향을 미칠 수 있으며, 진로상담은 청소년이 자신의 관심사와 잠재력을 발견하고 목표를 설정하는 과정을 돕는 중요한 도구라고 보았다. 청소년은 진로상담을 통해 다양한 직업에 대해 탐구하고 자신의 가치관과 능력을 고려하여 적합한 진로를 선택할 수 있게 된다. 청소년들이 여러 상황에서 자기를 분석하고 이해해 본 경험을 바탕으로 진로 목표를 설정하고 달성할 수 있도록 도와주는 것은 그들의 부적응적 행동을 예방하는 효과도 가져올 수 있다. 실제로 진로성숙도가 높은 청소년들이 비행행동을 적게 하는 경향이 있으며, 이러한 특성은 청소년들이 자신의 진로에 대해 확고한 결정을 내리고 그에 따라 행동할 수 있게 한다. 또한 청소년들의 진로성숙을 돕기 위한 집단 프로그램은 학교 부적응 청소년들의 학교생활 적응에도 도움이 된다. 특히 청소년 진로상담은 직업정보 탐색과 합리적인 진로 의사결정 능력을 향상시키며, 일과 직업에 대한 올바른 가치관을 형성하고, 빠르게 변화하는 현대 직업 세계에 대한 이해와 적응을 돕는 중요한 영역이라고 볼 수 있다. 즉, 이러한 상담은 청소년들이 자신의 능력과 관심사를 파악하고 그에 따른 진로를 선택해 나갈 수 있도록 지원함으로써, 그들의 성장과 발전을 촉진하는 역할을 한다. 따라서 진로상담에서는 청소년들이 상담을 통해 미래의 직업에 대비하고자 하는 의지와 목표를 파악하고, 이를 상담이나 교육 프로그램에 활용하여 직업 선택에 대해 더 나은 이해를 갖고 자신의 꿈과 목표를 실현할 수 있도록 돕는 것이 필요하다(김봉환, 2019).

3) 청소년 진로상담의 특징

청소년들은 자신의 진로를 결정하는 과정에서 다양한 내·외적 요인에 영향을 받는다. 먼저 성, 외모, 신체, 종교, 지능, 흥미, 적성, 가치관, 성격 등의 내적 요인뿐 아니라 집안 분위기, 부모의 직업, 사회경제적 지위, 가정 내 기대 등과 같은 외적 요인이 청소년들이 진로를 선택하는 데 영향을 미칠 수 있다. 또한 교사와 친구들도 직간접적으로 진로결정에 영향을 미칠 수 있다. 따라서 청소년 진로상담 시에는 청소년들의 개인적 특성을 우선적으로 파악하는 것이 중요하다. 이를 위해 청소년 내담자를 둘러싼 가정, 학교, 또래 환경과 주변 지지자원, 방해요인, 영향력 있는 인물 등 다양한 외부 요인을 함께 탐색하는 것이 필요하다. 또한 직업과 관련된 다양한 직업 현장 접촉 및 체험은 청소년들이 진로를 선택할 때 넓은 시야를 가지고 현실적인 직업의식을 갖는 데 도움이 될 수 있다. 그러므로 청소년들이 직업 현장을 직접 접촉해 보고 체험해 볼 수 있는 기회를 제공하는 것이 중요하다. 이를 통해 청소년들은 진로선택에 대한 보다 실질적인 경험을 쌓아 갈 수 있게 된다.

2 진로상담 이론

이 절에서는 청소년기 진로상담의 특성을 이해하고 적용하는 데 도움이 될 수 있는 몇 가지 진로상담 이론을 소개하고자 한다.

1) 특성요인 이론

Parsons(1909)의 특성요인 이론은 개인의 특성과 직업 또는 직무를 구성하는 요인에 관심을 두고 있다. 이 이론에서는 과학적 방법으로 개인의 특성을 식별하여 직업 특성에 연결시키는 것을 핵심으로 본다. 특성요인 이론을 적용하는 상담자는 주도적이고 지시적인 역할로 흥미, 적성, 가치관을 측정할 수 있는 검사와 면담을 통해 내담자의 특성을 파악하고, 이를 내담자가 희망하는 직무수행에 필요한 조건이나 요구사항과 연결해 볼 수 있다. 이러한 과정에서 내담자가 가장 합리적이고 현명한 선택을 할 수 있도록 조력하는 역할을 한다. 이와 관련해서 Williamson(1939)은 특성요인 이론 상담 과정을 '분석－종합－진단－예측－상담－추수지도'의 총 6단계로 정의하였다. 먼저, 분석 단계에서는 내담자의 가치관, 태도, 흥미, 가정환경, 지식수준, 교육적인 능력, 적성, 성격 등에 대한 여러 자료를 수집하고, 종합 단계에는 심리검사를 통해 내담자의 개별적 특성을 파악한다. 진단 단계에서는 내담자의 문제와 특성을 명확하게 묘사하고 수집한 자료들을 비교하며 문제의 원인을 탐색하는 과정을 거치고, 이후 예측 단계를 통해 문제의 결과에 대한 다양한 가능성을 판단하고 예측한다. 마지막으로, 상담과 추수지도를 통해 내담자가 바람직한 행동을 지속할 수 있도록 돕는 것이 특성요인 이론 상담의 과정이다. 이때 처음 네 단계(분석, 종합, 진단, 예측)에서는 상담자가 주도적인 역할을 하며, 마지막 두 단계(상담, 추수지도)에서는 내담자가 능동적으로 참여하는 방식으로 진행된다. 다른 이론에 비해 상담자가 주도적이고 지시적인 역할을 하게 되지만 상담자는 내담자를 판단하지 않고 수용하는 태도를 가져야 한다. 또한 상담의 모든 과정이 원활하게 진행되기 위해서는 상담자의 전문성과 상담자－내담자 간의 신뢰 관계가 바탕이 되어야 한다.

2) Holland 성격이론

Holland 성격이론은 진로상담 현장에서 검사 실시 및 해석, 집단 프로그램 등으로 다양하게 활용되고 있는 이론이다. 이 이론에서는 직업적 흥미를 성격의 일부분으로 보고 개인의 성격에 대한 설명이 직업적 흥미를 설명할 수 있다고 가정한다(Holland, 1985). 개인은 'RIASEC'이라고 불리는 현실형(Realistic), 탐구형(Investigative), 예술형(Artistic), 사회형(Social), 기업형(Enterprising), 관습형(Conventional)의 여섯 가지 유형 중 하나로 분류될 수 있고 이러한 성격유형에 따라 직업환경 또한 6개로 분류될 수 있어, 자신의 성격유형과 적합한 특정 환경의 직업군을 찾는 것이 성격이론 상담의 목표가 될 수 있다. RIASEC 성격유형의 특성은 〈표 11-4〉와 같다.

표 11-4 Holland 성격유형

① 현실형	• 기계, 도구, 동물에 관한 체계적인 조작 활동을 선호함 • 대체로 사회적 기술이 부족함 • 대표적인 직업: 기술자
② 탐구형	• 분석적이고 호기심이 많으며 조직적이고 정확함 • 대체로 리더십 기술이 부족함 • 대표적인 직업: 과학자
③ 예술형	• 표현이 풍부하고 독창적이며 비순응적임 • 대체로 규범적 기술이 부족함 • 대표적인 직업: 음악가, 미술가
④ 사회형	• 다른 사람과 함께 일하거나 다른 사람을 돕는 것을 선호함 • 대체로 기계적이고 과학적 능력이 부족함 • 대표적인 직업: 사회복지사, 상담자, 교육자
⑤ 기업형	• 조직 또는 경제 목표를 달성하기 위해 타인을 설득하는 활동을 선호함 • 대체로 상징적이고 체계적인 활동을 비선호하며 과학적 능력이 부족함 • 대표적인 직업: 기업경영인, 정치가
⑥ 관습형	• 자료를 체계적으로 처리 및 기록하는 것과 재생산하는 것을 선호함 • 대체로 심미적이고 창의적인 활동을 선호하지 않음 • 대표적인 직업: 사서, 경리사원

출처: 김봉환(2019).

Holland 성격이론에서는 유형과 유형 사이의 관계를 육각형 모형으로 제시하였는데, 이 모형은 내담자가 각 유형 간의 관계와 점수 분포를 한눈에 파악할 수 있도록 도와준다. Holland 성격이론을 적용한 진로검사는 이외에도 자신이 지각하는 성격유형이 일관성을 보이는지, 얼마나 뚜렷하게 나타나는지, 성격과 환경 간의 관계는 어떠한지, 얼마만큼 안정적인지 등을 세세하게 살펴볼 수 있는 자료를 제공해 준다. 이를 활용하여 상담자는 내담자가 어느 유형으로 나왔는지에 관한 결과 중심적 접근보다 성격유형을 바탕으로 한 자기이해에 초점을 두어 상담

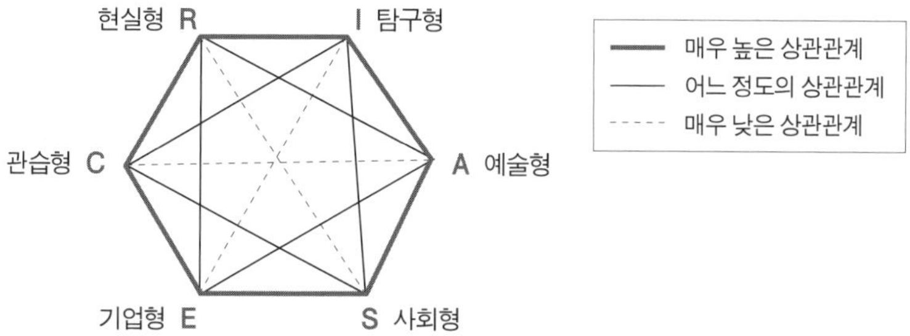

그림 11-1 Holland 육각형 모형

을 진행하는 것이 필요하다.

3) 전생애 발달이론

Super(1965)의 전생애 발달이론은 진로발달의 과정을 매우 중시하며 진로선택을 자아개념의 실행 과정으로 본다. 또한 진로발달은 어느 한 시점이 아닌 전생애에 걸쳐 이루어지기 때문에 장기적이고 발달적으로 접근해야 함을 강조한다. 이 이론에서는 내담자의 진로성숙도 수준에 따라 각 단계의 발달 과업 수행이 달라질 수 있음을 설명한다. 진로성숙도란 자신의 연령 수준에서 주어지는 진로문제에 대처할 수 있는 준비도를 뜻하는데, 상담자는 내담자가 각자의 연령 수준에 따른 진로성숙도를 갖출 수 있도록 도와주는 역할을 해야 한다. 전생애 발달이론에서 진로발달 단계는 성장기(출생~14세), 탐색기(15~24세), 확립기(24~44세), 유지기(45~64세), 은퇴기(65세 이상)의 5단계로 구성되어 있다. 먼저 성장기는 가정과 학교의 주요 인물과 자신을 동일시함으로써 자아개념이 발달하는 시기이다. 이 시기에는 욕구와 환상이 지배적이나, 사회적 관계와 환경의 탐색을 통해 여러 정보를 얻으며 미래를 계획하는 것의 중요성을 인식하게 된다. 이후 탐색기는 다시 잠정기(15~17세), 전환기(18~21세), 시행기(22~24세)의 3개 하위 단계로 구분된다. 잠정기는 우리나라 중·고등학교에 해당하는 시기로 욕구, 흥미, 능력, 가치 등을 고려하여 잠정적인 진로선택을 하고 다양한 경험을 하는 시기로 볼 수 있다.

4) 구성주의 진로발달이론

Savickas(1997)의 구성주의 진로발달이론은 Super의 진로발달이론의 주요 개

표 11-5 진로유형 면접 질문

영역	질문	의미
준비도	• ○○ 씨의 진로를 만들어 나가기 위해 저와 만나는 이 시간을 어떻게 활용할 수 있을까요?	• 상담의 출발점을 제시한다.
역할모델	• 자라면서 가장 존경했던 사람은 누구인가요? • 어떤 사람의 삶을 따라서 살고 싶은가요? • 세 사람의 역할모델을 이야기해 보세요. – 이 사람들의 어떤 면을 특히 존경하나요? – 이 사람들을 각각 얼마나 좋아하나요? – ○○ 씨는 이 사람들과 어떻게 다른가요?	• 이상적 자아를 나타낸다. • 질문의 초점은 '누구를 존경했는가?'가 아니라 '어떤 점을 존경했는가?'이다.
잡지/TV 프로그램	• 정기적으로 구독하는 잡지가 있나요? • 그 잡지의 어떤 점이 좋은가요? • 정말 좋아하는 TV 프로그램은 무엇인가요? • 그 이유는 무엇인가요?	• 개인의 생활양식에 맞는 환경에 대한 선호를 나타낸다.
책/영화	• 좋아하는 책이나 영화에 대해 이야기해 주세요.	• 같은 문제에 당면해 있는 주인공을 드러내고, 그 주인공이 어떻게 문제를 다루어 나가는지를 보여 준다.
여가/취미	• 여가 생활을 어떻게 보내고 싶은가요? • 취미는 무엇인가요? • 취미 생활의 어떤 점이 좋은가요?	• 자기표현을 다루고 겉으로 드러난 흥미가 무엇인지 나타낸다.
명언	• 좋아하는 명언이나 좌우명이 있나요? • 기억하고 있는 명언이 있으면 이야기해 주세요.	• 생애사의 제목을 제공한다.
교과목	• 중학교와 고등학교 때 좋아했던 과목이 무엇이었나요? 그 이유는 무엇인가요? • 싫어했던 과목은 무엇이었나요? 그 이유는 무엇인가요?	• 선호하는 직무와 근로환경을 나타낸다.
생애 초기 기억	• 가장 어릴 적 기억은 어떤 것인가요? • 3~6세 시기에 ○○ 씨에게 일어났던 일 중 기억에 남는 일 세 가지를 듣고 싶습니다.	• 무엇에 몰두하여 노력을 기울이고 있는지를 드러낸다.

출처: 김봉환(2019).

념을 현대적으로 재구성한 이론으로, 한 개인의 진로가 개인적 구성주의와 사회적 구성주의를 통해 형성된다고 보는 이론이다. 개인적 구성주의는 개인이 진로와 관련된 경험에 개인적인 의미를 부여함으로써 실재에 대한 표상을 구성한다는 관점이고, 사회적 구성주의는 진로발달이 개인 내적 구조의 성숙보다 환경에 적응하는 과정을 통해 이루어진다는 관점을 지니고 있다. 따라서 진로발달은 개인이 이를 어떻게 구성해 나가느냐에 따라 달라질 수 있는 것이다. 이러한 관점으로 볼 때 상담자는 내담자가 진로와 관련된 자신의 이야기를 꺼낼 수 있도록 돕고, 이를 내담자가 어떻게 해석하고 의미 부여하고 있는지를 파악해야 한다. 직업적 성격, 생애주제, 진로적응도는 구성주의 진로발달이론의 핵심 개념으로, 이 중 진로적응도는 특정한 일을 자신에게 맞추어 나가는 과정에서 동원되는 개인의 태도와 능력, 행동을 의미한다. 구성주의 진로발달이론을 적용하는 상담자는 진로유형 면접을 통해 내담자의 자료를 수집하며 생애주제를 끌어낼 수 있고, 이 과정에서 내담자의 직업적 성격과 진로적응도를 파악할 수 있다.

5) 계획된 우연이론

Krumboltz(2009)의 계획된 우연이론은 개인의 삶에서 예기치 못하게 일어나는 사건을 자신의 진로에 최대한 유리하게 전환하여 기회로 만들 수 있도록 노력을 강조한다. 즉, 개인의 삶에서 통제하기 어려운 '운'이라는 요인을 자신의 진로에 최대한 유리한 '기회'로 활용하는 것이다. 따라서 상담자는 내담자가 경험하는 우연한 상황이 진로개발에 긍정적으로 작용하는 '계획된 우연'이 될 수 있도록 다양한 활동의 참여를 독려하고, 이것이 하나의 기회가 될 수 있다는 내담자의 기대를 이끌어 내야 한다. 내담자가 탐색적 활동에 집중하면서 우연히 일어난 일을 유용하게 활용할 수 있다는 점을 알게 된다면, 보다 다양한 상황 속에서 기회를 얻게 되고 자신감을 가질 수 있게 될 것이다. 이처럼 우연한 기회를 인식하고 활용하기 위해서 상담자는 내담자가 호기심, 인내심, 유연성, 낙관성, 위험 감수성의 다섯 가지 과제 접근 기술을 개발할 수 있도록 조력해야 한다. 먼저 호기심은 새로운 학습 기회를 탐색하는 것으로, 인내심은 과제를 해결하는 과정에서 실수와 좌절을 겪더라도 포기하지 않고 노력을 지속하는 것으로 이해할 수 있는데, 인내심은 호기심과 상호 보완적인 관계로 흥미를 가지는 것의 한계를 넘어설 수 있도록 돕는 역할을 한다. 유연성은 환경의 변화에 적절하게 대응하는 기술로 낙관성 기술과 같이 예기치 못한 상황을 자신에게 도움이 되는 기회로 받아들이며 긍정적인 상황으로 변화시키는 데 중요한 역할을 하게 된다. 마지막으로, 위험 감수성은 불확실한 결과가 예상되더라도 위험을 감수하고 행동화하는 기술로서 문제 상황을 극복하고 전환시키기 위한 용기를 의미하기도 한다. 이처럼 뜻하지 않게 일어나는 사건들을 다른 관점으로 바라보며 유용한 기회로 활용한다는 것은 생각의 전환뿐 아니라 다양한 활동에의 노출과 적극적 행동을 위한 기술도 함께 활용해야 한다는 점을 알고 있어야 한다. 또한 과거 내담자에게 우연히 일어났던 일 중에 도움이 되었던 경험들, 현재 관심 있는 것 중에서 삶을 만족시킬 수 있는 경험들을 탐색해 보고, 잠재된 기회를 더 잘 인식할 수 있도록 내담자의 감수성을 키워 주는 작업도 도움이 될 수 있다. Krumboltz(2009)는 이 이론을 적용하여 개입할 수 있는 다음 네 단계의 상담 과정을 추천하였다.

표 11-6 계획된 우연이론의 네 단계

1단계	계획된 우연을 자연스러운 일로 만들기
2단계	호기심을 학습과 탐색의 기회로 바꿀 수 있도록 돕기
3단계	바람직한 기회를 만들도록 가르치기
4단계	과제 실천에 방해가 되는 요인을 극복하기

3 청소년 진로상담의 개입

진로에 대해 고민하는 청소년들은 대개 우울, 불안과 같은 심리적 어려움을 호소한다. 심리적 문제를 가지고 상담실에 찾아온 청소년들에게도 상담 후반부에는 진로문제를 함께 다루는 것이 유용한 경우가 있으며, 진로문제를 호소하며 상담을 받으러 온 청소년들에게도 현재 이들이 경험하고 있는 심리적 문제에 대한 개입이 같이 이루어져야 하는 경우가 있다. 따라서 청소년 진로상담에서 진로와 심리 영역을 완전히 분리하는 것은 매우 어려운 일이며, 상담자는 청소년 내담자의 어려움을 다각도로 살펴보고 종합적으로 이해하여 개입할 수 있어야 한다.

1) 진로상담의 과정

청소년 진로상담은 청소년의 발달 과정과 미래에 대한 진로 및 직업 선택에 도움을 제공하기 위해 '상담 관계 형성-문제 평가-목표 설정-개입-실행 및 평가-종결'의 순서로 진행된다. 먼저 상담 관계 형성은 일반적인 상담과 마찬가지로 상담의 기반이 되는 작업으로서 상담의 전 과정을 효과적으로 진행하는 데 매우 중요하다. 상담자는 내담자와 신뢰 관계를 형성하기 위해 성실하고 진솔한 태도로 내담자가 현재 겪고 있는 진로 관련 고민에 진지하게 귀 기울여야 한다. 이때 상담자는 내담자가 고민을 자유롭게 털어놓을 수 있도록 안전한 공간을 제공하고 내담자가 호소하는 문제 이면의 감정 상태에도 주의를 기울여야 한다. 이를 통해 상담자는 내담자의 상담에 대한 기대와 목표를 명확하게 하여 상담 구조화를 잘 이끌어 낼 필요가 있다.

다음으로, 검사나 질문지를 활용하여 내담자의 진로와 관련된 고민을 평가하고 분석하는 단계를 거친 후 이러한 평가 결과에 따라 내담자의 상황과 필요에 맞는 적절한 개입 방법을 정해야 한다. 상담자는 면담 및 평가로부터 수집된 정보를 종합하여 내담자의 문제를 정교화할 수 있으며, 내담자와 구체적인 상담 목표를 설정해 볼 수 있다. 상담의 목표를 설정하는 과정은 반드시 내담자와 함께 논의되어야 한다. 스스로 상담 목표를 설정해 보는 과정은 내담자에게 상담에 대한 동기와 자기결정 능력을 높여 주며, 내담자가 진로에 대한 방향을 인식하고 자신의 진로에 대한 책임감을 가질 수 있도록 돕기 때문이다. 또한 상담의 목표는 내담자의 상황과 유형에 따라 유연하게 설정되어야 한다. 예를 들어, 진로가 결정되었으나 명료화를 원하는 경우, 자신의 선택을 이행하기 위해 도움이 필요한 경우, 자기이해나 의사결정 능력이 부족한 경우, 생활 전반에 불안을 동반한 경우, 문제해결 과정에서 부적응적인 성격을 가진 경우 등 각각의 상황에 따라 개입이 달라질 수 있기 때문이다.

상담의 목표가 설정되면 상담자는 문제해결을 위해 적절한 개입 전략을 세워야 한다. 이때 내담자의 진로가 결정된 정도에 따라 접근방식이 달라질 수 있다. 먼저, 진로가 결정되었으나 확신이 없고 계획을 어떻게 세워야 하는지 잘 모르는 내담자에게 상담자는 구체적인 직업 탐색과 실습의 기회를 제공하여, 내담자가 스스로 자신의 관심과 능력을 확인하고 진로에 관한 정보를 정리하며 평가할 수 있도록 도와줄 수 있다. 또한 목표를 향한 치밀한 정보 수집과 진로 준비를 위한 계획을 스스로 세우는 과정을 함께할 수 있다.

다음으로, 진로에 대한 방향성이 정해졌음에도 적극적으로 진로 준비를 하지 못하고 있는 내담자에게 상담자는 내담자의 상황과 심리적 어려움에 충분히 공감하고, 내담자가 자신의 자원을 발견하고 자신감을 향상시킬 수 있도록 돕는 개입을 적용해 볼 수 있다. 이러한 과정을 통해 내담자는 결정된 진로를 실천하는 과정에서 부딪히는 어려움을 예상해 보고, 대처 방안을 함께 마련해 봄으로써 진로에 대한 자신감을 키울 수 있다.

그다음, 진로가 결정되지 않은 내담자의 경우에는 진로를 결정하지 못하는 이유가 심리적 요인인지, 정보의 부족인지, 진로 탐색이 어려운 환경에 처해 있는 것인지를 파악해 보는 것이 중요하다. 먼저, 진로결정에 대한 의지나 동기가 부족하거나 우울, 불안, 무기력, 낮은 자존감 등의 심리적 문제가 원인이라면 개인 상담을 통해 내담자의 감정을 공감하고 이해하는 과정이 필요하다. 이는 내담자가 겪고 있는 심리적 어려움을 극복할 수 있게 할 뿐 아니라 자신을 긍정적으로 인식하고 자신의 가치를 인정할 수 있게 도와준다. 이러한 과정을 통해 내담자는 진로결정에 대한 의지와 동기를 회복하고 자신에게 적합한 진로를 선택할 수 있게 된다. 한편, 내담자가 자신의 적성과 흥미, 능력, 가치관 등을 잘 이해하고 있으나 정보 부족으로 진로를 결정하지 못하는 경우, 상담자는 직업 박람회, 직업체험,

멘토링 프로그램 등을 통해 내담자가 다양한 직업을 경험하고 정보를 수집할 수 있도록 도와줄 수 있으며, 이 과정을 통해 내담자의 진로선택이 더욱 명확해질 수 있다.

마지막으로, 진로 탐색이 어려운 환경에 처해 있는 내담자의 경우, 상담자는 내담자의 상황을 충분히 이해하고 공감하는 태도가 필요하다. 이러한 상담 과정을 통해 상담자는 청소년 내담자가 충분한 자기 탐색을 통해 자신을 이해하고 진로와 관련된 욕구를 살펴보며 합리적인 진로선택을 스스로 할 수 있도록 이끌어 줄 수 있다. 이 과정에서 상담자가 진로 탐색을 위해 다양하고 지속적인 자극을 주면서도, 내담자가 진로 고민을 하며 경험하는 심리적 어려움을 충분히 공감하고 이해하는 개입은 내담자에게 안정감을 주게 된다. 많은 청소년 내담자들이 진로결정에 있어 자신의 욕구는 무시한 채 부모의 의견을 따르거나, 자신에 대한 이해가 부족하여 누군가 결정해 주기를 바라는 의존적인 모습을 보일 수 있다. 이는 청소년이 아직 자신의 능력과 가치를 충분히 이해하지 못하고, 미래에 대한 불안이나 불확실성으로 인하여 겪게 되는 어려움으로, 상담자는 청소년 내담자의 독립과 의존 사이에서의 갈등을 이해하고 그들이 자기결정에 대한 자신감을 키

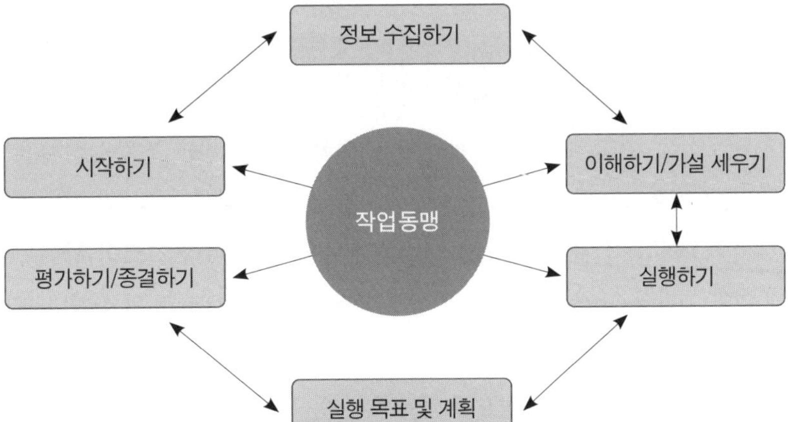

그림 11-2 진로상담의 구조

출처: 김봉환(2019); Gysbers et al. (2014).

우는 데 도움을 제공해 주어야 한다.

이 외에도 자기이해와 진로 탐색은 잘 이루어지고 있으나 진로 의사결정에 있어 취약성을 보이는 내담자의 경우, 상담자는 상담 장면에서 의사결정을 해야 하는 상황을 모의해 볼 수 있는 기회를 제공하여, 내담자가 의사결정을 할 때 고려해야 할 요소들과 그 중요성을 이해하도록 도울 수 있다. 또한 내담자와 각 선택지의 장단점을 분석하고 선택에 따른 결과를 고려하는 과정을 연습해 보는 것이 유용할 수 있다. 이러한 과정은 내담자에게 자신의 선택에 대한 자신감을 키울 수 있는 기회를 제공하고, 내담자가 한 선택이 잘못되었을 때도 그 상황을 재평가하고 수정할 수 있다는 것을 학습하도록 한다. 즉, 상담자는 내담자가 의사결정을 통해 새로운 도전과 실패를 경험할 때 이를 학습의 과정이자 성장의 기회로 인식할 수 있게 도와주고, 이를 통해 더 나은 선택을 할 수 있도록 격려해 주어야 한다.

2) 도구의 활용

진로상담에서는 상담의 효과성을 높이기 위해 진로심리검사, 진로카드와 같은 도구를 활용할 수 있다. 먼저 진로심리검사는 내담자의 특성을 파악하고 미래의 직업 성공을 예측하기 위한 수단으로 사용되는데, 내담자의 성격, 흥미, 적성, 가치관 등 인간의 심리적 특성을 표준화된 절차에 의해 객관적으로 측정하는 도구이다. 청소년 진로상담 현장에서 많이 활용되는 검사의 종류에는 진로적성탐색검사, 직업흥미검사, 직업가치관검사, 진로성숙도검사, 성격검사 등이 있으며, 이러한 검사 도구는 내담자에 대한 다양한 정보를 제공할 뿐 아니라 진로와 관련된 문제 영역에 대한 진단을 함께 제공하여 상담 장면에서 유용하게 사용되고 있다. 청소년 진로상담에서는 검사를 활용하여 개입할 수 있는 부분이 많기 때문에 상담자는 다양한 진로심리검사를 실시하고 해석할 수 있는 전문성을 갖추고 있어야 한다.

또 다른 도구로 직업카드를 활용하여 내담자의 진로발달을 촉진할 수 있다. 내담자와 함께 다양한 직업에 대한 정보가 기입된 직업카드를 분류해 보는 활동은 다양한 직업에 대한 정보를 제공하고, 직업에 대한 흥미를 탐색해 볼 수 있다. 또한 직업카드 활동을 통해 내담자는 직업에 대한 정보를 스스로 탐색하고 선택할 기회를 갖게 되며, 이러한 활동은 내담자의 진로결정에 대한 자신감과 책임감을 키우는 데 도움이 된다. 직업카드 활동을 함께 하면서 내담자와 상담자 간의 친밀한 관계 형성에도 도움이 되는 장점이 있다. 직업카드 외에도 진로 및 직업과 관련된 욕구와 가치를 탐색해 볼 수 있는 진로가치카드, 학과에 대한 안내와 관련 직종 정보를 탐색해 볼 수 있는 학과카드를 상담에 활용하며 내담자의 진로설계를 도울 수 있다.

또한 카드와 검사를 활용한 진로집단상담도 청소년들에게 많은 도움이 될 수 있다. 진로집단상담은 집단의 형태로 진로상담이 실시되는 것인데, '진로'를 주제로 집단 리더와 집단 구성원들이 함께 문제를 해결해 나가는 과정이다. 청소년 내담자들은 집단 상담을 통해 진로와 관련된 정보를 제공받고, 집단원들과 고민을 나누고 피드백을 주고받으며 긍정적인 상호작용을 경험할 수 있다. 이처럼 상담자는 다양한 진로상담 도구와 방법을 내담자의 욕구와 상황에 따라 적절하게 선택하여 활용할 수 있도록 준비되어 있어야 한다.

생각해 볼 문제

1. 진로선택의 어려움을 겪는 청소년들이 진로상담을 통해 도움받을 수 있는 것에 대해 설명하시오.
2. 청소년 진로상담에 있어 진로결정과 관련된 요인들을 설명하시오.
3. 특성요인 이론의 특징과 여섯 가지 상담 과정을 설명하시오.
4. 청소년 진로상담 장면에서 활용할 수 있는 검사와 진로카드의 종류에 어떤 것들이 있는지를 설명하시오.
5. 경제적 어려움으로 힘들어하시는 부모님을 돕기 위해 고등학교 졸업 후 희망하는 대학 진학을 포기하고 취업을 선택하려는 청소년 내담자가 있다. 내담자는 상담실에 와서 무기력한 모습을 보이며, 자신이 어떤 선택을 하는 게 맞을지 잘 모르겠다고 한다. 이 청소년 내담자를 상담하기 위해 어떤 개입이 필요할지를 설명하시오.

사례를 통한 개입 방안

다음의 청소년 내담자 사례를 읽고, 이 청소년 내담자에 대한 적절한 개입 방안을 생각해 봅시다.

지호(고2, 남)는 고학년이 되어 가는 것이 두렵고 학년이 올라가며 점점 고민이 많아지고 있다. 같이 어울려 축구를 하고 놀던 친한 친구 태민이는 자신이 원하는 전공과 그 전공이 있는 대학을 2~3개 정해 놓고 앞으로 공부에만 매진하겠다고 하는데, 지호는 무엇을 어떻게 결정해야 할지를 잘 모르겠어서 태민이가 마냥 부럽게만 느껴진다. 딱히 가고 싶은 곳도, 하고 싶은 것도 없고, 특별히 뭘 잘하는 것 같지도 않아 담임선생님과의 면담에서도 많은 이야기를 할 수가 없다. 지호의 부모님은 고깃집을 운영하시며 매일 새벽에 지쳐서 집에 들어오신다. 이런 고민에 대해 부모님께 이야기하면 부모님은 비교적 직업 선택의 폭이 큰 경영학과에 일단 진학한 이후에 직업을 고민해 보라고 하시지만, 지호는 경영학과가 자신과 잘 맞지 않을 것 같아 내키지 않는다. 하지만 어떤 점이 잘 안 맞을 것 같은지를 부모님께 분명하게 설명하기가 어려워 답답한 마음이다. 지호의 성적은 중상위권이며 교과목 중에서는 영어 점수가 항상 높게 나오지만, 딱히 영어와 관련된 학과나 직업을 선택하고 싶은 마음이 들진 않는다. 지호는 더 고민만 하다가는 부모님 뜻에 따라 경영학과를 지원하게 될 것 같아 스스로 희망 학과를 선택하고 싶은 마음에 상담실을 찾아왔다.

제12장

청소년기 대인관계에 대한 상담

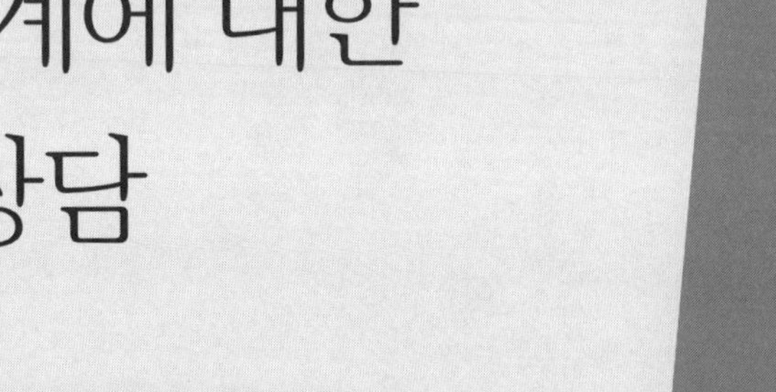

인간은 사회적 존재로서 다른 사람들과의 관계 속에서 영향을 주고받으며 살아가는 것이 중요하다. 특히 의미 있는 타인과의 관계는 삶의 방향과 질을 결정하는 데 큰 역할을 하게 된다(van der Kolk, 2005). 청소년기(adolescence)는 신체적·심리적 과도기로 발달적 측면에서 결정적 시기로 볼 수 있으며, 다른 어느 시기보다 친밀감이나 대인관계 욕구가 강하게 나타나는 시기이다. 또한 청소년기는 심리적·사회적 변화가 동시에 일어나는 시기로, 부모의 보호에서 벗어나 독립성을 추구하면서 사회적 관계의 범위가 확장되기도 한다. 이로 인해 자아 탐색과 발전이 활발하게 이루어지며 대인관계에서도 여러 변화와 도전을 경험하게 되는데, 이러한 경험들은 청소년들이 스스로 자아정체성을 찾아가는 데 있어 매우 중요한 역할을 하게 된다. 청소년들은 또래들과의 관계와 상호작용, 가족과의 소통 등을 통해 자신의 가치관, 신념, 성격 등을 발전시켜 나갈 수 있다. 특히 부모로부터의 독립과 자율성을 찾는 과정에서 크고 작은 갈등이 발생할 수 있는데, 이때 청소년들에게 또래와의 관계 및 소통의 필요성이 높아지게 된다. 이러한 경험들은 이후 건강한 성인기의 대인관계 형성에 긍정적인 영향을 미치게 된다.

흔히 청소년기에 경험하게 되는 대인관계들은 청소년들이 성장하고 자아를 발전시키는 과정에서 매우 중요한 역할을 하게 된다. 청소년기에 경험하는 가족, 또래, 이성, 교사와의 관계들은 서로 다른 측면에서 다양한 사회적 기술과 특성을 배울 수 있는 기회가 된다. 또한 건강하고 긍정적인 대인관계를 통해 얻는 경험들은 청소년들에게 정서적 안정감을 주며 이들의 삶 전반에 영향을 미칠 수 있다.

이 장에서는 청소년기에 경험할 수 있는 다양한 대인관계의 특징과 관계 유형을 살펴보고 각각의 유형별로 문제를 이해하고 도울 수 있는 상담 개입 방안에 대해 다룰 것이다.

1 청소년 대인관계의 특징

1) 대인관계 발달

Harry Stack Sullivan(1892~1949)은 건강한 성격이 건강한 대인관계 경험에 의해 만들어진다고 보았으며(오채근, 2005), 인간관계의 발달 단계에 따라 변화하는 대인관계 욕구를 유아기부터 청소년 후기까지 6단계로 구분하여 제시하였다.

표 12-1 Sullivan의 대인관계 발달 단계

단계	연령	대인관계 특징적 욕구
유아기	0~2, 3세	• 양육자(주로 부모)에게 돌봄 받고 싶은 욕구 • 사람들과의 접촉 욕구
아동기	~6, 7세까지	• 대인관계 욕구 • 아동의 놀이에 성인이 참여해 주기를 원함
소년소녀기	~8, 10세까지	• 또래 놀이 친구를 얻고자 하는 욕구 • 사회화 시작: 협동과 경쟁적 활동에 참여
전청소년기	~12, 14세까지	• 친밀감 급증 • 동성 단짝 관계에서 교감을 확인하고자 하는 욕구
청소년 초기	~17, 18세까지	• 성적 접촉 욕구 • 이성 친구와의 친밀감 욕구
청소년 후기	~성인기까지	• 친밀감과 애정 욕구의 통합 • 성인 사회로의 통합 욕구

2) 청소년 고민 상담유형

여성가족부의 '청소년 상담(1388) 실적' 결과에 따르면, 2022년 청소년 상담(1388) 건수는 약 83만 6천 건이며, 청소년 주요 고민 유형은 정신건강(24.5%), 정보 제공(19.2%), 대인관계(15.4%), 학업·진로(9.9%) 순으로 나타났다. 결과에서 대인관계, 학업·진로 등과 관련된 상담 건수는 2021년 대비 증가하는 추세임을 알 수 있으며, 대인관계와 학업·진로가 청소년기에 맞닿아 있는 중요한 고민 요소 중 하나임을 짐작해 볼 수 있다. 특히 청소년기에는 친구, 가족, 이성 등과의 관계가 중요한데, 조사 결과는 청소년들에게 이와 관련된 고민이 늘어나고 있음과 동시에 이에 대한 지원 및 도움이 필요해지고 있다는 점을 시사한다.

표 12-2 9~24세 청소년 및 청소년 학부모 상담 단위: 천 건,[1] %

연도	상담 건수	정보 제공	정신 건강	대인 관계	학업 진로	가족	일탈 비행	성격	근로	성	인터넷 사용	생활 습관	활동	법률 정보	기타
2016	833	143	93	146	98	127	38	29	5	29	17	16	11	2	79
2017	863	168	118	157	101	94	39	30	7	30	22	16	17	2	61
2018	878	152	150	157	99	101	41	27	16	31	20	16	12	2	54
2019	902	165	163	150	111	82	39	36	26	26	24	16	10	2	54
2020	936	171	190	128	85	98	32	32	18	27	24	16	8	2	107
2021	852	171	205	118	80	85	31	32	3	20	21	12	7	1	67
2022	836	161	205	128	83	76	36	35	1	16	20	14	5	1	55
구성비	100.0	19.2	24.5	15.4	9.9	9.1	4.3	4.1	0.1	2.0	2.4	1.7	0.6	0.1	6.6

주: 각 통계치는 Help Call 청소년전화 1388을 통해 접수된 전화상담 건수를 의미함
Help Call 청소년전화 1388은 전국 청소년상담복지센터를 통해서 24시간 운영되고 있음
자료 업데이트 주기(연도별)
출처: 여성가족부. 청소년백서 및 한국청소년상담복지개발원 상담통계.

2 청소년 대인관계의 유형

1) 부모-자녀 관계

(1) 부모-자녀 관계의 이해와 특징

가족이 중심이 되는 아동기와 달리 청소년기는 부모로부터의 자율성과 독립성을 추구하고 또래와의 관계가 강화되면서 친구들이 중요한 지지체계로 떠오르게 되는 시기이다. 그러나 여전히 청소년들에게 가족은 정서적 지지와 안정감을 제공하여 청소년이 성장하고 발전하는 데 기여하는 가장 중요한 지지체계라고 볼 수 있다. 특히 가족 안에서 이루어지는 의사소통 및 상호작용의 수준, 부모-자녀 관계의 질은 청소년들의 학업과 사회적 기술 향상, 긍정적인 대인관계 형성에도 많은 영향을 미칠 수 있기에 가족 안에서의 건강한 상호작용은 매우 중요하게 여겨진다. 즉, 건강한 가족관계는 청소년들에게 정서적 안정감을 주고 자아 발전에 필요한 기반을 제공하여 청소년이 타인과 건강한 대인관계를 형성하는 데 도움을 준다.

(2) 부모-자녀 간의 갈등

"나는 자유로워지고 싶어요."

현수는 중학생이 되면서 엄마와의 갈등이 심해졌다. 엄마가 통금 시간을 지정해 놓고 그 시간을 지키지 않았을 경우, 현수가 좋아하는 컴퓨터 게임을 못하게 하거나 휴대폰을 압수해서 친구들과의 소통을 차단해 버리기 때문이다. 현수는 친구들과의 약속을 최대한 일찍 잡아 통금 시간을 지켜보려 했지만 재미있게 놀다 보면 매번 통금 시간을 어기게 되어 엄마와 갈등을 겪게 된다. 이런 상황을 아는 친구들이 노는 자리에 현수를 제외하는 경우가 종종 생기면서 현수는 소외감과 우울감을 느끼게 되었다. 현수는 이 갈등을 해결하기 위해 엄마에게 대화를 시도해 보았지만, 엄마는 "학생 때는 정해진 규칙을 지키는 것이 중요하니 공부에나 신경을 써라."라고 하시며 현수의 이야기에 귀 기울이지 않으셨다. 현수는 이런 상황에 답답함을 느끼며 어떻게 하면 엄마가 통금 시간을 늘려 줄 수 있을지에 대해 고민하면서 상담실에 방문하였다.

이 사례는 청소년기 부모-자녀 갈등의 일반적인 예시로, 가족 간의 소통과 규칙 설정에 대한 이해 부족으로 인해 현수와 엄마 사이에 갈등이 발생하고 있는 것으로 보인다. 청소년기는 부모의 규제와 자녀의 자율성 사이에 균형을 찾는 과정에서 갈등이 빈번하게 발생하는 시기로, 가족 구성원 간에 가치, 우선순위, 관심사 등의 차이로 인해 의견 충돌이 발생할 수 있다. 청소년기는 부모-자녀 관계에서 많은 변화와 조절이 필요한 시기이며, 갈등을 효과적으로 관리하고 해결하기 위해서는 상호 간의 이해와 소통이 매우 중요하다. 이를 위해 문제 상황에 대한 개방적인 태도와 서로의 피드백을 수용하는 무비판적 대화를 통해, 서로의 감정과 생각을 솔직하게 표현하고 서로의 감정과 상황을 이해하기 위한 노력이 필요하다. 즉, 부모는 자녀의 관점을 이해하고 자녀는 부모의 우려와 의도를 이해할 수 있어야 한다. 이처럼 부모와 자녀가 함께 문제를 해결하고 타협점을 찾는 과정은 가족 구성원들 간의 유대감을 높일 뿐 아니라 문제해결에도 도움을 줄 수 있다.

(3) 부모 양육 태도 유형

반응성과 요구성에 따른 구분 방법은 초기에 Baumrind가 제시한 세 가지 유형에 Maccoby와 Martin(1983)이 한 가지 유형을 추가한 것으로 부모 양육을 권위적(authoritative), 권위주의적 또는 독재적(authoritarian), 허용적 또는 익애적(permissive 또는 indulgent), 방임적(uninvolved) 유형으로 분류한다.

반응성이란 부모가 얼마나 자녀의 요구에 민감하게 반응하고, 자녀의 감정에 민감하게 대응하고, 지지해 주는가를 나타낸다. 반응성이 높은 부모는 자녀의 감정을 잘 알아차리고, 자녀가 표현한 요구나 감정에 적절히 대응하는 경향이 있다. 요구성이란 부모가 자녀에게 어떤 행동이나 규칙을 요구하고 자녀의 행동을 어떻게 통제하고 관리하는지를 나타내는 것으로, 요구성이 높은 부모는 일관된 규칙과 기대를 가지고 자녀에게 특정 행동이나 규칙을 따르도록 요구하는 경향이 있다(Baumrind, 2005). 이러한 개념들은 부모의 양육 방식을 분석하고 설명함으로써, 부모-자녀 관계에서의 상호작용이 자녀의 발달에 어떤 영향을 미치는지를 이해하는 데 도움을 준다. [그림 12-1]은 반응성 및 요구성에 따른 부모 양육유형을 제시한 것이다.

권위적 부모는 반응성과 요구성이 모두 높은 경우로 따뜻하고 확고하며, 자녀의 개별성을 인정하면서도 일관된 규칙과 기대를 설정하여 양방향적인 의사소통을 한다. 권위적 부모의 자녀는 심리적 안정감을 얻고 책임감과 지적 호기심이 증가하는 경향이 있다. 권위주의적 부모는 반응성이 낮고 요구성이 높은 경우로 부모가 권위적이고 지시적인 역할을 맡으며, 자녀에게 높은 수준의 통제와 복종을 강조한다. 또한 자녀의 욕구나 의견에 적극적으로 반응하지 않으면서 독립적 행동을 적극적으로 격려하지도 않는다. 이로 인해 권위주의적 부모의 자녀는 자

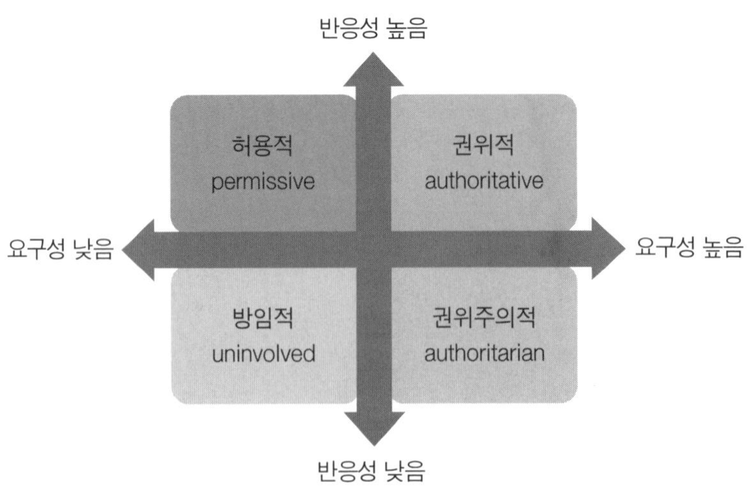

그림 12-1 반응성 및 요구성에 따른 부모 양육유형

출처: Maccoby & Martin (1983).

신의 의사결정에 대한 능력이나 책임감이 부족하고, 낮은 수준의 자율성을 보이며 문제행동을 더 많이 나타낼 수 있다. 허용적 부모는 반응성은 높지만 요구성이 낮은 경우로 부모가 자녀의 요구나 감정에 민감하게 반응하지만, 일관된 규칙이나 요구를 제공하지 않고 자녀가 자유롭게 행동하고 자기 결정을 내리도록 최대한의 자유를 부여하는 것을 중요하게 여긴다. 이러한 특성으로 인해 허용적 부모의 자녀는 의존적일 수 있으며, 부모가 일관된 규칙이나 구조를 제공하지 않기 때문에 자기 통제와 책임을 배우기 어려울 수 있다. 또한 부모의 요구가 적기 때문에 자녀는 마음껏 행동할 수 있지만, 이로 인해 자신을 통제할 수 있는 능력이 부족해질 수 있다. 방임적 부모는 반응성과 요구성이 모두 낮은 경우로 이러한 부모는 자녀와의 상호작용에 거의 관심을 두지 않으며, 자녀에게 충분한 지원이나 관리를 제공하지 않는다. 극단적인 경우, 방임적인 행동을 보일 수 있어 자녀의 성장과 발달에 부정적인 영향을 미칠 수 있다. 방임적 부모의 자녀는 부모의 무관심으로 인해 문제행동을 보이거나 장기적인 목표가 없는 삶을 살게 될 수 있으며, 충분한 도움이나 지도를 받지 못하면서 자기 통제 능력이 부족해질 수 있다. 또한 안전하고 건강한 행동을 습득하기 어려울 수 있다.

각 부모 양육유형은 자녀의 발달과 행동에 큰 영향을 미친다. 권위적 부모 양육 방식은 일반적으로 자녀가 안정감을 느끼고 사회성과 자아 개발에 바람직한 결과를 가져온다고 여겨지지만, 모든 자녀에게 동일하게 적용되는 것은 아니므로 부모는 자녀의 개성과 상황을 고려하여 적절한 양육 방식을 선택하는 것이 중요하다. 따라서 상담에서는 부모 양육유형의 특성을 이해하고 부모들이 자녀와 상호작용하는 방식을 고려하여, 부모-자녀의 관계 개선과 자녀의 성장 및 발달에 도움을 줄 수 있어야 한다. 또한 양육유형은 단순한 분류가 아니라 유동적이며 상황에 따라 조절되는 것이어야 한다. 즉, 부모들은 자녀의 감정에 민감하게 반응하는 동시에 일관된 규칙과 기대를 제공하여 자녀에게 안정감을 주는 것이 중요하며, 적절한 균형을 유지하여 자녀의 성장과 발달을 지원하는 것이 양육의 핵심이라고 볼 수 있다.

(4) 청소년기 부모의 역할

청소년기는 아동에서 성인으로 전환되는 중요한 시기로, 논리적 추론과 인지적 발달이 가속화되는 특징이 있다. 이 시기에 청소년들은 자아정체성을 찾고 독립성을 강화하기 위해 자신의 의견을 내세우려 한다. 부모와의 관계에서도 이러한 변화가 나타나게 되는데, 부모가 설정한 규칙이나 제안에 대해 이견을 내놓거나 논리적으로 반박하는 일이 흔히 발생하면서 부모와의 갈등이 증가하게 된다. 따라서 부모는 자녀의 발달 과정을 이해하고 상호 존중과 소통을 기반으로 한 관계를 유지하는 것이 중요하다. 특히 청소년의 논리적인 주장에 대한 대화와 협상은 청소년이 자신의 의견을 표현하고 독립성을 강화하는 데 도움이 된다. 이때 청소년의 독립성을 증가시키는 동시에 안전하고 건강한 행동을 유도하기 위해 적절한 규칙과 경계 설정 또한 함께 이루어지는 것이 중요하다. 즉, 부모는 먼저 청소년의 생각, 감정, 어려움 등에 대해 존중하는 분위기를 조성하고, 자녀에게 적절한 자유와 책임을 부여하여 자녀가 결정하고 책임지는 경험을 통해 성장하고 배울 수 있도록 조력해야 한다. 다음으로, 청소년기는 정서적으로 예민한 시기이므로 부모는 자녀의 감정을 이해하고 공감하는 자세로 정서적 지원을 제공해야 한다. 또한 자녀에게 도움이나 조언이 필요할 때 부모가 도움의 손길을 제공하되, 간섭이 아닌 협력적인 방식으로 접근하는 것은 자녀의 독립성을 존중하면서도 가족 간의 유대감을 유지하는 데 도움이 된다.

2) 또래, 이성, 사이버 세계에서의 관계

(1) 또래관계의 이해

친구는 청소년들의 균형 잡힌 발달과 정서적 안정을 위해 꼭 필요한 존재이다. 초기 청소년기에는 부모의 영향력이 크지만, 시간이 흐를수록 독립의 욕구가 증가하며 또래 집단으로부터 강한 심리적 영향을 받게 된다. 부모의 피드백보다 또래의 평가와 집단 내에서의 소속감이 매우 중요해지며, 가족과 지내는 시간보다 또래와 지내는 시간이 눈에 띄게 늘어나기도 한다. 또래 집단은 청소년들에게 친밀감, 정서적 지원, 공감적 이해 등 긍정적인 정서를 제공하기도 하지만 또래로부터 무시당하거나 거부당했을 때는 소외감, 적대감, 우울증, 불안 등과 같은 부정적인 정서를 경험할 수도 있다. 또한 또래와의 관계가 원활하지 않을 때는 학업 집중의 어려움과 함께 학교에서 행해지는 사회적 활동에도 부정적인 영향을 미칠 수 있는데, 이는 청소년기 자아정체성 및 자기존중감과도 연관된다. 청소년들은 또래관계를 통해 자신의 가치를 확인하기 때문에 또래관계가 어려울 경우, 자신을 부족한 사람으로 여기며 부정적인 자기상을 형성할 수 있다. 이는 우울, 불안, 스트레스 등의 심리적 문제를 동반할 수도 있기 때문에 청소년 상담 시 또래관계의 형태 및 질을 파악하는 것은 매우 중요하다. 따라서 상담자는 청소년기 또래관계의 특징을 이해하는 것이 중요하며, 친구가 내담자에게 어떤 의미를 갖는지를 면밀하게 살펴보아야 한다. 특히 또래로부터의 부정적 경험은 청소년의 정신건강과 발달에 부정적인 영향을 미칠 수 있으므로, 또래관계의 어려움을 겪고 있는 청소년에게는 그 원인을 탐색하고 함께 해결책을 모색함으로써 건강하고 긍정적인 또래관계를 구축할 수 있도록 도움을 주어야 한다.

(2) 또래관계의 특징

청소년기 또래관계의 가장 큰 특징으로는, 첫째, 지지와 공감이다. 청소년기는 단순히 놀이 친구를 원하는 아동기와 달리 서로의 내면을 공유하고 이해할 수 있는 또래 친구에 대한 욕구가 커지는 시기이다. 2022년 통계청 조사에 따르면 청소년들이 고민을 상담하는 대상으로 친구·동료(43.7%)가 가장 많았고, 그다음으로 부모(29.7%), 스스로 해결(18.1%), 형제자매(4.8%) 등의 순으로 나타났다. 통계 결과는 많은 청소년이 자신의 고민을 이야기할 때 가족보다 친구나 동료와 이야기하는 것을 더 편안하게 느끼고 있음을 보여 준다. 이처럼 청소년기에는 또래관계가 더욱 강조되는 경향이 있으며, 또래관계가 서로에게 더 많은 이해와 공감을 제공하고, 때로는 가족보다 자유롭게 표현하고 공유할 수 있는 환경을 제공한다는 점을 알 수 있다. 특히 또래관계에서는 가족 구성원들로부터 이해받지 못한다고 생각하는 부분까지 노출하여 이야기할 수 있기 때문에 가정에서와 또 다른 형태의 공감, 위로, 지지 등을 받을 수 있는 창구가 될 수 있다. 이처럼 청소년들은 또래와 격려나 피드백을 나누고 때로는 적절한 도움을 주고받는 경험을 통해 자신을 가치 있는 사람으로 느끼기도 한다.

표 12-3 청소년의 고민 상담 대상(13~24세)

단위: %

구분	계	친구·동료	부모			형제자매	인터넷(SNS)[1]	스승	기타[2]	선후배	스스로 해결
				아버지	어머니						
2018	100.0	49.1	28.0	4.1	23.9	5.1	–	1.5	1.0	1.5	13.8
2020	100.0	43.4	27.1	4.2	23.0	6.1	1.4	1.0	0.9	0.8	19.1
2022	100.0	43.7	29.7	4.2	25.5	4.8	0.6	1.0	0.9	1.3	18.1
남자	100.0	44.5	27.5	5.6	21.9	3.3	0.6	1.5	0.4	1.7	20.5
여자	100.0	42.9	31.9	2.7	29.2	6.4	0.5	0.5	1.4	0.8	15.5
13~18세	100.0	38.1	36.5	4.4	32.1	3.7	0.7	2.0	0.7	0.6	17.8
19~24세	100.0	48.0	24.5	4.0	20.5	5.7	0.5	0.2	1.0	1.8	18.3

주: 1) 2018년 '스스로 해결'에 포함. 2020년부터 '인터넷(SNS 등)'을 분리하여 별도 항목으로 조사
2) '전문 상담가' 포함

출처: 통계청(2022).

둘째, 소속감이다. 청소년기의 또래 집단은 아동기의 또래 집단과는 다르게 구조화되어 있으며 수평적이고 평등한 상호작용을 유지하는 특성을 나타낸다. 또래관계가 더 확장됨에 따라 또래 간의 동조성도 증가하게 되는데, 이는 그룹 내에서 비슷한 행동 양식을 취하고 내부 압력에 대해 일치하려는 현상을 의미한다. 이러한 동조성 현상은 일생 중 청소년 시기에 가장 크게 증가하는 것으로 알려져 있다. 이 시기의 청소년들은 또래 집단에서의 소속감을 매우 중요하게 여겨 때로는 그룹의 기준과 일치하려 하기도 하고, 집단 내에서 수용과 인정을 얻기 위해 노력하기도 한다. 그러나 이러한 동조성이 지나치게 강조되거나 부정적인 방향으로 나타날 경우, 청소년들이 개인적인 성장에 어려움을 경험할 수 있다. 따라서 상담자는 청소년기 동조성 현상의 긍정적인 측면과 아울러 부정적인 측면에 대해서도 이해하고 있어야 하며, 이러한 현상으로 인해 또래관계에서 발생할 수

있는 문제에 대해서도 인식하고 있어야 한다. 또한 필요한 경우 또래관계 문제를 겪는 청소년 내담자와 부모에게 또래관계에서 발생할 수 있는 문제에 대한 인식과 함께 동조성의 개념을 잘 설명하여 협력과 이해를 끌어낼 수 있어야 한다.

셋째, 영향력이다. 청소년기는 자아정체성이 형성되고 가치관이 강화되는 시기로, 또래와의 관계는 이러한 과정에 상당한 영향을 미친다. 또래와의 상호작용은 긍정적인 영향뿐 아니라 부정적인 영향도 있을 수 있으므로 청소년기 또래관계를 선택하고 유지하는 것은 매우 중요하다. 청소년기 또래관계는 청소년들의 독특한 하위문화 형성에도 큰 영향을 미치게 되는데, 청소년들은 자신이 좋아하는 음악, 패션, 유행어, 가치관 등을 공유하며 서로 연결감을 느낄 수 있다. 이러한 또래관계의 영향력이 부정적으로 작용하면 위험하고 무모한 행동의 모방이나 집단 비행으로도 이어질 수 있기에, 상담자는 내담자와의 상담 과정에서 영향력이 있는 또래관계를 식별하고 그것이 청소년의 삶에 미치는 영향을 함께 탐색해 나가야 한다. 또한 이러한 또래와의 상호작용이 청소년의 가치관 형성, 행동 패턴 결정, 자아정체성 구축에 어떤 영향을 미치는지를 이해하고 함께 고민하며, 진로나 행동에 관한 결정을 내리는 데 도움을 줄 수 있어야 한다. 특히 청소년이 또래 집단에서 발생하는 문제나 유혹에 어떻게 대처할지에 대한 전략을 함께 고민하고, 필요한 경우 또래관계를 통해 발생할 수 있는 문제에 대한 예방적인 조언을 통해 청소년이 건강하게 자아정체성을 확립하고 긍정적인 또래관계를 형성할 수 있도록 도움을 제공하여야 한다.

넷째, 심리적 안정감 제공이다. 청소년들이 또래와 유사한 경험을 공유하며 서로 이해와 지지를 나누는 것은 심리적 안정감을 얻을 수 있는 중요한 방법 중 하나이다. 또래관계는 자아정체성 형성, 사회적 기술 향상, 정서적 지지 제공 등 다양한 측면에서 청소년 발달에 긍정적 영향을 미친다. 청소년들은 또래와의 상호작용을 통해 자기 생각과 감정을 표현하고 다양한 상황에 대처하는 방법을 배우게 되는데, 이는 사회적 기술의 향상과 자기표현 능력을 강화하는 데 도움이 된다. 특히 또래와 함께하는 여가활동을 통해 친밀한 관계를 형성하고 즐거운 경험을 공유함으로써 동료 의식을 향상시킬 수 있다. 또한 또래관계를 통해 얻은 다양한 경험들은 청소년들이 여러 문제 상황에 대처하고 자아를 표현하는 데 도움을 주기 때문에 청소년의 사회적·정서적 발달에도 매우 중요한 역할을 하게 된다. 따라서 상담자는 또래관계가 청소년의 성장과 발달에 미치는 영향을 이해하고 청소년 내담자가 또래관계로부터 긍정적 정서를 경험하며 심리적 안정감을 느낄 수 있도록 도와주어야 한다.

마지막으로, 정보교환 및 관계기술 습득이다. 청소년기의 또래관계는 성인기에 필요한 다양한 관계기술을 미리 학습하고 연습하는 중요한 기회를 제공한다. 또래와의 상호작용을 통해 행동을 관찰하고 모방하면서 자신만의 행동 모델 기준을 정립할 수 있고, 다양한 상황에서의 의사결정 기술을 키울 수 있다. 특히 비슷한 생활양식을 공유하는 또래관계에서는 유용한 정보를 교환하면서 발전할 기회가 많아지게 된다. 이러한 경험은 성인이 되어 사회에서 다양한 인간관계를 구축하고 유지하는 데 도움이 된다. 청소년기의 또래관계가 성인으로 성장하는 데 중요한 역할을 한다는 점을 고려했을 때, 상담에서는 이러한 또래관계의 중요성을 강조하며 청소년들이 건강하고 지지적인 또래관계를 형성하는 방안을 함께 모색하여야 한다. 이를 통해 청소년들은 사회적으로 적응하고 긍정적인 경험을 쌓을 수 있으며, 이는 성인으로 성장하는 데에도 많은 도움이 된다.

(3) 이성관계의 이해와 특징

청소년기는 생리적인 2차 성징의 발현과 함께 성적 변화를 경험하는 시기로, 이성에 대해 강한 호기심과 동경을 갖게 되는 시기이다. 청소년기 또래관계의 주된 특징 중 하나는 아동기에 비해 이성 친구와의 접촉 빈도가 증가하게 되는 것이다. 이는 성적 호기심과 함께 사회적으로 동성 간 관계에서 이성 간 관계로의 이동이 일어나는 시기로도 설명할 수 있다. Sullivan(1953)은 13~17세의 청소년 초기를 성적 욕구와 함께 이성 친구에 대한 친밀감의 욕구가 증가하는 시기로 보았다. 이 시기의 청소년들은 그동안 동성 친구와의 우정을 위해 기울였던 에너지의 많은 부분을 이성으로 전환하며 동성 간 우정뿐 아니라 이성관계에도 강한 호기심을 가지게 된다. 따라서 청소년들이 성과 관련된 올바른 인식과 태도를 가지고 이성 친구에 대한 호기심과 친밀감의 욕구를 건강하게 해소할 수 있도록 돕는 것은 청소년들의 정서적 발달을 위해 매우 중요하다. 건강한 이성교제는 이성에 대한 이해를 높이며 성숙한 인격 형성과 사회성 발달을 촉진하지만, 건강하지 못한 이성교제는 청소년들에게 심리적이고 정서적인 문제뿐 아니라 청소년 성매매, 임신, 데이트 폭력 등의 심각한 사회문제로까지 이어질 수 있다. 따라서 청소년들에게 건강하지 못한 이성교제로 인해 발생할 수 있는 문제에 대한 인식과 함께 적절한 성교육을 제공하여 올바른 성 가치관과 의사결정 능력을 갖출 수 있도록 도와주어야 한다. 이를 통해 청소년들은 건강한 성적 발달과 이성관계의 중요성에 대해 이해할 수 있으며, 자신과 상대방을 존중하는 건강한 성 가치관을 형성할 수 있게 된다.

표 12-4 청소년기 이성교제의 특성

연령	청소년기 이성교제의 특성
12~15세	• 아직 이성교제에 대한 낭만적 관계를 수용하지 못하는 시기 • 남녀가 학교 또는 외부에서 부담 없이 함께 시간을 보내는 방식으로 진행됨
16~18세	• 이성교제가 일반화되는 시기 • 이성교제가 우발적으로 이루어지거나 주변에 관심을 보이는 이성을 좋아할 확률이 높아짐 • 이성교제의 가능성만으로도 쾌감을 가질 수 있으며 외모를 치장하는 등의 격식을 갖춰 가는 방향으로 전환됨
19~22세	• 관계가 친밀해지며 비교적 안정적인 이성관계를 형성하는 시기 • 자아에 대한 비판력이 향상하여 자신에게 부족한 부분을 이성 친구에게서 충족하기를 희망하는 '이상적 연인'을 찾으려 함

출처: 허혜경, 김혜수, 박인숙(2013).

(4) 사이버 세계 관계의 이해와 특징

사이버 세계는 다수의 이용자가 정보를 주고받으며 동시적으로 교류할 수 있는 인터넷 가상공간을 의미한다. 이렇게 시공간을 초월하여 많은 정보를 제공하는 사이버 세계는 청소년들의 호기심과 욕구를 충족시키며, 이들의 관계 욕구를 해소할 수 있는 매력적인 소통 및 관계의 장으로 자리 잡게 되었다. 청소년들은 사이버 세계 속에서 다른 사람들과의 상호작용을 통해 공동체를 이루기도 하고 현실 세계에서의 관계를 더욱 공고히 만들기도 한다. 청소년들에게 있어 사이버 세계는 현실 세계와 연결되는 소통의 장이자 또 다른 생활공간이 되는 것이다. 사이버 세계에서의 의사소통은 현실 세계에서의 의사소통과 달리 익명성을 유지할 수 있기 때문에 현실에서 자신을 표현하고 소통하는 데 부담을 갖는 청소년들이 좀 더 쉽게 자신을 개방할 수 있다. 또한 나이, 지위, 자격에 제한 없이 정보를 공유할 수 있어 다양한 배경과 관심사를 가진 사람들이 서로 연결될 수 있다. 이는 청소년들이 다양성을 이해하고 경험하면서 나와 다른 사람들에 대한 포용적인 사고와 태도를 넓히는 데에 도움을 줄 수 있다. 사이버 공간에서는 자신이 원하는 모습의 이미지를 자유롭게 만들어 낼 수 있으며 다양한 방법으로 다양한 사람들에게 선택적으로 자신을 표현할 수 있는 특징이 있다. 따라서 많은 청소년은 통제가 가능한 사이버 공간을 현실 공간보다 더욱 안전하고 편안한 공간으로 느끼기도 한다. 때때로 청소년들은 현실에서 충족되지 못한 대인관계 욕구를 사이버 세계를 통해 해소하기도 하는데, 이러한 사회적 보상에 과도하게 몰입할 경우 인터넷 중독으로도 이어질 수 있으므로 이에 대한 주의가 필요하다.

2022년 청소년 인터넷 이용실태조사는 청소년들의 인터넷 이용 패턴이 연령에 따라 어떻게 다르게 나타나는지를 설명하고 있다. 초등학생이 이용하는 인터넷 서비스는 인스턴트 메신저(94.0%), SNS(60.5%), 인터넷 뱅킹(40.4%), 인터넷 쇼핑(37.5%), 이메일(32.5%) 순으로 나타났는데, 초등학생들도 이미 다양한 인터넷 서비스를 활용하고 있으며, 특히 인스턴트 메신저와 SNS를 주로 활용하고 있다는 것을 알 수 있다. 인스턴트 메신저는 채팅, 전화는 물론 쪽지나 파일, 자료를 실시간으로 전송할 수 있는 서비스를 의미한다. 중학생이 이용하는 인터넷 서비스는 인스턴트 메신저(99.2%), SNS(74.4%), 인터넷 쇼핑(51.4%), 이메일(50.5%), 인터넷 뱅킹(46.0%) 순으로, 중학생들은 초등학생들보다 인스턴트 메신저와 SNS를 더욱 강하게 활용하며 더 복잡한 온라인 활동에 참여하는 경향을 보인다. 이러한 인스턴트 메신저와 SNS의 높은 이용률은 온라인상의 소통과 사회적 연결성의 중요성을 보여 준다. 고등학생은 인스턴트 메신저(99.3%), SNS(77.4%), 인터넷 쇼핑

(70.3%), 이메일(54.1%), 인터넷 뱅킹(47.9%) 순으로, 더욱 다양한 온라인 활동에 참여하며, 특히 인터넷 쇼핑과 이메일 사용이 높아짐을 확인할 수 있다. 대학생은 인스턴트 메신저(100.0%), 인터넷 쇼핑(97.1%), SNS(93.5%), 이메일(89.8%)과 인터넷 뱅킹(89.8%) 순으로, 모든 서비스를 높은 비율로 활용하고 있으며, 특히 인터넷 쇼핑과 SNS 사용이 두드러지게 나타나고 있다. 이러한 통계는 청소년들의 연령에 따라 어떤 인터넷 서비스가 주로 이용되고 있는지와 함께 학년별 특징을 보여 준다. 또한 연령이나 학년에 따른 인터넷 사용 패턴을 비교함으로써, 청소년들이 어떻게 디지털 환경을 활용하고 소통하는지에 대한 정보를 제공한다. 즉, 청소년들이 인터넷 가상공간에서 다양한 서비스를 활용하여 타인과 소통하고 관계를 맺거나 유지하는 데 가장 많은 시간을 보내고 있음을 보여 주며, 청소년들이 연령에 따라 다양한 온라인 서비스를 활용하면서 얻는 이점과 동시에 주의가 필요한 부분도 함께 고려한 상담, 교육, 정책 등이 개발되어야 함을 알 수 있다. 특히 온라인 사용에 주의가 필요한 부분을 파악하고 이에 대한 안전성을 강화하여, 청소년들이 온라인 환경에서 건강하게 성장하고 긍정적인 경험을 쌓을 수 있도록 도움을 제공해야 한다.

표 12-5 2022 인터넷 서비스 이용률[1]

단위: %

구분	인스턴트 메신저[2]	주이용 서비스			SNS	주이용 서비스			인터넷 쇼핑[3][4]	이메일	인터넷 뱅킹[4]
		카카오톡	페이스북 메신저	인스타그램 다이렉트 메시지(DM)		페이스북	카카오스토리	인스타그램			
초등학생	94.0	99.5	9.7	7.4	60.5	18.7	12.0	72.3	37.5	32.5	40.4
중학생	99.2	98.4	28.9	25.9	74.4	46.1	14.4	73.5	51.4	50.5	46.0
고등학생	99.3	97.3	34.3	35.6	77.4	56.8	17.0	80.4	70.3	54.1	47.9
대학생	100.0	99.0	40.4	38.0	93.5	57.3	15.9	83.1	97.1	89.8	89.8

주: 1) 최근 1년 이용자로 복수 응답하였음
2) 컴퓨터, 스마트폰 등으로 온라인상에서 개인 간 실시간으로 메시지, 사진 등의 데이터를 주고받을 수 있는 서비스로, 카카오톡, 라인, 네이트온, 페이스북 메신저, 텔레그램 등이 포함
3) 다중 항목 중 복수 응답(3개 항목) 가능 문항이며, 해당 표에는 상위 3개의 주이용 서비스를 제시함
4) 인터넷 쇼핑과 인터넷 뱅킹은 12세 이상임

출처: 여성가족부(2023. 5. 30.).

3) 교사와의 관계에 대한 이해와 특징

청소년기는 자신의 정체성을 형성하고 사회적 관계를 발전시키는 중요한 시기로, 학교와 교사는 이러한 과정에서 중요한 지원체계를 제공한다. 학교에서의 교육과 경험은 학생들이 자신의 가치, 신념, 흥미 등을 발견하고 이를 기반으로 자아를 구축하는 데 도움을 줄 뿐 아니라, 교사와 또래들과의 상호작용을 통해 사회적 기술을 향상시키고 건강한 관계를 발전시키는 데에도 도움이 된다. 또한 학교는 학문적인 경험뿐 아니라 예술, 스포츠, 도덕적인 문제 등 다양한 분야의 경험을 제공하는데, 이러한 경험들은 학생들이 다양한 관점에서 세계를 이해하고 여러 기술과 지식을 습득 및 발전시킬 기회가 된다. 즉, 학교는 학생들에게 지식뿐 아니라 대인관계를 형성하고 유지하는 데 필요한 기술과 경험을 제공하는 장소이며, 학생들은 학교에서 다양한 경험을 통해 사회적 기술, 창의적인 사고와 문제해결력, 리더십 등의 능력을 키우고, 이를 통해 미래에 대비하며 성공적으로 사회에 참여할 수 있게 된다. 이러한 과정에서 교사의 역할이 매우 중요하다. 따라서 교사는 학생들이 학교 내에서 마주치는 다양한 문제에 대해 도움을 제공하여, 청소년들이 학교에서 안정감을 느끼고 원활히 적응할 수 있도록 도와주는 역할을 해야 한다.

한편, 부모에게서 독립하려는 욕구가 강화되는 청소년기에는 교사와의 관계가 더욱 중요해진다. 이러한 맥락에서 학교 내에서 교사와의 관계는 더욱 중요한 역할을 하게 되며, 여러 이유로 인해 부모와의 의존도가 줄어들면서 학생들은 학교 환경에서 교사들과의 관계를 통해 지지와 안정감을 얻으려고 한다. 교사-학생 간 상호 신뢰가 높고 긍정적인 경우, 학생들은 학교에서 더 쉽게 적응할 수 있으며 또래관계에도 긍정적인 영향을 미치게 된다. 교사가 모범적인 행동을 보여주고 학생들에게 긍정적인 모델을 제공할 때, 학생들 간의 친밀감과 협력이 촉진될 수 있다. 또한 긍정적인 교사-학생 관계는 학업 성과 향상과도 관련이 높다. 학생들이 교사와의 긍정적인 상호작용을 통해 학습 환경에서 편안함을 느끼면, 학업에 대한 흥미와 참여도 증가할 가능성이 높아져 학업 성과 향상에도 좋은 영향을 미치게 된다. Juvonen(2006)은 긍정적인 교사와의 관계를 경험한 청소년들이 상급학교로 진학한 후에도 긍정적인 교사관계 및 또래관계를 형성할 가능성이 높다고 하였다. 이는 청소년기에 형성된 교사와의 긍정적인 관계가 이후 대인관계 패턴 형성에 영향을 미칠 수 있다는 것을 의미한다. 교사와의 관계는 학년이 바뀔 때마다 변화하는 환경에서 새로운 관계를 형성해야 하므로, 부모나 또래와의 관계와는 다른 성격을 나타낼 수 있다. 학교 환경은 학업, 또래관계, 학교 교칙 등 다양한 측면에서 학생들에게 영향을 미치기 때문에 교사와의 관계도 이러한 맥락에서 발전하게 된다. 즉, 학생들은 학년이 바뀔 때마다 새로운 교사와의 관계를 형성해야 하므로 학교생활에서 변화와 도전에 직면하게 되는데, 이는 학업적인 측면뿐 아니라 대인관계와 심리적인 안정감에도 영향을 미칠 수 있다. 따라서 교사는 학생 개개인의 심리적 특성을 이해하고, 긍정적이고 지지적인 태도로 학생들을 대하며, 학생들이 안정감을 느끼고 자신의 의견이나 어려움을 표현할 수 있는 환경을 제공해야 한다. 이러한 교사와의 긍정적인 관계와 지지는 학생들이 학교에서 성공적으로 적응하고 성장하는 데에 큰 영향을 미친다.

초기 청소년들은 교사에게 지지적이고 긍정적인 관계를 요구하는 경향이 있다. 그러나 중학교로 진학하는 시점부터는 학급 규모가 커지고 교사와의 접촉이 줄어들면서 학생들이 교사와의 관계에서 얻는 지지와 친밀감이 감소하게 된다. 이러한 변화는 학생 개개인의 심리적 특성과도 연관되어 있을 수 있는데, 특히 사춘기를 겪는 청소년들은 권위에 대한 반항심이나 적대감을 지닐 수 있어 교사와의 긍정적인 관계 형성이 어려울 수 있다. 또한 자아존중감이 낮고 자아정체성이 확립되지 못한 청소년들은 교사들의 부정적인 피드백을 받게 되면, 더욱 예민하게 반응하여 긴장되고 위축된 모습을 보이며 부정적인 정서를 경험하게 된다. 이러한 심리적 문제의 악순환을 해결하기 위해서는 교사와의 관계를 회복하고 개선하기 위한 적극적인 개입이 필요할 수 있다. 또한 교사와의 관계가 원만하지 않을 경우, 청소년기 우울에도 부정적인 영향을 미칠 수 있으므로 우울을 경험하는 청소년들에 대한 교사의 개입이 중요하다고 볼 수 있다. 우울 증상은 다양한 형태로 나타날 수 있어 교사는 학생들의 행동이나 태도의 변화를 주의 깊게 살펴봐야 한다. 특히 학생들이 고립되어 있거나 참여하지 않는다고 느낄 때, 학업에 대한 흥미와 참여가 줄어들 때, 갑작스러운 성적 변화가 있을 때 등을 주의 신호로 여겨야 한다. 이러한 변화는 학생들의 심리적 상태에 영향을 미칠 수 있으므로 교사는 학생들과 소통하면서 친밀하고 신뢰할 수 있는 관계를 형성하여, 학생들이 학교에서 안정감을 느끼고 자신의 감정이나 어려움을 솔직하게 표현할 수 있는 환경을 조성해 주어야 한다. 다시 말해, 교사는 학생들과 긴밀한 관계를 형성하고 있는 위치에 있어 학생들의 우울 증상을 감지하고 개입할 수 있는 접근성이 크므로 문제에 조기 대응할 수 있도록 노력해야 한다.

청소년 상담 시 상담자는 내담자의 학교 및 교사와 연계하여 내담자를 도와야 하는 상황이 발생할 수 있다. 때때로 교사의 도움을 통해 내담자의 문제를 객관적으로 파악할 수 있기도 하며, 내담자가 많은 시간을 보내는 학교에서 직간접적으로 교사의 도움을 요청할 수도 있다. 따라서 상담자는 청소년기 대인관계에서 교사 역할의 중요성을 인식하고 청소년 내담자에게 교사가 좋은 모델링이자 지지자원이 될 수 있도록 도와주어야 한다.

3 청소년의 대인관계를 위한 상담 및 개입

청소년의 대인관계를 위한 상담적 개입을 살펴보면 다음과 같다.

1) 부모에 대한 개입

청소년을 대상으로 한 상담에서 부모에 대한 개입은 필수적이라고 볼 수 있다. 청소년기는 자아정체성을 형성하고 독립성을 추구하는 중요한 단계로, 부모와의 관계는 이러한 발달 과정에 큰 영향을 미친다. 부모와의 상호작용이 건강하고 지지적인 경우 청소년은 자기를 이해하고 받아들일 기회를 얻게 되며, 이는 정서적인 안정성과 자아존중감을 증진시킬 수 있다. 반면, 부정적이거나 강압적인 부모-자녀 관계는 청소년의 정서 문제와 행동 문제를 촉발시킬 수 있으므로, 부모와의 관계가 청소년의 정서적 및 행동적 발달에 미치는 영향을 이해하고 상황에 적절한 개입 전략을 선택하는 것이 상담자의 중요한 역할이다.

상담자가 부모에 대한 적절한 개입을 하기 위해서는 청소년이 겪는 생리적·정서적·사회적 변화를 이해하고 그에 따른 부모의 역할과 대처 방법에 대해 개입함으로써, 부모가 자녀와의 상호작용을 개선하고 자녀의 행동이나 반응에 대한 이해를 할 수 있도록 도와야 한다. 먼저 자녀의 학교생활에서 겪는 어려움 중 하나인 학교 성적, 학습 습관, 과제 처리 등에 대한 관심과 방법을 제공하는 것이 필요하다. 부모가 자녀의 학습 습관을 이해하고 지원하는 방법으로, 부모가 자녀와 자주 학교생활에 대해 이야기를 나누어 자녀가 학업에 대한 어려움을 함께 공유할 수 있도록 도와준다. 이를 통해 부모는 자녀에게 필요한 학습 방법을 가르쳐 주어 학업에 대한 어려움을 해결할 수 있도록 도움을 줄 수 있다. 예를 들어, 과제와 시험 준비를 계획적으로 진행하는 방법, 효과적인 메모 기술, 시간 관리 방법 등을 가르쳐 줌으로써 자녀가 더 효율적으로 공부할 수 있도록 도움을 제공한다. 또한 부모는 자녀가 실패했을 때도 격려와 지원을 제공하여 자녀의 자신감을 향상시키고 학습에 대한 긍정적인 태도를 유지할 수 있도록 도와줘야 한다. 이러한 부모의 관심과 지원은 청소년기의 학교생활에 대한 부담을 줄이고, 학습에 대한 긍정적인 태도 및 학업 성취도와 자신감 향상에 도움이 된다. 상담자는 부모와의 상호작용을 통해 이러한 지원과 관심을 강화하고, 부모가 자녀의 학습에 대한 이해와 지원을 제공할 수 있도록 도와야 한다.

다음으로, 청소년이 부정적인 행동 패턴을 보일 때, 부모가 적절하게 대처할 수 있는 방법에 대한 개입이다. 예를 들어, 자녀가 반항적 행동을 보일 때 부모는 공격적이거나 강압적인 태도를 취하기보다는 자녀의 행동에 대한 이해심을 표현하고 대화를 통해 문제를 해결하는 것이 중요하다. 이때 부모는 청소년과 소통하고 합리적인 규칙과 한계를 설정하면서도 청소년의 의견을 잘 듣는 자세를 취해야 한다. 만약 자녀가 약물남용이나 자해 행동을 보이는 경우 부모는 부정적인 행동에 대해 비난하거나 처벌하는 것보다는, 자녀가 겪고 있는 어려움에 대한 이해를 잘 표현하고 즉각적으로 전문가의 도움을 받아야 한다는 것을 알려 준다. 또한 스마트폰 중독이나 인터넷 중독이 의심되는 자녀에게도 부모가 이해심을 가지고 청소년과 함께 디지털 미디어 사용에 대해 건강한 균형을 찾는 방법을 모색할 수 있도록 방법을 제공한다. 부모는 청소년의 디지털 사용을 모니터링하고 적절한 규제를 적용하며, 가정 내에서 활동적인 대안을 제공하여 디지털 중독을 예방할 수 있다. 이러한 부모의 개입은 청소년기의 부정적인 행동 패턴을 예방하고 가정 내 행복한 분위기를 조성하는 데 도움이 될 수 있다. 그러나 만약 부모가 혼자서 문제를 해결하기 어렵다고 느낀다면 전문가의 지원을 받는 것이 도움이 된다.

2) 또래에 대한 개입

또래에 대한 개입은 청소년 상담의 또 다른 측면에서 중요하다고 볼 수 있다. 청소년들은 또래와의 관계에서 많은 영향을 받으며, 또래 간의 문제가 사회적·정서적·행동적 문제로 이어질 수 있기 때문에 또래에 대한 개입도 고려되어야 한다. 청소년 상담에서 또래에 대한 개입은 다양한 상황과 문제에 따라 다르게 나타날 수 있으나, 일반적으로 관계의 문제로서 또래 간의 갈등, 또래관계의 어려움, 괴롭힘이나 따돌림과 같은 문제가 있다. 청소년기 또래관계에서 비롯된 문제에 올바른 개입을 하기 위해서 상담자는 먼저 각 개인이 바라보는 관점과 감정을 이해하고 공감하는 태도를 유지하는 것이 중요하다. 이를 기반으로 또래 간 갈등의 배경과 원인을 파악하고 중재에 도움이 될 수 있는 정보를 얻음으로써, 또래관계를 개선하고 상호작용을 촉진하는 데 도움을 제공할 수 있다. 이때 상담자는 중립적이면서도 따뜻하고 이해심 깊게 청소년들과 소통하고 그들의 경험을 존중함으로써, 상호 간의 신뢰를 구축하여 효과적인 개입을 할 수 있게 된다. 아울러 또래관계를 개선하고 상호작용을 촉진하기 위한 추가적인 전략으로는 자신의 감정을 표현하고 상대방의 감정을 이해하는 방법을 가르치는 자기표현 훈련, 자신의 의견을 자신감 있게 표현할 수 있도록 돕는 자기주장 훈련, 또래관계에서 필요한 사회적 기술을 향상시키기 위한 그룹 활동, 팀 프로젝트, 롤 플레이 등과 같은 사회기술 훈련, 갈등 해결을 위해 필요한 효과적인 소통 기술을 가르치는 의사소통 훈련 등이 있다. 이러한 전략들을 통해 청소년들은 또래관계에서 건강한 소통과 협력을 촉진할 수 있게 되며, 문제 발생 시 효과적으로 대처하는 능력을 키울 수 있게 된다.

한편, 또래관계를 더욱 강화하고 상호작용을 촉진하여 청소년들이 건강하고 지지적인 환경에서 성장할 수 있도록 돕기 위해서는, 먼저 청소년들에게 갈등 예방 및 효과적인 갈등 해결에 관한 교육을 제공하는 방법이 있다. 이러한 교육의 핵심은 청소년들이 사회적 기술을 개발하고 유용한 대인관계 기술을 배울 수 있도록 돕는 것이다. 이는 청소년들이 미래에 발생할 수 있는 갈등 상황에 대비하고 그에 대처할 수 있는 능력을 키우는 데에 중요한 역할을 하게 된다. 즉, 갈등 상황에서의 효과적인 대처 능력은 청소년들이 더 건강하게 대인관계를 유지하고 발전시키는 데 도움이 될 수 있다. 또 다른 방법으로는 청소년들이 자신의 관심사를 공유하며 함께 참여할 수 있는 진로 및 취미 활동 그룹을 조성하는 것이다. 청소년들은 이러한 활동 과정에서 친밀감을 느끼며 긍정적인 상호작용을 할 수 있다. 이렇게 또래와 긍정적인 경험을 쌓아 가는 것은 학업 성취도 향상과 더불어 학교생활 적응에도 도움이 될 수 있다. 이러한 교육과 활동들은 청소년들이 서로를 이해하고 존중하는 마음가짐을 가지게 하며, 학교나 지역사회에서 적극적으로 참여하고 협력하는 데 도움을 준다. 따라서 청소년들이 건강하게 성장하고 서로에게 지지를 제공하며, 긍정적인 학교 경험을 쌓을 수 있도록 지속적인 지원과 노력이 필요하다.

3) 교사에 대한 개입

교사는 학생들의 학교생활에 많은 영향을 미치는 중요한 대상 중 하나이다. 교사의 말 한마디는 학생들의 인생을 좌우하기도 할 만큼 영향력이 크다고 볼 수 있으며, 교사는 학교 안에서 학생들에게 학문적인 지식과 기술을 가르치는 교육뿐 아니라 정서적 지원과 지도를 함께 제공하는 역할을 한다. 청소년 상담에서 교사에 대한 개입은 학생들의 학문적 성장과 더불어 정서적 안정에도 큰 영향을 미칠 수 있기 때문에, 교사와 학생에 대한 이해를 바탕으로 한 상담 개입은 매우 중요할 수 있다. 교사는 학생들과 많은 시간을 함께하며 학급 내에서 이루어지는 다양한 상황을 직접 관찰하고 경험하게 된다. 이러한 경험을 통해 교사는 학생들이 경험하는 실질적인 어려움이나 즐거웠던 경험, 학생들의 관심사, 성공적 수행 혹은 실패 경험 등과 같은 정보뿐 아니라, 학생들의 행동이나 감정, 학생들 간의 상호작용에 대한 정보를 함께 얻을 수 있다. 또한 교사가 학급 내에서 어려움을 겪고 있는 학생을 빠르게 파악하여, 도움이 필요한 학생을 상담자와 공유함으로써 학생에게 필요한 도움을 제공해 줄 수 있다. 따라서 교사와 상담자 간의 긴밀한 협력은 상담에 필요한 다양한 정보 제공과 함께 학생들의 정서적 안정에도 도움을 줄 수 있다. 이를 위해 상담자는 교사들을 대상으로 청소년기 학생들의 사회적·정서적 위치에 대한 이해를 높일 수 있는 교육이나 워크숍을 실시함으로써, 학생들이 경험하는 다양한 상황과 그들만의 독특한 의사소통 방식을 교사들이 이해할 수 있도록 하고 이들에게 필요한 실질적이고 효과적인 지원 방안을 마련하도록 돕는 역할을 할 수 있다.

또 다른 개입으로 상담자는 교사와 함께 학급 내 상담 프로그램을 운영하여 학생들의 정서적인 어려움을 조기에 발견하고, 그에 맞는 적절한 지원을 제공해 줄 수 있다. 이는 학생들에게 직접적이고 개별화된 지원을 제공하는 동시에 학급 전체의 대인관계와 분위기를 개선하는 데 기여할 수 있다. 학급 내 상담 프로그램을 운영할 때 주의해야 할 점으로, 먼저 프로그램 운영 시 상담 목표, 상담 기술과 전략, 상담 기간, 상담 회기 등에 대해 교사와 함께 공유하는 것을 꼽을 수 있다. 상담 목표는 학생들이 실제로 겪는 어려움이나 필요에 따라 정해질 수 있으며, 프로그램을 통해 어떤 결과를 얻고자 하는지에 대해 구체적이고 명확하게 설정되어야 한다. 명확한 상담 목표는 프로그램의 방향성을 제시하고 그에 따른 효과적인 전략을 수립하는 데 도움이 되며, 프로그램 효과에 대한 평가와 조정에도 도움이 된다. 또한 상담자는 교사와 협력하여 개별 상담 시간을 학생들에게 제공하여

학생들이 자신의 어려움을 개별적으로 이야기하고 도움받을 수 있는 창구를 마련해야 한다. 이러한 과정을 통해 상담자는 학생이 실제 겪고 있는 문제가 어디서부터 기인하는지를 파악할 수 있으며, 학생이 직면한 문제에 가장 효과적인 해결책이 무엇인지를 함께 찾아보며 어려움을 해결할 수 있게 된다. 그리고 상담자는 교사들로부터 학생들이 처한 여러 상황에 대한 피드백을 수렴하여 상담에 반영하는 것이 필요하다. 교사들은 학생들과 더 가까이 교류하며 학급에서 발생하는 다양한 문제에 직면하게 된다. 상담자는 교사의 피드백을 통해 학생들의 실제 상황을 더 잘 이해할 수 있으며, 개별 상담이나 학급 내 상담 프로그램을 개선하는 데 이를 활용할 수 있다. 또한 교사들이 특별한 상황에 대응할 수 있는 상담 기법이나 전략을 제안하는 것도 필요하다. 이러한 전략은 학급 내 갈등, 학업 스트레스, 학습 방식에 따른 다양한 어려움 등에 대한 구체적인 조언과 지원을 제공하여, 교사들이 실질적으로 학생들을 도울 수 있는 방법이 된다. 이와 같은 방식으로 상담자는 교사들과의 긴밀한 협력을 통해 교육 환경을 개선하여, 학생들의 건강한 성장과 발전 및 학교의 긍정적인 교육 환경 조성에 기여할 수 있을 것이다.

생각해 볼 문제

1. 청소년기 부모-자녀 관계를 설명하고 네 가지 양육유형에 따른 긍정적·부정적 영향을 각각 설명하시오.
2. 청소년들에게 또래관계가 중요한 이유와 또래관계의 긍정적·부정적 영향을 각각 설명하시오.
3. 집단 따돌림을 목격한 한 청소년 내담자가 선생님께 이 사실을 알리길 꺼리고 있다. 따돌림을 당한 친구에 대한 미안함과 함께 친구를 도와주지 못한다는 죄책감이 크게 느껴지지만 선뜻 나서서 친구를 도와주지 못하고 있는 이유를 청소년기의 또래관계 특징과 함께 설명하시오.
4. 청소년기 건강한 이성교제가 청소년 발달에 미치는 긍정적 영향에 대해 설명하시오.
5. 인터넷 게임을 하며 하루 대부분의 시간을 보내는 청소년 내담자가 게임 시간을 조절하는 것이 어렵다며 상담실에 찾아왔다. 내담자는 게임 자체보다 게임을 하며 만나는 친구들과 대화하는 것에 흥미를 느껴 게임을 중단할 수가 없다. 초기 상담에서 상담자는 내담자의 문제해결을 위해 어떤 것들을 구체적으로 탐색할 것인지에 대해 설명하시오.

사례를 통한 개입 방안

다음의 청소년 내담자 사례를 읽고, 이 청소년 내담자에게 어떠한 개입이 이루어져야 할 것인지 생각해 봅시다.

"혼자 있으면 외롭고 친구들과 있으면 불편해요."

올해 중학교 1학년이 된 성희는 친구 관계의 어려움을 호소하며 상담실에 찾아왔다. 성희는 초등학교 6학년 때 같이 어울려 지내던 친구들로부터 집단 따돌림을 받은 경험이 있어, 그 이후로 학교생활에 전혀 흥미를 느끼지 못하고 있다. 학교에 가면 가슴이 두근거리고 모든 사람이 나를 쳐다보는 것 같은 느낌이 들어 매우 불안해진다. 친구들과 최대한 눈을 마주치지 않으려 하고, 수업시간에 궁금한 것이 있어도 주목받는 것이 두려워 선생님께 질문을 할 수도 없다. 학기 초, 한 친구가 먼저 말을 걸어 주어 점심을 같이 먹긴 하지만, 혹시나 말실수를 해서 나를 싫어하게 되진 않을까 싶어 최대한 말을 아껴서 하게 된다. 그러다 보니 대화가 줄어들고 친구도 자신을 불편하게 느끼는 것 같아 계속 신경이 쓰인다. 주말에는 주로 집에서 유튜브를 보거나 게임을 하면서 시간을 보내는데, SNS를 통해 같은 반 친구들끼리 놀러 간 사진을 보면 외롭고 소외된 느낌이 든다. 성희는 친구들에게 먼저 말도 걸어 보고 친하게 다가가고 싶지만, 용기가 나지 않고 거절당할까 두려워 다가갈 수가 없다. 친구들과 같이 있으면 여러 가지 생각이 들어 마음이 불편해지고, 혼자 있으면 소외되고 외로운 느낌이 들어 혼란스럽다. 다른 친구들처럼 편안하게 친구들과 어울려 지내고 싶지만 어떻게 해야 할지를 몰라서 답답한 마음이 크다.

참고문헌

제1장 청소년 상담의 이해

구본용(2002). 청소년상담모형의 정립과 발전과제. 제9회 청소년상담학세미나. 한국에서의 청소년상담-미래와 전망(pp. 17-34). 한국청소년상담원.

김유미(2005). 뇌호흡의 뇌과학적 근거와 유아교육에의 적용 가능성 탐색. 열린유아교육연구, 10(2), 21-39.

김유숙(2008). 아동과 청소년 심리치료. 학지사.

문영주, 좌현숙(2008). 청소년의 학업스트레스와 정신건강에 있어 정서적 조절 능력의 조절효과. 사회복지연구, 38, 353-379.

박경애, 김혜원, 주영아(2010). 청소년 심리 및 상담. 공동체.

박영숙, 전영민(2001). 청소년 성심리검사의 신뢰도와 요인구조. 한국심리학회지: 임상, 20(4), 775-793.

박영숙, 전영민(2002). 고등학생용 성심리검사의 개발. 한국심리학회지: 임상, 21(4), 891-909.

신현기, 이상열(2006). 우리나라 성폭력범죄의 실태분석에 관한 연구. 한독사회과학논총, 16(1), 249-274.

이성진(1996). 청소년상담 발전의 발향과 과제. 제3회 청소년상담학세미나 자료. 청소년대화의광장.

이원화, 이지영(2011). 청소년의 정서조절곤란 수준과 정서조절방략의 사용: 중·고등학생과 대학생의 비교 연구. 인간이해, 32(2), 195-212.

임영식, 한상철(2000). 청소년 심리의 이해. 학문사.

임전옥, 장성숙(2003). 정서인식의 명확성, 정서조절양식과 심리적 안녕의 관계. 한국심리학회지: 상담 및 심리치료, 15(2), 259-275.

최성환, 최해연(2014). 청소년 정서조절의 이해: 측정도구의 개발 및 타당화. 한국심리학

회지:일반, 33(4), 833-852.

최은희, 최성진(2009). 정신과 환자의 미성숙한 방어기제와 정서조절곤란이 정신건강에 미치는 영향. 한국심리학회지: 임상, 28(2), 171-171.

현명선, 남경아, 공성숙(2001). 청소년의 성적 발달과 신체상, 문제행동 및 우울과의 관계 연구: 경기도 지역의 중학생을 중심으로. 정신간호학회지, 10(4), 533-547.

Adams, G. R., Gullotta, T. P., & Montemayor, R. E. (1992). *Adolescent identity formation*. Sage Publications, Inc.

Dolcini, M. M., Cohn, L. D., Adler, N. E., Millstein, S. G., Irwin Jr., C. E., Kegeles, S. M., & Stone, G. C. (1989). Adolescent egocentrism and feelings of invulnerability: Are they related? *The Journal of Early Adolescence, 9*(4), 409-418.

Elkind, D. (1967). Egocentrism in adolescence. *Child Development, 38*(4), 1025-1034. https://doi.org/10.2307/1127100

Elkind, D. (1970). *Children and adolescents: Interpretive essays on Jean Piaget*. Oxford U. Press.

Goossens, L., Seiffge-Krenke, I., & Marcoen, A. (1992). The many faces of adolescent egocentrism: Two European replications. *Journal of Adolescent Research, 7*(1), 43-58.

Kring, A. M., & Werner, K. H. (2004). Emotion regulation and psychopathology. In P. Philippot & R. S. Feldman (Eds.), *The regulation of emotion* (pp. 359-385). Lawrence Erlbaum Associates Publishers.

Laitinen-Krispijn, S., Van der Ende, J., Hazebroek-Kampschreur, A. A. J. M., & Verhulst, F. C. (1999). Pubertal maturation and the development of behavioural and emotional problems in early adolescence. *Acta Psychiatrica Scandinavica, 99*(1), 16-25.

Lapsley, D. K. (1991). Egocentrism theory and the 'new look' at the imaginary audience and personal fable in adolescence. *Encyclopedia of adolescence*, 281-286.

Lapsley, D. K., Fitzgerald, D. P., Rice, K. G., & Jackson, S. (1989). Separation-individuation and the 'new look' at the imaginary audience and personal fable: A test of an integrative model. *Journal of Adolescent Research, 4*(4), 483–505.

McLaughlin, K. A., Hatzenbuehler, M. L., Mennin, D. S., & Nolen–Hoeksema, S. (2011). Emotion dysregulation and adolescent psychopathology: A prospective study. *Behaviour Research and Therapy, 49*(9), 544–554.

Plutchik, R. (1982). A psycho evolutionary theory of emotions. *Social Science Information, 21*(4–5), 529–553. https://doi.org/10.1177/053901882021004003

Schmidt, M., Demulder, E., & Denham, S. (2002). Kindergarten social–emotional competence: Developmental predictors and psychosocial implications. *Early Child Development and Care, 172*(5), 451–462.

Silk, J. S., Steinberg, L., & Morris, A. S. (2003). Adolescents' emotion regulation in daily life: Links to depressive symptoms and problem behavior. *Child Development, 74*(6), 1869–1880.

Vartanian, L. R., & Powlishta, K. K. (1996). A longitudinal examination of the social–cognitive foundations of adolescent egocentrism. *The Journal of Early Adolescence, 16*(2), 157–178.

Williams, J. M., & Currie, C. (2000). Self–esteem and physical development in early adolescence: Pubertal timing and body image. *The Journal of Early Adolescence, 20*(2), 129–149.

제2장 청소년 상담의 윤리적 문제

Croarkin, P., Berg, J., & Spira, J. (2003). Informed consent for psychotherapy: A look at therapists'understanding, opinions, and practices. *American Journal of Psychotherapy, 57*(3), 384–400.

Fallon, A. (2006). Informed consent in the practice of group psychotherapy. *International Journal of Group Psychotherapy, 56*(4), 431–453.

Gabbard, G. O. (2000). Disguise or consent: Problems and recommendations concerning the publication and presentation of clinical material. *The*

International Journal of Psycho-analysis, 81(6), 1071-1086. https://doi.org/10.1516/0020757001600426

Kitchener, K. S. (1988). Dual role relationships: What makes them so problematic? *Journal of Counseling & Development, 67*(4), 217-221.

Lambert, M. J. (Ed.). (2003). *Bergin and Garfield's handbook of psychotherapy and behavior change* (5th ed.). Wiley.

Pledge, D. (2004). *Counseling adolescents and children: Developing your clinical style*. Recording for the Blind & Dyslex ic.

Pope, K. S., & Vasquez, M. J. (2016). *Ethics in psychotherapy and counseling: A practical guide*. John Wiley & Sons.

Welfel, E. R. (2006). *Ethics in counseling and psychotherapy: Standards, research, and emerging issues* (3rd ed.). Thomson Brooks/Cole Publishing Co.

제3장 청소년기 관련 정신병리: 우울

교육부, 질병관리청(2023). 제18차(2022년) 청소년 건강행태조사 통계(11-1790387-000797-10). https://www.kdca.go.kr/yhs/

여성가족부(2023. 5. 30.). 2023 청소년 통계 보도자료. https://www.mogef.go.kr/nw/rpd/nw_rpd_s001d.do?mid=news405&bbtSn=709307

여성가족부, 한국청소년정책연구원(2022. 5. 25.). 2022 청소년 통계. http://www.mogef.go.kr/nw/rpd/nw_rpd_s001d.do?mid=news405&bbtSn=708572

Clark, D. A., & Beck, A. T. (2010). Cognitive theory and therapy of anxiety and depression: Convergence with neurobiological findings. *Trends in Cognitive Sciences, 14*(9), 418-424. https://doi.org/10.1016/j.tics.2010.06.007

Eaves, L., Silberg, J., & Erkanli, A. (2003). Resolving multiple epigenetic pathways to adolescent depression. *Journal of Child Psychology and Psychiatry, 44*(7), 1006-1014.

Haeffel, G. J., Gibb, B. E., Metalsky, G. I., Alloy, L. B., Abramson, L. Y., Hankin, B.

L., Joiner, Jr. T. E., Swendsen, J. D. (2008). Measuring cognitive vulnerability to depression: Development and validation of the cognitive style questionnaire. *Clinical Psychology Review, 28*(5), 824–836.

Klerman, G. L., Weissman, M. M., Rounsaville, B. J., & Chevron, E. S. (2002). 대인관계치료. 이영호, 박세현, 이혜경, 정효경, 황을지, 허시영 역. 학지사. (원전은 1984년에 출판).

Lewinsohn, P. M., Clarke, G. N., Seeley, J. R., & Rohde, P. (1994). Major depression in community adolescents: Age at onset, episode duration, and time to recurrence. *Journal of the American Academy of Child & Adolescent Psychiatry, 33*(6), 809–818.

Lewinsohn, P. M., Hops, H., Roberts, R. E., Seeley, J. R., & Andrews, J. A. (1993). Adolescent psychopathology: I. Prevalence and incidence of depression and other DSM-III-R disorders in high school students. *Journal of Abnormal Psychology, 102*(1), 133.

Stolberg, R. A., Clark, D. C., & Bongar, B. (2002). Epidemiology, assessment, and management of suicide in depressed patients. In I. H. Gotlib & C. L. Hammen (Eds.), *Handbook of depression* (pp. 581–601). The Guilford Press.

Sullivan, H. S. (1953). *The interpersonal theory of psychiatry.* Norton.

제4장 청소년기 관련 정신병리: 불안

김청송(2016). 공황장애의 진행과정. 사례중심의 이상심리학. 싸이북스.

한국청소년상담복지개발원(2021). 코로나19 이후 1년, 청소년 정신건강 변화 기록. https://www.kyci.or.kr/fileup/issuepaper/IssuePaper_202105.pdf

Clark, D. M. (1986). A cognitive approach to panic. In S. Rachman & J. D. Maser (Eds.), *Panic: Psychological perspectives*. Erlbaum.

Clark, D. M., & Wells, A. (1995). A cognitive model of social phobia. In R. G. Heimberg, M. R. Liebowitz, D. A. Hope, & F. R. Schneier (Eds.), *Social phobia: Diagnosis, assessment, and treatment* (pp. 69–93). The Guilford Press.

Comer, R. J. (2017). 이상심리학. 오경자, 정경미, 송현주, 양윤란, 송원영, 김현수 역. 시그마프레스. (원전은 2016년에 출판).

제5장 청소년 상담의 실제 과정

Bembry, J. X., & Ericson, C. (1999). Therapeutic termination with the early adolescent who has experienced multiple losses. *Child and Adolescent Social Work Journal, 16*, 177–189.

Day, R. W., & Sparacio, R. T. (1980). Structuring the counseling process. *Personnel & Guidance Journal, 59*(4), 246–249.

Dyer, W. W., & Vriend, J. (1977). A goal–setting checklist for counselors. *The Personnel and Guidance Journal, 55*(8), 469–471.

Goldfried, M. R. (2002). A cognitive–behavioral perspective on termination. *Journal of Psychotherapy Integration, 12*(3), 364–372. https://doi.org/10.1037/1053-0479.12.3.364

Hackney, H., & Cormier, S. (1994). *Counseling strategies and interventions* (4th ed.). Allyn & Bacon.

제6장 비행문제에 대한 상담

교육부, 보건복지부, 질병관리청(2022). 청소년 건강행태조사. https://kosis.kr/statisticsList/statisticsListIndex.do?menuId=M_01_01&vwcd=MT_ZTITLE&parmTabId=M_01_01&outLink=Y&parentId=F.1;F_55.2;#F_55.2

김경식(1997). 중·고교 중퇴생과 재학생의 교내외 생활 비교를 통한 중퇴요인 분석. 교육사회학연구, 7(3), 115–138.

김경식, 이현철(2007). 청소년 비행의 영향 요인. 교육사회학연구, 17(2), 1–22.

김은경, 유가효(2002). 아버지 양육태도와 아동의 자아존중감, 문제행동 간의 관계. 한국놀이치료학회지, 5(1), 33–43.

김춘경, 이수연, 최웅용, 강영배(2022). 청소년상담(2판). 학지사.

대검찰청(2022). 2022 범죄분석. https://www.spo.go.kr/site/spo/crimeAnalysis.do

성우제(2021). 비행청소년의 가정요인이 재범에 미치는 영향 연구: 소년원 임시퇴원생을 중심으로. 소년보호연구, 34(1), 149–193.

여성가족부(2020). 청소년 매체이용 및 유해환경 실태조사 결과. https://www.mogef.go.kr/mp/pcd/mp_pcd_s001d.do?mid=plc502&bbtSn=704793

유성경(2000). 청소년 탈비행과 위험요소 및 보호요소에 관한 탐색적 연구. 교육학연구, 38(3), 81–106.

이수정(2018). 여자소년범죄자들에 대한 여가활동 중심 개입방안 모색. 소년보호연구, 31(4), 87–128. http://dx.doi.org/10.35930/KJPR.31.4.4

홍성흔, 김희수(2007). 청소년의 비행행동에 관한 연구: 대인관계의 매개효과를 중심으로. 한국청소년연구, 18(3), 193–216.

Carr, M. B., & Vandiver, T. A. (2001). Risk and protective factors among youth offenders. *Adolescence, 36*(143), 409–426.

Dishion, T. J., McCord, J., & Poulin, F. (1999). When interventions harm: Peer groups and problem behavior. *American Psychologist, 54*(9), 755.

Goldfried, M. R., & D'Zurilla, T. G. (1973). Prediction of academic competence by means of the survey of study habits and attitudes. *Journal of Educational Psychology, 64*(1), 116–122.

Gottfredson, M., & Hirschi, T. (1990). *A general theory of crime*. Stanford University Press.

Henry, K. L., Knight, K. E., & Thornberry, T. P. (2012). School disengagement as a predictor of dropout, delinquency, and problem substance use during adolescence and early adulthood. *Journal of Youth and Adolescence, 41,* 156–166.

Levy, K. S. C. (2001). The relationship between adolescent attitudes towards authority, self-concept, and delinquency. *Adolescence, 36*(142), 333–346.

Lloyd, M. (1985). *Adolescence*. HarperCollins College Division.

제7장 학교폭력에 대한 상담

교육부(2024). 2024 학교폭력 사안처리 가이드북. 교육부, 이화여자대학교 학교폭력예방연구소. https://www.moe.go.kr/boardCnts/viewRenew.do?boardID=316&boardSeq=98297&lev=0&searchType=null&statusYN=W&page=1&s=moe&m=0302&opType=N

김경은(2016). 중학생의 사이버폭력 피해경험 위험요인: 피해유형과 학년별의 탐색. 학교사회복지, 35, 135-162.

김경은, 최은희(2017). 청소년의 학교폭력 피해와 사이버폭력 가해관계: 사이버폭력 피해 매개효과. 학교사회복지, 38, 75-97.

김수정(2005). 집단 따돌림의 가해·피해 경향에 영향을 미치는 심리적·사회적 요인. 상담학연구, 6(2), 359-371.

류성진(2013). 청소년들의 사이버 폭력과 오프라인 폭력 경험에 관한 연구. 한국언론학보, 57(5), 297-324.

박진영, 채규만(2011). 집단 따돌림 피해 및 가해 아동의 관련 변인 분석: 부모의 양육 행동과 아동의 의사소통능력, 문제해결능력을 중심으로. 한국심리학회지: 일반, 30(1), 45-67.

박효정, 정미경, 박종효(2007). 학교폭력 예방 프로그램 개발연구. 한국교육개발원.

손민지(2013). 국내 사이버폭력 현황 및 대응방안 연구. *Internet & Security Focus, 3,* 6-22.

신혜섭(2005). 중학생의 학교폭력 유형에 영향을 미치는 변인-가해경험, 피해경험, 가해, 피해 중복경험에 대한 분석. 청소년학연구, 12(4), 123-149.

오주, 아영아(2006). 중학생 학교폭력 가해-피해 중복경험에 영향을 미치는 요인. 사회복지개발연구, 12(1), 79-100.

정종진(2013). 제대로 알고 대처하는 학교폭력 상담. 학지사.

정향기, 최태진(2013). 중학생의 학교폭력 경험 유형에 따른 의사소통 특성. 상담학연구, 14(1), 573-591.

Ando, M., Asakura, T., & Simons-Morton, B. (2005). Psychosocial influences on physical, verbal, and indirect bullying among Japanese early adolescents. *The Journal of Early Adolescence, 25*(3), 268–297.

Bandura, A. (1997). *Self-efficacy: The exercise of control* (vol. 604). Freeman.

Beran, T., Mishna, F., McInroy, L. B., & Shariff, S. (2015). Children's experiences of cyberbullying: A Canadian national study. *Children & Schools, 37*(4), 207–214.

Card, N. A. (2003). Victims of peer aggression: A meta-analytic review. *NA Card & A. Nishina (Chairs), Whipping Boys and Other Victims of Peer Aggression, 25*, 1179–1188.

Dempsey, A. G., Sulkowski, M. L., Dempsey, J., & Storch, E. A. (2011). Has cyber technology produced a new group of peer aggressors? *Cyberpsychology, Behavior, and Social Networking, 14*(5), 297–302.

Hinduja, S., & Patchin, J. W. (2012). 사이버 폭력. 조아미, 박선영, 한영희, 이진숙, 김범구, 진영선, 이정민, 이원희 역. 정민사. (원전은 2009년에 출판).

Hong, J. S., Lee, J., Espelage, D. L., Hunter, S. C., Patton, D. U., & Rivers Jr., T. (2016). Understanding the correlates of face-to-face and cyberbullying victimization among US adolescents: A social-ecological analysis. *Violence and Victims, 31*(4), 638–663.

Horowitz, J. A., Vessey, J. A., Carlson, K. L., Bradley, J. F., Montoya, C., McCullough, B., & David, J. (2004). Teasing and bullying experiences of middle school students. *Journal of the American Psychiatric Nurses Association, 10*(4), 165–172.

Olweus, D. (1993). *Bullying at school: What we know and what we can do.* Blackwell Publishing.

Olweus, D. (1994). Bullying at school: Basic facts and effects of a school based intervention program. *Journal of Child Psychology and Psychiatry, 35*(7), 1171–1190.

Sutton, J., Smith, P. K., & Swettenham, J. (1999). Social cognition and bullying: Social inadequacy or skilled manipulation? *British Journal of Developmental Psychology, 17*(3), 435–450.

Tanaka, T. (2001). The identity formation of the victim of 'shunning'. *School Psychology International, 22*(4), 463–476.

Varjas, K., Henrich, C. C., & Meyers, J. (2009). Urban middle school students' perceptions of bullying, cyberbullying, and school safety. *Journal of School Violence, 8*(2), 159–176.

Vaughn, M. G., Fu, Q., Bender, K., DeLisi, M., Beaver, K. M., Perron, B. E., & Howard, M. O. (2010). Psychiatric correlates of bullying in the United States: Findings from a national sample. *Psychiatric Quarterly, 81*, 183–195.

제8장 인터넷 중독에 대한 상담

김정은, Epstein, N. B., & Ui Jeong Moon(2016). Self-efficacy and perceived parental support/affection as mediators of stressor risk factors for adolescent internet addiction in South Korea. 가족과 가족치료, 24(4), 483–504. http://dx.doi.org/10.21479/kaft.2016.24.4.483

김진세(2003). 목적 불분명 통화 많으면 중독자. 뉴스메이커. http://hakbumo.netian.com/Project/telephone/Phone_06.ht

김청택, 김동일, 박중규, 이수진(2002). 인터넷중독 예방 상담 및 예방프로그램 개발 연구. 한국정보문화진흥원, 정보통신부.

박승민(2015). 인터넷 중독 상담과 정책의 쟁점. 시그마프레스.

여성가족부(2023a). 2023년 청소년 인터넷·스마트폰 이용습관 진단조사. https://www.mogef.go.kr/index.do

여성가족부(2023b). 2023년 청소년 통계. https://www.mogef.go.kr/index.do

조윤오(2020). 청소년 게임중독과 비행행위와의 관계. 한국중독범죄학회보, 10(3), 67–81.

한국정보화진흥원(2008). 인터넷중독예방상담센터. http://www.iapc.or.kr

한국정보화진흥원(2011). 인터넷중독예방상담센터. http://www.iapc.or.kr

Bargeron, A. H., & Hormes, J. M. (2017). Psychosocial correlates of internet gaming disorder: Psychopathology, life satisfaction, and impulsivity. *Computers in*

Human Behavior, 68, 388–394. https://doi.org/10.1016/j.chb.2016.11.029

Beard, K. W., & Wolf, E. M. (2001). Modification in the proposed diagnostic criteria for internet addiction. *Cyberpsychology & Behavior, 4*(3), 377–383.

Brunborg, G. S., Mentzoni., R. A., & Frøyland. (2014). Is video gaming, or video game addiction, associated with depression, academic achievement, heavy episodic drinking, or conduct problems? *Journal of Behavioral Addictions, 3*(1), 27–32.

Carli, V., Durkee, T., Wasserman, D., Hadlaczky, G., Despalins, R., Kramarz, E., Wasserman, C., Sarchiapone, M., Hoven, C. W., Brunner, R., & Kaess, M. (2013). The association between pathological internet use and comorbid psychopathology: A systematic review. *Psychopathology, 46*(1), 1–13. https://doi.org/10.1159/000337971

Chang, F., Chiu, C., Lee, C., Chen, P., & Miao, N. (2014). Predictors of the initiation and persistence of internet addiction among adolescents in Taiwan region. *Addictive Behaviors, 39,* 1434–1440. https://doi.org/10.1016/j.addbeh.2014.05.010

Gentile, D. A., Choo, H., Liau, A., Sim, T., Li, D., Fung, D., & Khoo, A. (2011). Pathological video game use among youths: A two-year longitudinal study. *Pediatrics, 127*(2), e319–e329. https://doi.org/10.1542/peds.2010-1353

Goldberg, I. (1995). IAD, in Cinti M. E. (a cura di). *Internet Addiction Disorder un fenomeno sociale in espansione* (pp. 6–7). Available: http://www.iucf.indiana.edu/brown/hyplan/addict.html

Goldberg, I. (1996). Internet addiction disorder. *Cyberpsychology, Behavior, and Social Networking, 3*(4), 403–412.

Griffiths, M. D., & Parke, J. (2010). Adolescent gambling on the internet: A review. *International Journal of Adolescent Medicine and Health, 22,* 59–75.

Kim, B. S., Park, J. E., Seong, S. J., Won, S, H., & Cho, M. J. (2016). Prevalence, correlates, psychiatric comorbidities, and suicidality in a community population with problematic Internet use. *Psychiatry Research, 244*, 249–256.

Kuss, D. J., & Griffiths, M. D. (2017). Social networking sites and addiction: Ten lessons learned. *International Journal of Environmental Research and Public Health, 14*(3), 1–17.

Müller, K. W., Janikian, M., Dreier, M., Wölfling, K., Beutel, M. E., Tzavara, C., Richardson, C., & Tsitsika, A. (2015). Regular gaming behavior and internet gaming disorder in European adolescents: Results from a cross–national representative survey of prevalence, predictors, and psychopathological correlates. *European Child & Adolescent Psychiatry, 24*(5), 565–574. https://doi.org/10.1007/s00787–014–0611–2

Ostovar, S., Allahyar, N., Aminpoor, H. Moafian, F., Nor, M., & Griffiths, M. D. (2016). Internet addiction and its psychosocial risks(depression, anxiety, stress and loneliness) among Iranian adolescents and young adults: A structural equation model in a cross–sectional study. *International Journal of Mental Health and Addiction, 14*, 257–267.

Rehbein, F., & Baier, D. (2013). Family–, media–, and school–related risk factors of video game addiction: A 5–year longitudinal study. *Journal of Media Psychology: Theories, Methods, and Applications, 25*(3), 118–128. https://doi.org/10.1027/1864–1105/a000093

Rehbein, F., Kliem, S., Baier, D., Mößle, T., & Petry, N. M. (2015). Prevalence of internet gaming disorder in German adolescents: Diagnostic contribution of the nine DSM–5 criteria in a state–wide representative sample. *Addiction (Abingdon, England), 110*(5), 842–851. https://doi.org/10.1111/add.12849

Rehbein, F., & Mößle, T. (2013). Video game and internet addiction: Is there a need for differentiation? *SUCHT, 59*(3), 129–142.

Rikkers, W., Lawrence, D., Hafekost, J., & Zubrick, S. R. (2016). Internet use and electronic gaming by children and adolescents with emotional and behavioural problems in Australia: Results from the second child and adolescent survey of mental health and wellbeing. *BMC Public Health, 16*(1), 1–17.

Shapira, N. A., Lessig, M. C., Goldsmith, T. D., Szabo, S. T., Lazoritz, M., Gold, M.

S., & Stein, D. J. (2003). Problematic internet use: Proposed classification and diagnostic criteria. *Depression and Anxiety, 17*(4), 207–216.

Strittmatter, E., Kaess, M., Parzer, P., Fischer, G., Carli, V., Hoven, C. W., …… & Wasserman, D. (2015). Pathological internet use among adolescents: Comparing gamers and non-gamers. *Psychiatry Research, 228*(1), 128–135.

Young, K. (2009). Internet addiction: Diagnosis and treatment considerations. *Journal of Contemporary Psychotherapy, 39*(4), 241–246.

Young, K. S. (1996). Psychology of computer use: XL. Addictive use of the Internet: A case that breaks the stereotype. *Psychological Reports, 79,* 899–902. https://doi.org/10.2466/pr0.1996.79.3.899

Young, K. S. (1999). The research and controversy surrounding internet addiction. *Cyberpsychology & Behavior: The Impact of the Internet, Multimedia, and Virtual Reality on Behavior and Society, 2*(5), 381–383. https://doi.org/10.1089/cpb.1999.2.381

Young, K. S. (2000). Therapeutic issues with internet addicted clients. *New Therapist, 7,* 12–13.

제9장 슬픔과 상실에 대한 상담

박효실(2002). 부모사별 후 자녀의 심리적 적응에 관한 연구: 대처자원과 가족상황에 대한 인지적 평가를 중심으로. 연세대학교 대학원 석사학위논문.

윤운영, 유금란(2013). 아동 및 청소년의 상실 경험에 대한 이해와 학교상담의 개입. 한국심리학회지: 학교, 10(1), 241–262.

Anderson, H. (2010). Common grief, complex grieving. *Pastoral Psychology, 59,* 127–136.

Beckel, J. R. (2006). Supporting parentally bereaved students: The school counselor's role. Unpublished master's thesis, University of Wisconsin-Stout, US.

Edgar, L. V., & Howard-Hamilton, M. (1994). Noncrisis death education in the elementary school. *Elementary School Guidance & Counseling, 29*(1), 38-46.

Fiorini, J. J., & Mullen, J. A. (2014). 슬픔과 상실을 겪은 아동 청소년 상담 및 사례. 하정희 역. 학지사. (원전은 2006년에 출판).

Fox, S. S. (1985). *Good grief: Helping groups of children when a friend dies.* New England Association for the Education of Young Children.

Fulton, R., & Fulton, J. (1971). A psychosocial aspect of terminal care: Anticipatory grief. *OMEGA: Journal of Death and Dying, 2*(2), 91-100. https://doi.org/10.2190/WE4J-9CJG-GJH5-R3VA

Glass, J. C. (1991). Death, loss, and grief among middle school children: Implications for the school counselor. *Elementary School Guidance & Counseling, 26*(2), 139-148.

Howarth, R. A. (2011). Concepts and controversies in grief and loss. *Journal of Mental Health Counseling, 33*(1), 4-10.

McEntire, N. (2003). *Children and grief*. ERIC Clearinghouse on Elementary and Early Childhood Education.

Moloye, O. (1999). The philosophy of upgradeable cosmos: The essences of 'omo'(children) in Yoruba ethno-cosmology. *The Western Journal of Black Studies, 23*(1), 58.

Moore, J., & Herlihy, B. (1993). Grief groups for students who have had a parent die. *The School Counselor, 41*(1), 54-59.

Openshaw, L. L. (2011). School-based support groups for traumatized students. *School Psychology International, 32*(2), 163-178. https://doi.org/10.1177/0143034311400830

Rosenblatt, P. C. (1993). Grief: The social context of private feelings. In M. S. Stroebe, W. Stroebe, & R. O. Hansson (Eds.), *Handbook of bereavement: Theory, research, and intervention* (pp. 102-111). Cambridge University Press. https://doi.org/10.1017/CBO9780511664076.008

Schoen, A. A., Burgoyne, M., & Schoen, S. F. (2004). Are the developmental needs of children in America adequately addressed during the grief process? *Journal of Instructional Psychology, 31*(2).

Webb, N. B. (1999). Play therapy crisis intervention with children. In N. B. Webb (Ed.), *Play therapy with children in crisis: Individual, group, and family treatment* (2nd ed., pp. 39–46). The Guilford Press.

Wikan, U. (1988). Bereavement and loss in two Muslim communities: Egypt and Bali compared. *Social Science & Medicine, 27*(5), 451–460.

Worden, J. W. (2008). *Grief counseling and grief therapy: A handbook for the mental health practitioner*. Springer Publishing Company.

제10장 청소년 자해 및 자살에 대한 상담

교육부, 질병관리청(2023). 제18차(2022년) 청소년 건강행태조사 통계(11-1790387-000797-10). https://www.kdca.go.kr/yhs/

권혁진, 권석만(2017). 한국판 자해기능 평가지(The Functional Assessment of Self-Mutilation)의 타당화 연구: 대학생을 중심으로. 한국심리학회지: 임상심리연구와 실제, 3(1), 187–205.

박효실(2002). 부모사별 후 자녀의 심리적 적응에 관한연구: 대처자원과 가족상황에 대한 인지적 평가를 중심으로. 연세대학교 대학원 석사학위논문.

서고운(2021). 청소년 자살 원인 탐색 및 예방 대책 연구: 청소년기 발달적 특성을 고려하여(연구보고 21-R21). 한국청소년정책연구원.

서미, 김은하, 이태영, 김지혜(2018). 고위기 청소년 정신건강 상담개입 매뉴얼: 자살·자해편. 한국청소년상담복지개발원.

여성가족부(2023. 5. 30.). 2023 청소년 통계 보도자료. https://www.mogef.go.kr/nw/rpd/nw_rpd_s001d.do?mid=news405&bbtSn=709307

윤운영, 유금란(2013). 아동 및 청소년의 상실 경험에 대한 이해와 학교상담의 개입. 한국심리학회지: 학교, 10(1), 241–262.

이윤주(2008). 청소년 자살상담. 학지사.

통계청 통계개발원(2022. 12.). 아동·청소년 삶의 질 2022 보고서(11-1240245-

000085-01). https://kostat.go.kr/board.es?mid=a90101010200&bid=11887&tag=&act=view&list_no=422754&ref_bid

한국생명존중희망재단(2021). 보고 듣고 말하기 워크북.

Anderson, H. (2010). Common grief, complex grieving. *Pastoral Psychology, 59*, 127–136.

Beckel, J. R. (2006). Supporting parentally bereaved students: The school counselor's role. Unpublished master's thesis, University of Wisconsin–Stout, US.

Edgar, L. V., & Howard–Hamilton, M. (1994). Noncrisis death education in the elementary school. *Elementary School Guidance & Counseling, 29*(1), 38–46.

Fiorini, J. J., & Mullen, J. A. (2014). 슬픔과 상실을 겪은 아동 청소년 상담 및 사례. 하정희 역. 학지사. (원전은 2006년에 출판).

Fox, S. S. (1985). *Good grief: Helping groups of children when a friend dies*. New England Association for the Education of Young Children.

Freud, S. (1917). Mourning and melancholia. *Standard edition of the complete psychological works of Sigmund Freud, 14.*

Fulton, R., & Fulton, J. (1971). A psychosocial aspect of terminal care: Anticipatory grief. *OMEGA: Journal of Death and Dying, 2*(2), 91–100. https://doi.org/10.2190/WE4J–9CJG–GJH5–R3VA

Glass, J. C. (1991). Death, loss, and grief among middle school children: Implications for the school counselor. *Elementary School Guidance & Counseling, 26*(2), 139–148.

Harwood, D., & Jacoby, R. (2000). Suicidal behaviour among the elderly. *The international handbook of suicide and attempted suicide*, 275–291.

Hawton, K., & Fagg, J. (1988). Suicide, and other causes of death, following attempted suicide. *The British Journal of Psychiatry, 152*(3), 359–366.

Hawton, K. E., & Catalan, J. (1981). Psychiatric management of attempted suicide patients. *British Journal of Hospital Medicine, 25*(4), 365–372.

Howarth, R. A. (2011). Concepts and controversies in grief and loss. *Journal of Mental Health Counseling, 33*(1), 4–10.

McEntire, N. (2003). *Children and grief*. ERIC Clearinghouse on Elementary and Early Childhood Education.

Moloye, O. (1999). The philosophy of upgradeable cosmos: The essences of 'omo'(children) in Yoruba ethno-cosmology. *The Western Journal of Black Studies, 23*(1), 58.

Moore, J., & Herlihy, B. (1993). Grief groups for students who have had a parent die. *The School Counselor, 41*(1), 54–59.

Openshaw, L. L. (2011). School-based support groups for traumatized students. *School Psychology International, 32*(2), 163–178. https://doi.org/10.1177/0143034311400830

Rosenblatt, P. C. (1993). Grief: The social context of private feelings. In M. S. Stroebe, W. Stroebe, & R. O. Hansson (Eds.), *Handbook of bereavement: Theory, research, and intervention* (pp. 102–111). Cambridge University Press. https://doi.org/10.1017/CBO9780511664076.008

Schoen, A. A., Burgoyne, M., & Schoen, S. F. (2004). Are the developmental needs of children in America adequately addressed during the grief process? *Journal of Instructional Psychology, 31*(2).

Shaffer, D., Garland, A., Gould, M., Fisher, P., & Trautman, P. (1988). Preventing teenage suicide: A critical review. *Journal of the American Academy of Child & Adolescent Psychiatry, 27*(6), 675–687.

Spirito A., Bond A., Kurkjian J., Devost L., Bosworth T., & Brown L. K. (1993). Gender differences among adolescent suicide attempters. *Crisis, 14,* 178–183.

Webb, N. B. (1999). Play therapy crisis intervention with children. In N. B. Webb (Ed.), *Play therapy with children in crisis: Individual, group, and family treatment* (2nd ed., pp. 39–46). The Guilford Press.

Wikan, U. (1988). Bereavement and loss in two Muslim communities: Egypt and Bali compared. *Social Science & Medicine, 27*(5), 451–460.

Worden, J. W. (2008). *Grief counseling and grief therapy: A handbook for the mental health practitioner*. Springer Publishing Company.

제11장 청소년 진로상담

김보람, 김봉환(2015). 진로탐색집단상담프로그램이 학업중단청소년의 진로결정수준과 진로정체감에 미치는 효과. 진로교육연구, 28(2), 1-22.

김봉환(2019). 진로상담의 이론과 실제. 학지사.

김봉환, 김병석, 정철영(2000). 학교진로상담. 학지사.

여성가족부(2023. 5. 30.). 2023 청소년 통계 보도자료. https://www.mogef.go.kr/nw/rpd/nw_rpd_s001d.do?mid=news405&bbtSn=709307

통계청(2022). 2022년 사회조사. http://kostat.go.kr/board.es?mid=a10301060300&bid=219&act=view&list_no=421772

황매향, 김연진, 이승구, 전방연(2020). 진로탐색과 생애설계. 학지사.

Erickson, E. H. (1968). *Identity: Youth and crisis*. Norton.

Gysbers, N. C., Heppner, M. J., & Johnston, J. A. (2014). *Career counseling: Holism, diversity, and strengths* (4th ed.). American Counseling Association.

Holland, J. L. (1985). *Making vocational choices: A theory of vocational personalities and work environments* (2nd ed.). Prentice-Hall.

Krumboltz, J. D. (2009). The Happenstance Learning Theory. *Journal of Career Assessment, 17*(2), 135-154. https://doi.org/10.1177/1069072708328861

Parsons, F. (1909). *Choosing a vocation*. Houghton, Mifflin and Company.

Savickas, M. L. (1997). Career adaptability: An integrative construct for life-span, life-space theory. *The Career Development Quarterly, 45*(3), 247-259.

Super, D. E. (1965). *The preliminary appraisal in vocational counseling*. Personnel.

Williamson, E. G. (1939). *How to counsel students: A manual of techniques for clinical counselors*. McGraw-Hill Book Company. https://doi.org/10.1037/13902-000

제12장 청소년기 대인관계에 대한 상담

여성가족부(2023. 5. 30.). 2023 청소년 통계 보도자료. https://www.mogef.go.kr/nw/rpd/nw_rpd_s001d.do?mid=news405&bbtSn=709307

여성가족부. 청소년백서 및 한국청소년상담복지개발원 상담통계. http://www.index.go.kr/unity/potal/main/EachDtlPageDetail.do?idx_cd=1601

여성가족부, 한국청소년정책연구원, 청소년정책분석평가센터. 청소년 통계 자료. https://www.ypec.re.kr/mps/chartData/view?menuId=MENU00793&infoId=YS_WC,YS_CTS

오채근(2005). 비교정신분석학. 한국심리치료연구.

통계청(2022). 2022년 사회조사. http://kostat.go.kr/board.es?mid=a10301060300&bid=219&act=view&list_no=421772

허혜경, 김혜수, 박인숙(2013). 현대 가정의 이해. 문음사.

Baumrind, D. (2005). Patterns of parental authority and adolescent autonomy. *New Directions for Child and Adolescent Development, 108,* 61–69. https://doi.org/10.1002/cd.128

Juvonen, J. (2006). Sense of belonging, social bonds, and school functioning. In P. A. Alexander & P. H. Winne (Eds.), *Handbook of educational psychology* (pp. 655–674). Lawrence Erlbaum Associates Publishers.

Maccoby, E. E., & Martin, J. A. (1983). Socialization in the context of the family: Parent–child interaction. In E. M. Hetherington (Ed.), P. H. Mussen (Series Ed.), *Handbook of child psychology: Vol. 4. Socialization, personality, and social development* (pp. 1–101). Wiley.

Sullivan, H. S. (1953). *The interpersonal theory of psychiatry.* Norton.

van der Kolk, B. A. (2005). Developmental trauma disorder: Toward a rational diagnosis for children with complex trauma histories. *Psychiatric Annals, 35*(5), 401–408. https://doi.org/10.3928/00485713-20050501-06

찾아보기

인명

내용

저자 소개

하정희(Ha, Jung Hee)
한양대학교 대학원 교육학과 상담심리전공 박사
상담심리사 1급
청소년상담사 1급
학교심리사 1급
현 한양대학교 상담심리대학원 교수
한양대학교 다문화교육학과 교수
인간중심 및 체험 상담학회 회장
한국상담심리학회 감사
한국다문화교육학회 이사
한국아동심리치료학회 편집위원장
한국청소년정책연구원 편집위원
부부가족상담연구 편집위원

〈저 · 역서〉
혼자가 편한 게 아니라 상처받기 싫은 거였다(한밤의책, 2024)
청소년 문제와 보호(2판, 공저, 학지사, 2021)
재난정신건강: 이론과 실제(공역, 피앤씨미디어, 2018)
슬픔과 상실을 겪은 아동 · 청소년 상담 및 사례(역, 학지사, 2014)

김정희(Kim Joung Hee)
강남대학교 대학원 교육학과 교육상담전공 박사
상담심리사 1급
청소년상담사 1급
임상심리사 1급
현 한양대학교 상담심리대학원 겸임교수
한양사이버대학교 청소년상담학과 겸임교수
세종대학교 학생생활상담소 실장
봄, 심리상담센터 센터장
한국아동심리치료학회 편집위원회 이사

청소년 상담의 실제
Counseling Adolescents

2025년 9월 10일 1판 1쇄 인쇄
2025년 9월 20일 1판 1쇄 발행

지은이 • 하정희 · 김정희
펴낸이 • 김진환
펴낸곳 • (주) 학지사
04031 서울특별시 마포구 양화로 15길 20 마인드월드빌딩
대표전화 • 02)330-5114 팩스 • 02)324-2345
등록번호 • 제313-2006-000265호

홈페이지 • http://www.hakjisa.co.kr
인스타그램 • https://www.instagram.com/hakjisabook/

ISBN 978-89-997-3530-1 93180

정가 20,000원